REPORT ON DEVELOPMENT OF
CHINA'S

湖南文化创意产业
研究报告

（2018~2019）

CULTURAL AND CREATIVE INDUSTRIES
（2018-2019）

湖南文化创意产业研究中心

主　编　刘尤碧　贺培育

副主编　王　毅

社会科学文献出版社
SOCIAL SCIENCES ACADEMIC PRESS (CHINA)

目　录

典型案例篇

总　报　告

湖南文化创意产业分析与预测

王 毅 马 骏*

2018～2019 年，面对严峻复杂的国内外发展环境，全省上下认真贯彻落实党的十九大精神，坚持以习近平新时代中国特色社会主义思想为指导，围绕文化强省的建设目标，对标高质量发展要求，坚定文化自信，坚持稳中求进，推动文化产业成为湖南高质量发展的重要引擎。

一 湖南文化产业发展的特点分析

1. 总量规模稳步增长，整体实力明显增强

2018 年，湖南省文化及相关产业实现增加值 1836.1 亿元，占GDP 的比重达 5.05%，比上年（3.78%）提高 1.27 个百分点，整体实力明显增强，文化产业对湖南经济发展的贡献率处于中西部地区前列，在加快新旧动能转换、推动经济高质量发展中发挥了重要作用。

主要经济指标居全国第一方阵。中国人民大学发布的"中国省市文化产业发展指数（2018）"和"中国文化消费发展指数（2018）"显示，湖南的文化产业综合指数排名连续两年稳居第七，影响力排

---

* 王毅，湖南省社会科学院产业研究所副所长，湖南文化创意产业研究中心办公室主任，研究员，主要研究方向为文化产业、文化金融管理学；马骏，博士，主要研究方向为区域和城市经济、文化创意产业。

名第六。2018 年湖南文化产业总产出和增加值稳步增长，其中规模以上文化企业营业收入同比增长 7.4%，达到 4709.74 亿元（见图 1）。中南传媒和芒果传媒获选第十届"全国文化企业 30 强"，天舟文化入选"全国文化企业 30 强"提名企业。中南传媒连续十年蝉联"全国文化企业 30 强"，市值和利润继续保持第一位，一般图书市场占有率跃居全国第二，位列地方出版集团榜首，创湖南出版历史最好排名。

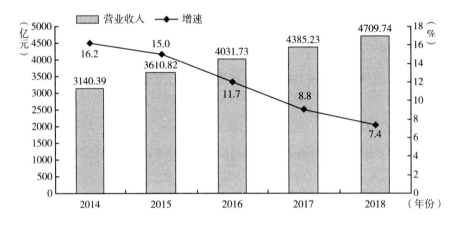

图 1　2014~2018 年湖南规模以上文化企业营业收入与增速

市场主体持续壮大。2018 年，湖南着力做强做优做大国有文化企业，支持非公有制和中小微文化企业发展，骨干文化企业的总体规模和发展水平进一步提升，市场竞争力和盈利能力不断增强，市场主体持续壮大。规模以上文化产业企业达 3524 家，实现稳步增长。2019年，在经济下行压力加大的大环境下，省管国有文化企业整体仍保持增长态势。五大文化产业集团共实现营业收入 389.10 亿元，同比增加（按可比口径，下同）11.10 亿元，增长 2.94%，其中湖南日报报业集团 5.77 亿元，同比下降 17.92%；湖南广播影视集团（以下简称"湖南广电"）261.81 亿元，同比增长 2.26%；湖南出版投资控股集团有限公司（以下简称"湖南出版集团"）107.78 亿元，同比增长 4.12%；
湖南体育产业集团 12.89 亿元，同比增长 24.3%；省演艺集团 0.85 亿
元，同比下降 19.81%（见图 2），实现利润总额 22.44 亿元。

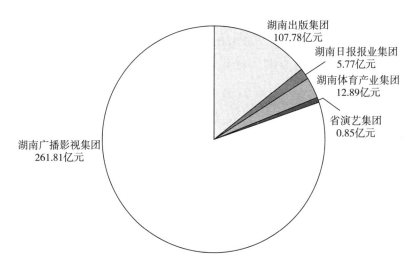

图2　省属五大文化产业集团 2019 年营业收入对比

长株潭地区加速领跑。长株潭地区作为全省文化产业集聚发展水
平最高的地区，继续保持较快发展势头，成为全省文化创意产业快速
发展的"领头羊"，加速领跑全省文化产业发展。2019 年，长株潭地
区规模以上文化产业企业实现营业收入 2034.70 亿元，占全省的
60.7%；环洞庭湖地区、大湘西地区和湘南地区分别为 576.04 亿元、
394.64 亿元和 345.85 亿元，占比分别为 17.2%、11.8% 和 10.3%。
从增长速度看，湘南地区同比增长 9.5%，长株潭地区增长 9.2%，
大湘西地区增长 7.4%，环洞庭湖地区下降 9.3%。

2. 创新活力充分释放，质量效益明显提升

2018 年，湖南在全国率先出台《关于加快文化创新体系建设的
意见》，通过全方位全领域的创新，不断释放湖南文化产业发展新动
能，文化产业质量效益迈上新台阶。

媒体融合发展势头强劲。2018 年以来，湖南省深入贯彻落实党中央推进媒体融合发展的重大战略部署，积极推进广电、出版集团深化改革，大力发展移动互联网产业，着力建设马栏山视频文创产业园，统筹推进县级融媒体中心建设，加快推动媒体融合发展。在世界品牌实验室发布的"2019 亚洲品牌 500 强"排行榜中，湖南广播影视集团居第 92 位，居亚洲广播电视行业第 2 位；在"2019 中国 500 最具价值品牌"排行榜中排名第 68 位，居传媒行业第 4 位、省级卫视第 1 位。湖南出版集团综合实力位居世界出版企业 10 强，中南传媒连续七年入选上市公司百强。《湖南日报》位列党报融合传播力第十位（地方党报排第五位），新湖南客户端位列党报自有 App 渠道传播力第七位（地方党报排第三位），华声在线连续八年位列全国新闻门户网站综合排名五强。天闻数媒连续五年蝉联中国大数据企业智慧教育类榜首。

新兴文化业态不断涌现。借力"互联网＋"新动能，大力实施"文化＋"战略，推进"文化＋科技、文化＋金融、文化＋旅游、文化＋互联网"等文化与多领域融合发展，着力培育新兴文化业态。推进文化与体育融合发展。支持举办首届"健康湖南"全民运动会、环洞庭湖新能源汽车拉力赛、2018 人民足球嘉年华等活动；承接国际援外研修项目，为 2018 年南美运动会的近 200 名运动员提供专业培训。推进传统文化产业与新型数字产业融合发展，突出文创产业新技术、新业态、新模式发展。2018 年湖南移动互联网产业营业收入达到 1060 亿元，移动互联网产业成长为湖南文化产业的"新名片"。以芒果超媒、映客直播为代表的新媒体产业集群在全国有较大影响力。以草花互动、金鹰卡通、善禧文化、联盛网络为代表的动漫产业集群有力带动了文化强省建设。以长沙市为例，2018 年，26 家规模以上互联网信息服务企业实现营业收入 36.3 亿元，同比增长 20.8%；44 家规模以上数字内容服务企业实现营业收入 22.2 亿元，同比增长 14.1%；70 家规模以上设计服务企业实现营业收入109.9亿元，同比增长11.6%。

文化娱乐消费升级。2018年，文化娱乐体育健康类商品实现零售额335.11亿元，同比增长3.8%。全省实现电影票房19.36亿元，同比增长24.3%，增幅高于全国平均水平。2019年，全省接待国内外游客8.32亿人次，同比增长10.41%，其中国内游客8.27亿人次，同比增长10.34%，入境游客466.95万人次，同比增长24.49%；实现旅游总收入9762.32亿元，同比增长15.56%，其中国内旅游收入9613.37亿元，同比增长15.34%，旅游外汇收入22.51亿美元，同比增长34.79%。文化消费势头向好。长沙市出台文旅消费政策意见，开展2019年引导和扩大文化和旅游消费提升行动，评选"十大文旅消费示范区（点）"，新华联铜官窑、炭河古城等重大文旅综合体消费品质不断提升，长沙市文化消费成果被推荐参加国家"文化消费试点工作成果专题展"。株洲积极探索"互联网＋文化消费"的株洲实践，开展电影消费、图书展销等各类文化消费主题活动，加大财政资金投入，进一步完善文化消费服务平台功能，文化消费平台达成交易20多万笔，创造文化消费3000余万元，间接带动消费上亿元。

3. 对外文化贸易增长迅速，湖湘文化"走出去"步伐加快

2018～2019年，全省对外文化贸易进一步扩大，文化"走出去"内容和模式不断创新，对外开放取得良好成效。

对外文化贸易规模大幅增长。2018年，全省文化产品进出口额25.9亿美元，同比增长12.8%；其中出口额24.92亿美元，同比增长10.7%。全省文化产品出口继续保持高速增长态势，其中音像制品及电子出版物、工艺美术品等门类出口额呈爆发式增长，总量和增速均创历史新高。2019年，全省文化产品进出口总额49.14亿美元，同比增长89.7%，其中出口额47.94亿美元，同比增长92.4%。14家企业、5个项目入选国家文化出口重点企业、重点项目，居全国前

列。全省有 10 家文化企业入选 2017~2018 年度国家文化出口重点企业目录。长沙市获评"全国文化出口基地"，成为中部地区首个国家级文化出口基地。湖南出版集团全年实现版权输出及合作出版 281 项，56 个项目入选各类"走出去"扶持项目；出版物版权首次输出南美，湘版《书法练习指导》教材版权、《经典国学之中华美德》系列动漫视频版权输出美国。《笨狼》动画片在非洲 30 多个国家播出。

园区集聚效应初步显现。国家、省、市三级文化产业示范园区集聚发展格局加快形成。马栏山视频文创产业园获批全国首家国家级广播电视产业园、首批国家文化和科技融合示范基地，核心区集聚文创企业超 2000 家，全年新增企业 515 家，累计新注册企业 686 家，全年实现营收 342.39 亿元，完成全口径税收 22 亿元（其中减费降税额 2 亿元），同比增长 130%。天心文化（广告）产业园入驻文化企业 619 家，13 家企业产值过亿元。湘潭昭山文化产业园入驻文化企业 117 家，新增企业 41 家，同比增长 78%，实现总产值 10 亿元。浏阳河文化产业园获评全国就业创业"优秀项目奖"，"智慧浏阳河"文化创意孵化基地获评国家级创业孵化示范基地。怀化文化创意（广告）产业园入驻文创及关联企业 128 家，实现产值近 14 亿元，同比增加 1.2 亿元。

"一带一路"拉动产业发展。湖南文化企业主动同共建"一带一路"国家和地区开展文化贸易。湖南出版集团投资入股法兰克福书展 IPR 在线版权交易平台，实现从文化产品出口到资本和服务输出的转型升级；湖南广播电视台国际海外用户数接近 400 万户，覆盖人群超过 3000 万人。怀化市茶叶成为全省第一个获得欧盟认证的茶叶，陶瓷彩釉玻璃已出口东南亚、迪拜，新谱乐器配件、靖州金心铅笔、通道侗锦已销往 30 多个国家和地区。张家界旅典文化有限公司开发的"乖幺妹"土家织锦产品，远销韩国、日本、新西兰、俄罗斯、澳大利亚等 30 多个国家和地区。

二 湖南文化产业发展面临的机遇与挑战

在文化产业推动湖南高质量发展的同时，湖南文化产业也面临一些发展问题和瓶颈。

一是文化制造产业比重偏高。全省文化制造业比重偏高。就文化制造业规模以上文化企业来看，长沙市占比49.7%、株洲市占比90.6%、娄底市占比76.7%，均远高于全国平均水平（2017年为34.8%），形成了"制造业陷阱"。部分市州文化产业增长过度依赖制造业，株洲文化制造业集中在焰火、鞭炮产品制造领域。

二是优势产业发展放缓。湖南文化产业起步早、发展快，形成了出版湘军、广电湘军、演艺湘军、烟花产业等一批文化品牌和优势文化行业。但2018年上述行业呈现不同程度的回落态势。以长沙市为例，在出版方面，25家规模以上出版服务企业实现营业收入29.5亿元，同比下降14.7%，实现营业利润3.7亿元，同比下降59.3%。在影视方面，10家规模以上电视服务企业实现营业收入95.6亿元，同比增长仅1%，低于2017年10.1个百分点。在演艺方面，规模以上歌舞厅娱乐服务企业全年营业收入不足亿元，且收入同比下降5%。在烟花方面，371家规模以上烟花企业营业收入增幅为5.7%，营业利润率为6%，较2017年回落0.8个百分点。除部分市州外，作为文化产业领头羊的省属文化产业集团增速也放缓，湖南出版集团2018年完成营业总收入105.15亿元，同比下降9.23%，实现利润总额14.87亿元，同比下降8.66%。

三是文化投资与消费"马力不足"。文化产业领域投资和消费呈现"两低"趋势。从投资整体看，文化产业领域固定资产投资增速仍保持高位，但从区域来看，部分市州文化产业投资增速出现明显下滑。以长沙市为例，2018年文化、体育和娱乐业固定资产投资增幅为 3.8%，低于全市固定资产投资增幅 7.7 个百分点，较上年同期回落 28.1 个百分点，文化、体育和娱乐业固定资产投资增幅在全市 19 个行业中排名第 14 位。从消费整体看，全省文化消费出现了一定程度的下滑，2018 年文化娱乐体育健康类零售额仅增长 3.8%，体育、娱乐用品类增速也仅为 3.1%。从区域来看，各市州也出现传统消费不足的情况，长沙市 2018 年体育、娱乐用品类零售额同比下降 4.9%，书报杂志类零售额同比下降 18.5%，电子出版物及音像制品类零售额同比下降 50.6%，主要文化产品零售额增长乏力、同比下降。

从总体形势看，全球文化产业发展具有反经济周期的特性，"口红效应"得到印证，经济繁荣带动了文化消费和产业结构升级，经济下行也蕴含着重大机遇。第一，科技是文化产业发展的催化剂，"文化＋科技"拓展了文化产业的发展空间。第二，品牌和集群化是核心竞争力，以品牌为核心的产业价值链构建，是文化产业规模化和快速发展的规律。第三，文化贸易和保护成为国家新的战略资源和竞争力，国际化的生产方式加剧了对文化资源配置的争夺。中国特色社会主义已进入新时代，高质量发展成为当前和今后一个时期确定发展思路、制定经济政策、实施宏观调控的根本要求。文化产业作为国家重点推动的支柱型产业，已全面融入国家经济发展战略方针。随着 5G、大数据、云计算、物联网、人工智能等技术不断发展，坚持"内容为王"，突出创新创意，推动科技与文化的高度融合，大力培育新兴业态，打造文化消费新模式，将为文化产业挖掘潜能、转型升级发展提供巨大空间。

从区域比较看，区域发展不平衡将是中国文化产业在相当长一段时间内的基本特征与态势。2017 年，文化产业增加值过千亿元的省份有 10 个，分别为广东、江苏、山东、浙江、北京、上海、湖南、四川、河南和福建，这 10 个省份文化产业增加值总和占全国总量的

74.25%。国家统计局对全国规模以上文化及相关产业企业 5.9 万家进行调查，2018 年东部地区规模以上文化及相关产业企业实现营业收入 68688 亿元，占全国总量的 77.0%；中部、西部和东北地区分别为 12008 亿元、7618 亿元和 943 亿元，占全国比重分别为 13.4%、8.5% 和 1.1%。从增长速度看，西部地区增长 12.2%，中部地区增长 9.7%，东部地区增长 7.7%，东北地区下降 1.3%。全国规模以上文化企业 6 万家，比 2017 年增加 5000 多家，主要集中在发达省份。规模以上文化企业发展状况，恰似一面"镜子"，折射文化产业区域发展质量，成了区域文化发展的"缩影"。

从全省情况看，文化产业作为经济发展新的增长点，将进入"质量为先，稳中调优"的发展阶段，但也面临发展放缓的现实情况。湖南文化产业占 GDP 比重已超过 6%，近五年来，湖南文化产业增加值增速明显放缓，从 2014 年的 11.8% 下降到 2017 年的 10.5%。尤其是传统文化制造业增速持续走低，这是文化产业新旧动能转化、新业态培育及宏观经济转型发展大环境导致的。综上可知，目前湖南文化产业发展与发达地区的差距有所扩大，在激烈的市场竞争中，做大做强湖南文化产业的任务更为艰巨、挑战更为严峻。

三　加快湖南文化产业高质量发展的对策建议

目前，按照省委、省政府部署，全省大力推进文化创新体系建设，加快构建文化精品创作体系、现代传播体系、现代公共文化服务体系、现代文化产业体系和现代文化市场体系。我们要加快湖南文化产业高质量发展，将"文化湘军"这块招牌擦得更亮，加快文化强省建设，为建设富饶美丽幸福新湖南提供重要支撑，做出新的更大贡献。

1. 着力推进文化创新体系建设，释放发展新动能

近年来，湖南省文化建设取得重大进展，文化产业支柱性地位日

益凸显，文化软实力和文化影响力大幅提升，但仍存在文化发展不平衡不充分、文化创新能力不强等问题，以创新为抓手破解文化发展难题，成为推动湖南省文化大发展大繁荣的必然选择。一是积极抢抓5G建设和智慧广电发展战略机遇。以建设5G高新视频多场景应用国家广电总局重点实验室和广电5G长株潭试验网为切入点，推进5G高新视频内容产业建设，打造"智慧广电＋政用、商用、民用"等新模式、新业态。二是发挥文化赋能经济的积极作用。培育发展高端文化装备制造、在线教育、场景沉浸式旅游体验等"文化＋"新产品、新业态、新模式，打造文化产业发展的新引擎。倡导文化切入的商业模式创新，打造更多诸如"文和友""茶颜悦色"等代表城市文化的IP品牌。三是进一步激发文化消费潜力。继续发挥长沙、株洲等国家重点文化消费城市和"网络消费季"等品牌活动的示范作用，培育新型文化消费模式，引领文化消费持续增长。进一步擦亮长沙夜经济名片，为大众打造更丰富的文化精神生活，打造夜间经济"升级版"。

2. 坚持融合发展、大力发展"文化＋"，拓展发展新空间

2018年以来，湖南大力推动县级融媒体中心建设，多个县（区市）积极探索新模式，有效增强了县级主流媒体的传播力、引导力、影响力、公信力。下一步应继续坚持融合发展，深入实施"文化＋"行动，推进文化与旅游、科技、金融、现代农业、体育等重点产业深度融合，形成深度融合、联动发展的产业氛围。一是推动传统媒体与新兴媒体的深度融合。支持广电打造视频新媒体标杆，做优做强芒果TV。探索互联网视听内容开发和服务新技术，创新视频研发生产制作全产业链商业模式。加快推动传统出版和新兴数字出版融合发展，催生新产品、新业态。加强知识产权发掘和跨界经营，鼓励开发图书出版衍生产品。拓展电子音像产业发展空间，发展语音出版和有声书产业。二是推动文化与旅游融合发展。大力发展与主题公园、创意园区、文化场馆、文化活动、人文历史等深度融合的文化旅游产业，加

快推进大湘西文化旅游融合发展示范区建设。三是推动文化与科技融合发展。鼓励文化企业加大科技投入与研发力度，以科技手段优化文化创意、生产、销售以及传播方式，促进文化产业转型升级。以项目为纽带，推动文化科技融合发展，培育一批科技型文化企业并产生示范和集聚效应。四是推动文化与金融融合发展。推动银行业金融机构建立文化金融专营机构。进一步鼓励金融机构实施互联网金融工程。鼓励保险公司加大创新型文化保险产品开发力度。加强文化创意企业上市的培育储备，重点推进华声在线、明和光电等重点文化企业上市融资。五是推动文化与现代农业融合发展。鼓励文化创意企业为种养大户、专业合作社、家庭农场、农业企业等新型经营主体开展多种形式的创意设计，强化休闲农业产业体系、景观体系、活动体系建设。六是推动文化与体育融合发展。促进体育衍生品创意和设计开发，推动文化创意和设计服务应用于体育特色旅游景区深度开发。支持县（区市）根据本地"江、湖、山、道"自然人文资源举办传统民族特色体育活动，丰富群众体育文化活动内容。

3. 重点培育湖南文化产业发展新的增长点，打造发展新极核

文化产业发展离不开重大项目带动和平台载体支撑，当前，湖南省应加快推进重点项目建设，建立和完善各类发展平台，培育形成湖南省文化产业发展新的增长点。一是加快中国（长沙）马栏山视频文创产业园建设。明确将马栏山视频文创产业园作为全省文化产业发展的重要载体，鼓励省内视频产业链相关企业向园区集聚，大力引进粤港澳大湾区、长三角地区文化产业投资。依托其国家级文化和科技融合示范基地建设，突出文化与科技融合，聚焦数字视频内容生产、版权交易等，打造全国一流的文创内容基地、数字制作基地、版权交易基地，推动文化与互联网、互联网与实体经济深度融合，力争形成"北有中关村、南有马栏山"的网络信息产业发展新格局，将其打造成极具全球竞争力的"中国 V 谷"。二是加快国家文化出口基地（长

沙）等集聚区建设。依托中部五省唯一的国家级文化产业示范园区天心文化产业园、国家级数字出版基地中南国家数字出版基地、国家级广告创意产业园区创谷·长沙（国家）广告产业园等12家国家级文化产业园区（基地），做强梅溪湖国际文化艺术中心、炭河古城、美丽中国·长沙文化产业示范园、长沙新华联铜官窑国际文化旅游度假区、华谊兄弟长沙电影文化城、湘江欢乐城、恒大童世界、湘军文化园、后湖（国际）文化艺术园等一大批重大文化产业项目载体，打造一批具有国际影响力的湖南文化品牌，建设一批对外文化贸易基地，搭建一批具有较强辐射力的国际文化贸易平台，把更多具有湖南特色的优秀文化产品和服务推向世界。三是支持长沙世界媒体艺术之都建设。支持长沙办好移动互联网岳麓峰会、长沙媒体艺术节等活动。继续办好中国（长沙）雕塑文化艺术节、中国浏阳（国际）花炮节、长沙（国际）动漫游戏展、全国图书交易会、长沙（中部）智能印刷和文化创意博览会、橘洲音乐节、"汉语桥"世界大学生中文比赛等系列节会赛事，不断提升节会赛事的层级、规模和档次，塑造一批具有湖湘特质和长沙印象的对外文化名片。全力打造"快乐长沙"文化品牌体系，引导文化创意企业主动融入"一带一路"文化贸易拓展计划，促进要素自由流动和产品自由贸易，加强国际文化交流合作，提升长沙文化创意产业国际化水平。

4. 全面推进湖南文化产业供给侧结构性改革，满足发展新需求

近年来，湖南省文化产业呈现快速发展态势，但也存在原创性、高端产品供给不足，重复性产品供给过剩的现象。为适应文化需求全面快速增长的趋势，需要从供给侧和需求侧两端发力，加快文化领域的结构性改革，释放市场主体活力，扩大文化有效供给。一是加大老百姓喜闻乐见、简便易得的文化产品供给。制作符合群众精神需求的影视出版、动漫游戏、网络文学、文化教育、艺术展览等产品，适应老百姓文化消费的主动性、可得性，降低消费文化产品的门槛和难

度。二是提高文化产品质量和品味。提高文化产品的质量，从而提高受众量。一方面，加大主旋律、正能量、讴歌党、讴歌祖国、讴歌人民的主题性创作力度；另一方面，扩大精神追求、价值品味、兴趣爱好方面的需求性产品供给。三是生产多种形式的文化产品。培育各类文化消费兴趣人群，打造影视传媒、歌舞表演、文博会展、音乐艺术、民间文化、非遗交流、体育赛事、美术摄影、体验沉浸、文化体育、文化旅游等多种形式的文化产品，供各类文化消费人群选择。四是推动湖湘特色文化品牌建设。突出湖湘文化特色，要厚植湖湘土壤，讲好湖南故事，增强文化自信，充分展示湖湘文化的独特魅力，培育更多在国内国际市场上"叫好又叫座"的文化产品和服务品牌。五是拓展文化传播、消费的渠道和方式。将文化消费、文化体验和产品销售等平台融入大众日常生活、休闲娱乐、度假旅游等各个环节中，让文化供给、市场和消费无处不在、触手可及。

5. 持续擦亮湖南广电、湖南出版文化名片，打造国家级文化创意产业基地，树立发展新标杆

以改革发展为引领，持续发挥湖南广电、湖南出版集团作为文化强省建设龙头的带动作用，使之成为湖南省打造国家级文化创意产业基地的标杆和示范。一是继续巩固湖南广电、湖南出版集团的龙头地位。增强广播影视、新闻出版等龙头企业的创新发展能力，加快转型升级步伐，巩固提升全省文化产业的影响力，打造主业突出、核心竞争力强、支撑带动作用明显的国有大型骨干文化企业集团。推动湖南广电打造以湖南卫视为核心的传统媒体板块、以芒果 TV 为主平台的新媒体板块、以有线网络为支撑的移动互联网板块、以潇影集团为核心的电影产业板块，加快融合发展，不断优化芒果生态，努力实现"影响力第一、市值第一、品牌第一"的发展目标，把湖南广电打造成形态多样、手段先进，拥有强大实力及传播力、引导力、影响力、公信力的新型媒体集团。充分发挥湖南出版集团书、报、网、移动媒

体等多种介质的优势，出版更多传承中华文化基因和湖湘文化精神的精品力作，继续走在全国出版业前列。二是加强科技对文化的支撑和引领作用，加快新兴业态的培育。发挥科技创新对文化产品内容和产品形式创新的带动作用，以"新技术、新平台、新体系、新模式、新业态"为战略导向，重点布局"互联网＋"、新媒体、虚拟现实、影视节目、数字出版、动漫游戏、广告会展、演艺娱乐、文化信息、创意设计等产业，改造传统文化产业，催生新兴产业业态，提质升级广电湘军、出版湘军，重点开发新一代超高清电视和电影、数字音乐、网络广播、互联网内容服务、智慧教育、数字出版、数字化演艺、数字化主题公园、"AR/VR＋文娱产业"等领域，培育具有新技术、新模式、新业态的科技文化企业集聚区。重点发展电子出版物、电子书、手机出版物等以数字化内容、数字化生产和数字化传输为主要特征的出版新业态。三是依托广电、出版两张文化名片，打造国家级文化创意产业基地。依托长株潭城市群的核心区和环洞庭湖地区的文化创意产业功能区，深度融入长江经济带，大力开发科技型、创意型、智慧型的文化创意产品和项目，构建具有国际竞争力的对外文化服务贸易，走进美国、日本和欧盟市场，逐步形成以湖南为基地、辐射海内外的优质科技文化资产网络。依托大湘南文化创意产业功能区，接轨粤港澳大湾区、北部湾经济区、海峡西岸经济区等，进而融入海上丝绸之路和中南铁路网，进入面向东南亚国家的海陆大通道，大力发展文化服务出口等新兴业态，扩大文化产品出口。

重大专题篇

湖南文化产业政策体系与改革发展研究

陈　军*

文化产业政策是文化产业改革发展的固本之策。20 世纪 80 年代以来，文化产业异军突起，成为新兴产业和新的经济增长点而受到世界普遍关注。在国家宏观经济政策的指导下，湖南文化产业改革起步早、发展快，形成了系列文化产业政策文件，构建了文化产业改革发展的政策体系。新的形势下，如何进一步加强政策研究，不断完善和健全文化产业政策，释放改革发展活力，推动文化产业高质量发展，成为新时代的重大课题。

一　湖南文化产业政策体系及其改革发展效应

随着湖南文化产业改革发展的丰富实践，湖南文化产业政策日臻完善，形成了政策体系与改革发展相互统一、彼此促进的良好局面。

1. 湖南文化产业政策体系

湖南文化产业政策经历了自发萌动、起步探索、培育发展和创新发展历程，形成了较为完善的推动文化产业改革发展的政策框架，从其作用机制来看，分为指导型政策、推进型政策以及激励型政策三种类型。

* 陈军，湖南省社会科学院办公室主任，博士，副研究员，主要研究方向为信息社会学、经济社会学。

一是指导型政策。这类政策主要是纲要规划、实施意见等类型。比如《关于加快建设文化强省的意见》定性文化产业为重要支柱性产业和全省重要的战略性新兴产业。《创新型湖南建设实施纲要》把文化创意产业列入七大战略性新兴产业，积极推进文化科技融合发展的载体建设。《湖南省"十三五"时期文化改革发展规划纲要》提出构建"一核两圈三板块"的文化产业发展格局。《关于加快文化创新体系建设的意见》从五个方面对湖南省文化创新体系建设进行布局，涉及 26 个方面的重点工作。

二是推进型政策。这类政策主要是实施方案、行动计划等类型。比如《深化省管国有文化资产管理体制改革方案》提出组建八大国有文化产业集团。《广电、出版等省管企业改革重组方案》将八大文化国资企业整合为五家，进一步实现规模化、集团化、现代化发展。《湖南省发展众创空间推进大众创新创业实施方案》提出对接中央和省委、省政府"互联网＋"行动计划，鼓励"大众创业、万众创新"，打造一批优秀的创意创客平台。《湖南省建设全域旅游基地三年行动计划（2018—2020 年)》提出构建五大旅游板块，打造锦绣潇湘品牌。

三是激励型政策。这类政策主要是若干政策、若干措施等类型。比如《关于进一步支持经营性文化事业单位转企改制和文化企业发展的若干政策》《湖南省人民政府关于加快湖南文化创意产业发展的意见》，鼓励民间资本进入文化产业领域，鼓励和支持非公有制文化企业发展。《中共湖南省委　湖南省人民政府关于加快文化产业发展若干政策措施的意见》提出实施文化产业发展鼓励政策，建立多元化的文化产业投入机制，实行税收、土地扶持政策，突出扶持重点文化产业项目建设，实行与工商企业同价政策，建立文化产业人才激励机制。

2. 湖南文化产业政策体系的改革发展效应

湖南文化产业政策体系在湖南文化产业改革发展中起到了引领、

促进、激励及动力保障的重大作用，呈现强大的政策效应。

一是壮大了文化产业发展规模。主要经济指标位居全国第一方阵，2018 年湖南文化产业总产出和增加值稳步增长，规模以上文化企业营业收入达到 4709.74 亿元，同比增长 7.4%，文化产业对湖南的经济贡献处于中部地区前列，文化产业综合指数和影响力连续两年分别稳居全国第七、第六。市场主体持续壮大，非公有制和中小微企业长足发展，规模以上文化产业企业达到 3524 家，实现稳步增长，2018 年五家国有文化企业集团实现营业总收入 410.9 亿元，同比增长 2.6%。长株潭地区成为全省文化创意产业加速发展的"领头羊"。

二是提升了文化产业发展质量。媒体融合发展势头强劲，2018 年《湖南日报》融合传播力位居全国党报第 10。新湖南客户端在全国党报自有 App 中排名第四。湖南广电在世界品牌实验室 2018 年"亚洲品牌 500 强"中排名第 93 位。"体坛＋"荣获新华社"阅读资讯领域最具影响力 App"大奖。新兴文化业态不断涌现，创意设计、VR／AR 等新型文化业态快速成长，移动互联网产业成长为湖南文化产业的"新名片"，新媒体产业集群在全国有较大影响力，动漫产业集群有力带动了文化强省建设。文化娱乐消费升级，长沙获得国家文化消费试点城市奖励计划，进入全国第一方阵。产业集聚效果初显，中国（长沙）马栏山视频文创产业园发展势头强劲。

三是形成了文化产业品牌效应。"文化湘军"享誉海内外，"湘"字号品牌异军突起，广电"湘军"名气大，湖南广电已成为宣传湖南文化、扩大湖南影响力的一块"金字"招牌。出版"湘军"实力强，湖南出版投资控股集团，连续 10 届入选全国文化企业 30 强，综合实力列全国出版集团第 2 位。动漫"湘军"动力足，2017 年全省动漫游戏及相关业务年度总产值达到 275 亿元。创意"湘军"风头劲，系列前沿栏目让湖南卫视连续保持国内 21 年的高收视率，高端及优势文化业态不断推陈出新，湖南省演艺集团推出"纯粹中国"

项目，打造国际演艺品牌。

四是加快了文化产业开放步伐。对外文化贸易规模大幅增长。2018年，全省文化产品进出口额25.9亿美元，同比增长12.8%；其中出口24.92亿美元，同比增长10.7%，全省文化产品出口继续保持高速增长态势。深度融入"一带一路"建设，湖南文化企业主动同共建"一带一路"国家开展文化贸易。湖南出版集团投资入股法兰克福书展IPR在线版权交易平台，实现从文化产品出口到资本和服务输出的转型升级；湖南广播电视台国际海外用户数接近400万户。

五是优化了文化产业发展环境。湖南强化文化产业发展的政策支持，进一步深化文化体制改革，建立适应市场经济规律的管理体制和运行机制。进一步转变政府管理职能，持续推进"放管服"改革，激发了市场主体活力。以政府投入为引导，吸引社会民间资本，形成市场化和企业化运作机制。充分运用先进技术手段改造传统文化生产经营和传播模式，不断丰富文化的生产方式与表现形式，拉动了文化消费。保护文化知识产权，着力追查、打击侵害企业合法权益和侵犯知识产权的违法行为。

二 湖南文化产业政策体系存在的主要问题

由于文化产业政策的持续推动，湖南文化产业快速发展，但对标文化强省的要求、对照文化产业发展水平高的省份，仍然存在较大差距，从政策设计与引导的角度看，文化产业政策还有待进一步完善。

1. 理念性偏差

一是管理行政化倾向。在产业政策上湖南对文化产业的扶持，过于强调政府的主导作用，在产业发展初期，政府的支持是文化产业发展的主动力，但发展到一定阶段后政府并没有退出产业主导角色转而提供产业服务，这实际上是对文化产业发展的直接干预。企业也存有这种政策依赖，行政管理色彩浓，这种政府"办文化"的思维，往往导致企业市场主体意识不强。比如，湖南出版集团对单一来源采购义务教育阶段免费教科书的依赖度大，业务开展的体制烙印明显。

二是整体认识狭隘。随着"互联网＋"时代的到来，5G、大数据、云计算、人工智能等技术改变了传统的文化生产、传播和消费模式，但湖南省的政策准备还没有完全跟上，传统行业转型升级慢，新型文化业态发展准备不足，发展定位不清。在众创空间建设、科技成果转化、知识产权保护、文化市场规范方面政策仍然欠缺。

三是经济效益偏向。湖南文化产业政策强调占 GDP 比重，强调经济指标的评价，这实际上是以实现经济效益为首要目标，看重的是文化产业对经济增长的贡献，是对文化产业提高人民整体文化素养、提升幸福指数和宜居指数的一种忽视，导致经济效益和社会效益的割裂和失衡。比如一些演艺企业，在节目安排上出现过度娱乐化倾向。

四是政策指向偏颇。湖南文化产业政策的指向对大型文化企业、骨干文化企业具有明显的倾斜性，这对占市场主体 80% 的中小微企业来说有失公平。如湖南投融资政策使许多小微文化企业和中型文化企业难以得到资本支持，文化产业发展专项资金对小微文化企业的支持也明显乏力。湖南文化产业政策的另一个偏颇是更加倾向于高端文化，对于传统文化保护以及传播的支持力度不足，这对于传统文化的传承和发展非常不利。

2. 结构性失衡

一是行业政策不健全。虽然湖南文化产业政策取得长足发展，但有一些文化行业仍然缺乏政策支持，如湖南体育产业缺乏省级层面的发展专项规划和行动计划，也没有制定刚性的支持政策。事业单位转企改制后，支持后续发展的政策缺乏，导致有的转制文化企业问题很多，难以发展。

二是配套政策没跟上。湖南省扶持文化产业发展的政策，为文化产业发展带来了"阳光雨露"，但有的政策太过原则和宏观，没有具体的实施细则和相关配套政策，落实效果不佳。比如金融政策方面，湖南出台了一系列拓宽小微企业融资渠道的支持政策，但由于相关抵质押物政策不配套，银行、投资担保机构对抵质押物的要求仍然制约着文化企业特别是小微文化企业的融资。比如人才政策，湖南省委、省政府出台的《关于加快文化创新体系建设的意见》虽然强调人才的引进、培养与激励，强调建立柔性人才制度，但由于缺乏具体激励措施，也没有制定人才方面的配套制度，湖南仍然面临文化产业人才不足、人才流失严重的尴尬局面。

三是评估政策缺位。湖南文化产业政策运行过程中，政策监督力度不够，检验和评价标准缺失，也没有专门的反馈渠道，对政策落实效果模糊，往往导致政策扶持的针对性不强、政策扶持方式不科学等问题。比如湖南文化产业政策引导资金，每年投入后，精准度如何、绩效如何，缺乏常态化的评估政策。

四是政策雷同。市州和县市区文化产业政策往往大同小异，发展定位没有做到优势互补，出现同质化竞争和重复建设。比如湖南演艺集团和湖南广播影视集团在文化产业发展上，往往出现生产内容、服务对象上的雷同现象，在项目申报、节会举办、演艺类项目争取上出现同质竞争。不同部门和企业在产业发展定位和方向上也往往存在雷同，常常竞争同一个项目，很难形成整体布局、规模效应及品牌效应。

3. 机制性症结

一是沟通协调不畅通。文化产业发展涉及行政部门多，政策主体条块分割，各自为政，彼此之间缺乏统筹。受政出多门的影响，文化产业政策往往相互独立，彼此关联性差，导致整个政策体系协调性差，政策的促进和保障作用很难充分有效发挥。受整体政策协调性差的影响，市州、县市区以及部分文化企业在政策的实施过程中，其行为的协调性也差，使得各类要素和资源不能及时、合理、有效配置。

二是管理职责不清晰。文化产业所涉及的部门很多，省委宣传部、省文资委、省财政厅以及行业主管部门等都有对文化产业企业实行监督和管理的权力，湖南省还没有出台相关法规和政策细化各部门对文化产业的管理范围和职责，使得多头管理、推诿扯皮现象仍然存在，制约着文化产业的有序发展。

三是现代企业制度不完善。支持转制文化企业后续发展的政策不健全，有的转制文化企业对政府及相关政策依赖度大，思想认识、管理结构、经营模式等都有较明显的体制内烙印，法人层级多、法人治理结构不合理，决策机制不健全，与现代企业制度还有很大的差距。

4. 动力性不足

文化产业要素性动力保障仍然不足，主要表现在四个方面。

一是资金投入政策乏力。在财政政策方面，仍然存在资金使用方式单一、效率难以评估等问题。受益者大多数为大中型文化企业，受惠面不广、没有体现政策的公平性，产业发展所急需的能够为更广大文化企业提供服务的公共技术、投资融资、人才培养、展示交易、信息咨询等公共服务平台建设所需的资金仍然难以找到解决渠道。在金融政策方面，融资难问题仍是制约文化企业特别是小微文化企业发展的突出问题。

二是税收政策缺乏实质性突破。税负过高，重复计税问题仍然存在，针对创新创造、高新技术的研发运用、对原创产品的支持等应鼓励的领域税收政策的作用未能体现出来，对小微文化企业缺少财税扶持。

三是土地政策还有待完善。还没有与文化产业完整配套的专项土地政策，扶持引导政策不到位。土地利用总体规划和城乡总体规划编制没有将文化建设用地纳入其中，特别是重大基础设施和标志性文化工程、高新技术文化产业项目用地没有明确，文化建设用地规模得不到保障。旧城文化遗产保护和利用的具体措施不完善，用创意产业把历史资源转化为城市空间发展的新财富的具体规划不健全。

四是人才政策还不健全。对文化创意设计、文化产业经营管理的领军人才和高层次人才的引进、培育力度不够，专项文化产业人才政策缺失。与市场接轨的人才激励政策与机制缺乏，文化骨干企业人才流失不断加剧。

三 推进湖南文化产业改革发展的政策体系优化路径

在新的形势下，着眼于文化强省战略目标任务，推动湖南文化产业改革发展，有必要对湖南现有文化产业政策做动态调整和体系完善。

1. 聚焦价值理念的政策取向

政策体系优化完善首先必须突出价值取向、理念创新，以理念创新突破传统思维定式，以价值取向冲破体制机制障碍。

一是树立市场思维。以市场思维促进政府实现由"办文化"向"管文化"转变，由"管理文化"向"服务文化"转变，以理念转变创新政策设计，从根本上转变政府职能。

二是树立系统思维。系统思维是政策体系的内在要求，只有把握政策制定的系统思维才能把各项政策有效衔接起来，才能避免政策关联性、协调性的缺失。政策体系具有不同层次和结构，树立系统思维才能将宏观、中观、微观有机统一起来，既在宏观上加强顶层设计，又从中观、微观入手提出有针对性的举措，否则即使制定了政策，最终也难以落实。

三是树立"双效统一"思维。将"双效统一"作为文化产业政策的价值取向，调整完善湖南文化产业发展的总体思路、空间布局、重点任务和动力保障，既要重视经济效益，更要重视社会效益，以社会效益引领文化市场的整体繁荣，促进文化精品生产和品牌企业发展，增强文化自信。

2. 聚焦体制机制的政策取向

深化体制机制改革，理顺体制机制，强化体制机制性制度供给。

一是强化统一监管，加强监管队伍建设，把懂政策、懂业务的专业人才充实到监管队伍，推进专业化管理，实现对文化企业的事业资产和产业资产监管全覆盖。

二是制定责任清单，确保文化管理部门和文化企业之间责权利关系对等明确，传导压力，压实监管责任，进一步建立健全协调机制，确保管人、管事、管资产、管导向、管党建"五管统一"落到实处。

三是进一步扩大文化企业自主权，增强企业市场主体意识，释放企业活力，提高效益，迅速组建具有国际竞争力的文化集团公司。

四是减少行政审批事项，简化手续，前移关口，缩短时限，提升工作效率。

五是加快建立有文化特色的现代企业制度，强化党组织在文化企业法人治理结构中的法定地位，进一步明确党委会、董事会、监事会和管理经理层的权责，加快建立产权清晰、权责明确的母子公司管理体系，做实法人治理结构。逐步退出文化企业不具有发展优势的非主营业务，对"空壳企业"和"僵尸企业"加大处置力度，压层级减法人。支持文化企业在非新闻舆论领域，通过国有股权转让、兼并重组等方式，引进各类社会资本，稳妥地推进混合所有制改革。

六是实施"文化＋"行动，推动文化产业与教育、信息、旅游、体育、农业、装备制造、建筑设计等深度融合，全面加快文化产业发展。

七是从载体、内容、对象、举措等多方着力，进一步加强公共文化服务建设。

3. 聚焦产业结构的政策取向

文化产业的改革发展依赖文化产业政策的体系完整和系统协调来解决产业结构性问题，各有关部门必须统筹协调、精准施策。

一是完善促进文化产业发展的支持政策。如建立完善促进动漫游戏业发展、促进文化体育产业发展和相关行业发展的支持政策，明确目标定位和发展方向，细化支持措施，推进相关行业稳步快速发展。

二是完善区域协同发展的制度体系。湖南要尽快出台《湖南文化产业区域协同发展条例》《湖南文化产业发展区域行政协议条款》等制度，作为文化产业发展的地方性法规。各市州在这些制度基础上，制定市州促进文化产业发展的规章制度，促进各县市区发展格局的平衡，从而形成完整的促进文化产业区域协同发展的制度体系。

三是完善推动文化企业发展壮大的扶持政策。建立健全湖南重点文化企业的认定办法和奖励办法，鼓励并奖励文化企业上市融资；进一步扶持中小微文化企业发展，推进小微企业"小升规"，完善金融贷款政府采购支持政策，增强小微企业市场竞争力，支持文化企业做大做强。

四是完善夯实产业链的政策措施。加快文化资产的兼并、重组、整合速度，培育一批跨行业、跨媒体，具有品牌竞争力和战略投资力的产业集团，并通过总体战略的规划和惩罚机制的确立，引导资源配置和产业集聚，约束集群内文化企业的自利行为，培养主动发展集群品牌的意识，提高湖南省文化市场的集中度，夯实产业价值链。

4. 聚焦要素保障的政策取向

完善财政、金融、税收、土地、人才等要素政策，充分发挥其调控文化产业发展的杠杆作用，为推动文化产业改革发展提供动力保障。

一是建立文化产业投入增长机制。充分发挥文化产业发展专项、国有文化企业资本收益的杠杆和引领作用。创新支持方式，由直接支持变为间接支持，灵活运用市场化方式减少直接干预。突出重点，着力支持文化企业聚焦主营业务，促进延长产业链的产品研发和设备更新。适当增加文化产业发展扶持资金，建立文化产业投入增长机制，加大对文化产业发展的扶持力度。市州、县市区财政可设立相应的文化产业扶持资金。

二是完善金融政策。优化省级文旅基金的投资方向和管理模式，变单一的 IPO 投资为多元化股权投资，有计划地支持文化企业进入主板、中小板、新三板等资本市场融资，用活用好政府基金。发挥政府性担保公司，特别是省文旅担保公司的作用，推动建立文化企业金融信贷风险代偿基金，对向文化企业提供贷款、担保、保险服务的金融机构给予风险补偿和奖励，完善文化产业信用担保政策。鼓励有条件的文化企业通过发行公司债券、企业债券、资产支持证券等方式直接融资，拓宽文化企业融资渠道。

三是进一步落实各项税收优惠政策。汇编文化产业税收优惠政策，对现行适用文化产业发展的税收政策条文进行梳理，结合湖南文化产业发展实际情况，积极创造条件，促使税收优惠政策有效落地。落实好国务院办公厅《文化体制改革中经营性文化事业单位转制为企业的规定》和《进一步支持文化企业发展的规定》中有关对经营性文化事业单位转制为企业的税收优惠政策，支持文化产业快速发展。

四是发挥土地政策的导向作用。落实国家关于经营性文化事业单位转制为企业的土地优惠政策。对列入湖南省重点文化产业项目库的项目，优先安排省预留新增建设用地计划；对符合湖南省优先发展且用地集约的文化产业类工业项目，土地出让底价可在所在地土地类别对应工业用地最低价标准的基础上再给予一定的优惠支持。降低生产性文化产业项目的一次性置地投入，其用地允许以长期租赁、先租后让、租让结合的方式供应，按有关规定分期缴纳全部土地出让价款；支持有条件的地方盘活农村闲置房屋、闲置集体建设用地等存量资源发展适宜的文化产业。

五是完善人才政策。探索建立柔性引才用才机制、建立健全职业经理人制度、放宽引才用才自主权，完善人才引进政策。探索与高校联合、省内外企业交流、培训进修等方式，着力培养既专业又懂经营管理的复合型人才，完善人才培养制度。鼓励文化企业建立优秀人才储备库，打造文化企业发展所需的人才团队，完善人才培养政策。探索完善薪酬制度、奖励制度，鼓励采取股权激励、分红激励、员工持股等方式，探索资源要素、技术要素、管理要素、知识产权要素参与收益分配，强化留人激励措施。

参考文献

傅才武、申念衢：《当代中国文化产业政策研究中的十大前沿问题》，《华中师范大学学报》（人文社会科学版）2019 年第 1 期。

郭建晖：《江西文化产业高质量发展的政策创新路径》，《江西社会科学》2019 年第 4 期。

刘银田、张定新、魏修军：《湖南文化产业调研启示与思考》，《山东经济战略研究》2019 年第 6 期。

孟东方：《现代文化产业体系的政策效应、问题及发展对策》，《中国行政管理》2018 年第 12 期。

湖南省委政研室、湖南省财政厅、湖南省社科联调研组：《关于湖南文化产业有关经济政策问题的调研报告》，《湖南社会科学》2007 年第 5 期。

宋朝丽：《河南省文化产业政策：演进历程与体系完善》，《河南牧业经济学院学报》2019 年第 2 期。

王凤荣、夏红玉、李雪：《中国文化产业政策变迁及其有效性实证研究——基于转型经济中的政府竞争视角》，《山东大学学报》（哲学社会科学版）2016 年第 3 期。

杨金鸢、王毅、郑自立：《湖南文化改革发展 10 年：回顾与展望》，《华声在线》2016 年 12 月 19 日。

湖南文化产业投资与消费协调发展研究

刘　敏*

国际上一般认为，当人均 GDP 达到 3000 美元以上时，文化消费需求便开始大幅增长。2018 年，我国人均国内生产总值接近 1 万美元，文化消费的高峰期已经来临。可以预见，未来我国居民文化消费需求将快速释放，文化消费需求的增长会吸引更多各界资本投资文化产业，更多的文化产业投资则进一步促进文化消费的发展。近些年湖南文化消费发展较快，2019 年，全省居民人均消费支出 20479 元，其中教育文化娱乐类消费支出在八大类中居第三位。湖南要实现"文化强省"升级版的目标，需进一步加大文化产业投资，不断优化投资结构，从而促进文化消费与投资协调发展，增强文化消费力。

一　湖南文化产业投资与消费的基本概况

1. 机构和人员

2018 年末，纳入统计范围的全省各类文化（文物）单位约 1.58 万家，比上年减少 0.32 万家，其中，主要是文化市场经营机构数减少 0.31 万家。全省文化单位从业人员 10.22 万人，比上年减少 0.99 万人，其中，主要是文化市场经营机构从业人员减少 0.96 万人（见图 1）。2019 年年收入过亿元的文旅企业达到 39 家。

---

* 刘敏，湖南省社会科学院区域经济与绿色发展研究所副所长，研究员，主要研究方向为消费经济学、区域经济学。

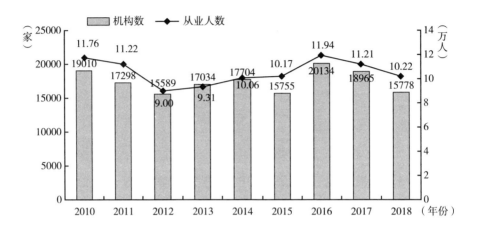

图1　2010～2018年湖南省文化（文物）单位机构数及从业人员数

2018年，全省共有1个国家级文化产业示范园区和11个国家文化产业示范基地，从业人员108965人，其中，具有大专以上学历92713人，占85.09%；具有中级职称以上16812人，占15.43%；全年营业收入271.81亿元，比上年增加0.06%；营业利润54.14亿元，比上年减少0.82%。全省共有29家经国家认定的动漫企业，从业人员1201人，其中，具有大专以上学历1125人，占93.67%；全年营业总收入8.16亿元，利润总额0.85亿元；原创漫画作品564部，原创动画作品430部。

2. 资金投入

2018年，全省共争取到中央和省级文化文物专项资金10.63亿元，其中，安排省级文化综合发展专项资金8100万元，较上年增加1000万元，增长14.1%；省级文物保护发展专项资金1亿元，较上年增加了2000万元，增长25.0%。全省文化事业费支出31.30亿元，比上年增加12.59%，全省人均文化事业费45.40元，较上年增加4.88元，增长12.0%（见图2）。全年文化事业费占财政总支出的比重为0.42%，较上年提高0.02个百分点（见图3）。

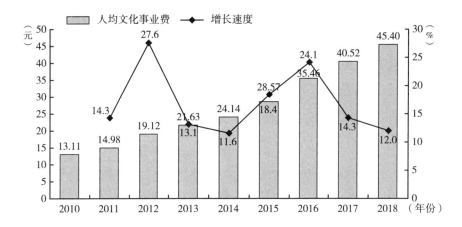

图 2 2010～2018 年全省人均文化事业费及增速情况

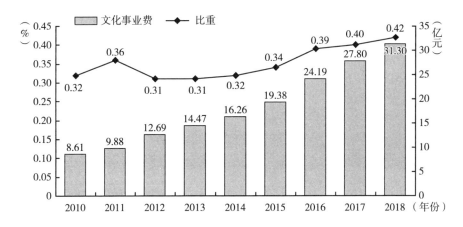

图 3 2010～2018 年全省文化事业费及占财政总支出比重情况

2018 年，争取中央和省级旅游发展专项资金 5.94 亿元，同比增长 1.02%，其中，省级旅游发展专项资金 5.45 亿元，与上年持平，中央旅游发展基金补助地方 4941 万元，同比增长 12.97%。全省在建旅游项目 392 个，比上年减少 46 个，同比减少 10.50%，总投资 6311.77 亿元，同比增长 0.87%，其中，投资上百亿元项目 11 个，上五十亿元项目 28 个，投资上十亿元项目 123 个，重点跟踪推进的 30

个省级重点在建旅游项目总投资 1492.5 亿元。2019 年湖南文化旅游 398 个入库项目完成年度投资 33.36 亿元，其中 23 个项目竣工运营。

3. 文化产品及服务供给

文化企业营业收入在一定程度上反映出文化消费市场上文化产品及服务的供给状况。据对全省 3633 家规模以上文化产业企业的调查，2019 年，上述企业实现营业收入 3351.24 亿元，按可比口径计算，比上年增长 5.4%，增速同比回落 2 个百分点。分行业类别看，文化及相关产业 9 个行业中，有 7 个行业的营业收入实现增长。其中，增速超过 10% 的行业有 5 个，分别是：文化投资运营营业收入 14.13 亿元，比上年同期增长 29.5%；文化装备生产 160.19 亿元，增长 19.6%；文化传播渠道 230.26 亿元，增长 15.1%；文化娱乐休闲服务 95.93 亿元，增长 14.7%；文化消费终端生产 1125.62 亿元，增长 11.5%。其中，文化装备生产、文化传播渠道和文化消费终端生产的营业收入增速分别比上年提高 23.2 个（2018 年下降 3.6%）、7 个和 5.3 个百分点。增速为负的行业有 2 个，分别是：文化辅助生产和中介服务营业收入 771.66 亿元，同比下降 7.9%；创意设计服务 253.49 亿元，下降 0.5%。

4. 文化消费试点状况

2016 年长沙获批国家文化消费试点城市以来，市财政共安排试点专项经费 2000 万元，统筹试点引导资金 1 亿元，带动了旅游、住宿、餐饮、交通、电子商务等相关领域消费超过 10 亿元。通过合作引导，长沙市实现了消费惠民。遴选确定了 300 家文化消费试点合作单位，市财政投入 1000 万元专项资金。开展文化消费品牌系列评选活动，申报参评企业（项目）达到 1000 多家（个），投票参与人数达 500 多万人次，评选认定了长沙市文化消费十大地标、十大品牌、十大创意、十大园区（基地）、十大企业、十大节会。同时，市政府每年分别向长沙音乐厅、梅溪湖大剧院购买服务 1400 万元、1500 万元，用政府补贴手段降低票价，使之达到"高贵不贵，文化惠民"的目的。如今，长沙音乐厅运营以来，每年举办演出200场，平均上座率达到了90%以上。通过两年多的探索和实践，"供给引导消费，创新驱动发展"已成为文化消费的"长沙模式"，极具可操作性、可复制性和推广价值。

株洲市建立文化消费平台，摸索出一条具有株洲特色的"互联网＋文化"的普惠文化模式。由市文体广新局委托韵动株洲开发打造一个集公共文体产品与服务供给、文体市场产品与活动推荐、文体产品预订、消费、评价、奖励和统计等功能于一体的综合性信息服务平台，首批入驻的32家企业涵盖院线、剧院、演艺、电玩、文创等，企业不仅可以发布产品、活动、品牌信息，也将获取更多精准客户。目前该平台已开通手机微网站和微信公众号，市民通过平台参加文化消费不仅可以享受优惠还可获得积分奖励，市政府从服务业引导资金中安排专项经费，通过平台兑换积分，补贴消费者。开展主题活动，打造特色文化消费品牌。举办阳光娱乐暨文化消费节、非遗食品博览会、服饰文化展示周、书香株洲·图书展销、经典电影回看等系列文化品牌活动，带动文化消费2000多万元。在株洲读书月活动中，联合当当书店、新华书店等对购书市民实行专项补贴，短短三天带动图书消费48万余元。株洲市电影展映月、"两元钱看经典电影"等主题活动，有效带动了电影消费，2018年全市电影票房达到1.35亿元，同比增长17%。

二　湖南文化产业投资与消费的主要亮点

1. 文化产业项目投资稳定增长

社会投资信心保持稳定。2018年湖南省各县市区都加大文化产业招商引资力度，引进了一批在全省乃至全国有影响力的大项目、好项目，反映了文化产业社会投资信心的稳定。如常德市总投资 17 亿元、占地 650 亩的大型主题公园"常德卡乐星球·OCT 华侨城"建设即将完工；投资 50 亿元、用地 413 亩的艺术照明生产项目"粤港模科产业园"已完成升级加装并投入生产，全年已实现产值 1.5 亿元；投资 2 亿元的星德山景区等文旅项目陆续开工。2018 年，常德河街古玩城新增经营户 20 多家，成为湘西北最大的古董文玩市场。衡阳市 E 电园项目 2019 年已经正式投入运营，已经有 40 多个项目入园。华侨城项目正式开工建设，雨母艺术小镇、（金河湾）海立方海洋主题文化馆建设也在有序推进。娄底市在陕西省西安市举办了"对接'一带一路'　助力提质发展"娄底市文化产业走进西安专场推介会，邀请了陕西省相关领导、陕西省西安市异地商会代表等共计200 余人参加，会上推介了 19 个文化产业项目，签约了 4 个招商引资项目，目前涟源市方才棕编工艺品有限公司与木林森连锁鞋业陕西分公司的合作已经落地。

重点文化产业项目招商有成效。娄底市落实《娄底市重点文化产业项目认定管理办法》要求，按照"先储备，后认证，再扶持"的原则，围绕重点文化产业门类储备了一批招商项目，扶持了一批在建项目，竣工了一批产业项目，目前已经初步建立了县级重点文化产业项目库。湘潭市建立《湘潭市 2018 年招商引资文化产业开发项目名单》，收集整理项目 47 个。11 个文化产业项目被纳入省文化产业招商引资重点项目库。长株潭 F2 国际赛车文化项目入选 2018 年全国体育产业优选名录。窑湾历史文化街区一期项目建成，于 6 月 18 日开街。途居昭山国际房车露营地项目试营业，并成功通过五星露营地评审。昭山城市海景水上乐园项目 5 月 23 日正式开园。岳阳市 2018 年成功引进两个战略性文化企业。一个是台湾新金宝集团年产 1300 万台喷墨打印机项目；另一个是北京老铺黄金文化发展有限公司。张家界市投资 10 亿元、占地 140 多亩的张家界千古情项目，正式开工建设。6月9日，项目投资14.23亿元的张家界西线旅游景区开门纳客。6月14日，总投资350亿元的张家界丝路荷花国际文化旅游城项目正式开工，项目导入丝路峰会、艺术博览、贸易会展、文化旅游等国际顶级资源。

2. 文化旅游消费市场日益繁荣

文化与旅游两业融合发展势头良好。湖南是文化资源大省，湖湘文化源远流长、博大精深，大力推进"文化＋旅游"融合发展拥有广阔的空间，也是推动湖南文化、旅游产业持续快速健康发展的重要途径。2019年湖南文保单位接待游客突破1亿人次。"湖南送客入村"入选2019年中国旅游影响力风云榜年度营销推广活动。据统计，截至2019年12月28日，湖南共有357家旅行社在大湘西、神奇湘东共13条精品线路上发团12837次，精准送到特色村镇的游客数突破50万人，文化和旅游线路产品3700条，参与游客接待的特色村镇135个，产生文化和旅游消费金额高达32.91亿元。

文化旅游消费品牌影响力不断扩大。2019年，湖南省7个项目（单位）进入2019年中国旅游影响力风云榜，其中"湖南送客入村"入选年度营销推广活动，长沙市入选年度夜游城市，南岳衡山入选年度文化景区，武陵源区入选全域旅游发展年度优秀案例，十八洞村入选旅游扶贫年度典型案例，湖南慧润农业科技有限公司入选年度"双创"企业，长沙雨花非遗馆入选非遗与旅游融合发展优秀案例。同时，湖南省充分发挥文化旅游的民间外交功能，着力以文化旅游促进湖南对外开放，紧紧围绕国际航线开展旅游品牌营销，创新举办锦绣潇湘走进"一带一路"文化旅游合作交流系列活动，大力开拓国际旅游市场，湖南锦绣潇湘品牌深入人心。编制了锦绣潇湘文化旅游品牌创建工程五年规划、营销工作三年实施方案。依托外交部全球推广活动、中非经贸博览会、北京世园会、第二届上海国际博览会等高规格的国内外重大活动平台，讲好湖南故事、推介湖南美景、展示湖南形象。2019 年入境游 456 万人次，同比增长 25%。

3. 高端文化消费平台促进多业态融合发展

注重打造高端文化消费平台。近年来，湖南省高端文化消费平台不断增加，加快推进文化旅游的多业态融合发展，推动了全省文化产业链由低端向高端延伸。如 2018 年 9 月湖南浏阳市举办浏阳焰火大会暨第八届国际音乐焰火大赛，成为全世界花炮界的盛宴，人气爆棚，门票预售期间一度出现一票难求的情况。2018 年中国湖南国际旅游节在株洲醴陵市举办，本次盛会活动精彩连连，共推出国际旅游节开幕式暨"湖南瓷旅之夜"、国际"窑"滚音乐节、中国陶瓷谷·全球艺术家村招募等七大主题活动，让游客感受到株洲的全域之美，体验到五彩醴陵的奇特魅力。2018 年湖南湘西苗族赶秋暨首届农民丰收节，把"秋场"从田间地头搬到城市中心，搭建了一个集吃住、娱乐、购物、体验于一体的"家门口节会文化活动服务圈"，创新培育了民族节庆活动文化旅游消费市场。

多业态融合发展的综合效益显著。随着文化旅游融合发展的加快，文化与商贸、农业、旅游的关系日益紧密，文化旅游产业链条不断拉长，其综合效益也获得大大提升。近些年，湖南省各县市区大力发展生态农业、休闲农业，如草莓采摘节、新平葡萄采摘节、荷花文化旅游节等绿色生态品牌文化，大大提高了农业的综合效益，拉长了产业链条。文化与旅游等多种业态融合发展取得了显著成效，如衡阳市打造了南岳传奇小镇、常宁印文化交流中心、雨母艺术小镇、衡南县农文旅一体产业园。桃源县枫林花海民族文化园、桃花雪缘滑雪场、澧县城头山国家考古遗址公园、澧县华诚彭山旅游度假庄园、临澧县福船湿地旅游度假区、临澧县烽火汽车露营公园、安乡百兴文体园、汉寿九岭汽车运动文化公园等县域知名主题公园总营业收入已过亿元。2018 年 6 月 17 日，怀化市第一家规模文化主题公园——怀化九丰农博园开园，开园当天营业收入达到 200 万元。

三 湖南文化产业投资与消费发展存在的主要问题

1. 传统文化产业面临转型挑战

在互联网信息技术快速迭代升级的推动下，在人民群众消费升级、对精神文化产品需求日益增加的拉动下，数字文化产业迎来了大发展，传统文化产业将受到严峻的挑战。尤其在湖南省一些后发展地区，传统型文化产业占比高，散、小、低、差的情况没有得到根本性改变。传统优势产业增长低迷，有的甚至出现滑坡，主导动能明显不足。焰火和鞭炮产品制造、广电、包装装潢及其他印刷和文化用机制纸及纸板制造等传统优势产业一直以来是拉动湖南文化产业发展的重要动力。虽然 2019 年全省规模以上焰火、鞭炮产品制造的营业收入同比增长 8.7%，增速比上年提高了 2.3 个百分点，但包装装潢及其他印刷仅增长 4.8%，广播、电视和文化用机制纸及纸板制造同比更是出现不同程度下降，分别下降 0.6%、20.5% 和 32.2%。传统文化产品制造业规模企业因政策性关停和市场萎缩等，产值损失大。以长沙市为例，2018 年全市规模以上传统文化产业发展呈现不同程度的回落态势。此外，如民间手工艺、民间戏曲表演等非物质文化遗产，依赖师徒传承、家族口传，创意人才缺乏、文化含量不高、技术手法单一、量产化程度低、市场竞争力弱。

2. 中小型文化企业普遍面临融资难问题

文化产业是轻资产、重创意的行业，普遍具有前期投资大、回报周期长、不确定性较大、质押物少等特征，因而普遍面临融资难的困境。而中小文化企业数量多、规模有限，资金的需求面广、频率高，但所需金额的数目并不大。金融部门向企业提供贷款服务缺乏规模效益，需要较高的制度交易成本。此外，由于文化产业的价值评估体系没有建立，金融机构在对中小文化企业进行资料收集和考核的过程中，需要付出大量的时间成本和物质成本，进一步加大了融资的难度。如湖南省怀化市现有文化经营单位3467家，其中限额以上文化企业159家，在所有限额以上企业中，没有一家大型企业，中型的只有15家，其他均为小微型。怀化属于后发展地区，经济基础比较薄弱，而文化企业又以本地企业为主，缺乏资金支撑，大多属于轻资产，因为没有固定资产作抵押，无法到银行贷款。怀化市的新谱乐器有限公司是我国仅有的四家乐器配件厂家之一，其乐器配件已打入欧美市场，畅销世界十多个国家，该厂每投入200万元可创产值2000万元，但因缺乏资金，无法扩大规模，目前产值只有4000多万元，几百万、上千万元的订单根本无法接，每次只能接20万美元以内的小单，省工商银行也认为这是一家非常好的企业，但没有资产抵押，也感到无能为力。

3. 文化基础设施投资不足

2018年，湖南省文化基础设施投资减缓，以文化馆和文化站为例，全省共有文化馆145个，从业人员共2108人，比上年减少29人。全省共有文化站2395个，较上年减少35个；乡镇综合文化站2073个，较上年减少35个。文化站实际使用房屋建筑面积117.02万平方米，平均每万人文化设施建筑面积228.5平方米（见图4）。以长沙为例，文化产业的固定资产投资偏低，2018年长沙文化、体育和娱乐业固定资产投资增幅为3.8%，低于全市固定资产投资增幅7.7个百分点，较上年同期回落28.1个百分点，文化、体育和娱乐业固定资产投资增幅在全市19个行业中排名第14位。长沙作为湖南省文化消费试点城市，尚且如此，其他市州文化基础设施投资更低，公共文化服务投入十分不足，很多图书馆、美术馆、文化馆、科技馆和大剧院等的前期建设工作已经暂停。部分县市区文化馆、图书馆面积较小且设施陈旧老化。城区文化基础设施功能配套有待完善，交通、通信、民俗文化展演场地等基础设施不能满足现代文化旅游发展需求，乡村文化基础设施薄弱。

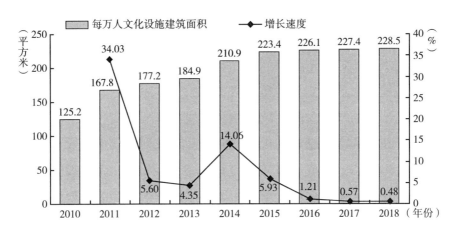

图4 2010～2018年湖南省平均每万人文化设施建筑面积

4. 文化产品消费水平偏低

目前湖南省文化产品消费水平仍偏低，统计数据显示，2018年湖南社会消费品零售额及其增长速度方面：体育、娱乐用品类11.2亿元，比上年仅增长3.1%；书报杂志类50.8亿元，比上年减少18.5%；电子出版物及音像制品类2.7亿元，比上年减少16.7%。以长沙为例，作为国家文化消费试点城市，2018年长沙主要文化产品消费额表现为"一负一低"，即增幅为负、总量偏低。具体来看，2018年长沙限额以上商品零售额同比增长8.9%，但限额以上金银珠宝类零售额同比下降5.3%，体育、娱乐用品类零售额同比下降4.9%，书报杂志类零售额同比下降18.5%，电子出版物及音像制品类零售额同比下降50.6%，四大主要文化产品零售额增长乏力、同比下降。此外，上述四大主要文化产品全年实现零售额84.3亿元，占全市限额以上商品零售额的比重仅为4.4%。可见，湖南省文化产品消费水平整体上偏低。

四 促进湖南文化产业投资与消费协调发展的对策建议

1. 大力推进文化产品供给结构优化

实行发展文化产业与构建公共文化服务体系并重的方针，加大对公共文化事业的投入力度，鼓励建设适应群众公共文化需求的文化基础设施，满足群众的基本文化消费需求。通过财税政策引导，大力发展新型文化业态，形成新的文化消费热点。推动文化企业投资兴建更多适应公众需求的文化消费场所和适销对路的内容产品，鼓励出版适应公众购买能力的图书报刊，鼓励在商业演出和电影放映中安排一定数量的低价场次或门票，鼓励网络文化运营商开发更多低收费业务，有条件的地方要为困难群众和农民工文化消费提供适当补贴，以提高基层和农村的文化消费水平。

创新文化成果转化模式，提供更有针对性的专业服务和中介服务，推动文化创作、成果转化、产业经营一体化运作。加快推进文化资源跨地区、跨行业、跨所有制兼并重组，重点扶持一批优质文化企业，提供综合性、多样化的文化产品和服务。支持文化设施运营单位与文化创作、服务机构开展多种形式的合作，提供"一站式"文化服务。大力支持同类文化企业和产业链上下游企业建立文化消费服务联盟，搭建文化消费服务平台。积极打造各具特色的原创文化精品，不断汇聚世界文化艺术精品，为消费者提供更高层次的文化消费选择。

2. 不断创新文化企业的投融资模式

建议成立政策性文化创意产业银行。这种专业银行可以设在文化产业集聚的园区内，和园区内的管理者一道参与文化创意产业园区的建设和发展规划的制定，并对贷款企业经营实施监控。由于该政策性银行所服务的文化创意企业风险较高，可向国家争取针对此类银行的特殊政策支持；严格限定服务范围，明确规定只能为文化创意产业服务，对于初始阶段的文化创意产业要加大支持力度。同时，大力发展网络化、社会化高度协同的投融资服务平台。通过网络平台，将文化企业与外部融资涉及对象如银行、投资机构、信托公司、保险公司、担保公司、资产评估公司、投融资中介机构、会计师事务所等实现网络流水线式的对接，提高文化企业的融资成功率，降低融资成本。

广泛吸收民间资本投资文化创意产业。文化产业需要更多的民间资本，因为民间资本具有灵活快速的优点。湖南省各级地方政府应该放宽市场准入条件，鼓励民间资本通过独资、合资等多种方式进入文化创意产业，积极参与音像制品分销、艺术品经营等。政府则需要为之提供更加完善的公共服务体系，如规范文化市场秩序、完善企业产权与股权交易市场、鼓励文化创意产业风险投资基金的发展、加大对文化知识产权的保护力度等。

积极发展股票、债券等直接融资方式，拓展文化创意产业的融资渠道。支持与鼓励那些具备主板上市条件的文化企业积极申请上市，对那些符合中小企业板、创业板上市条件的文化企业，政府要加大支持力度，如通过奖励的方式，鼓励其主动申请上市，以筹集更多的民间资本。那些具备债券发行条件的文化企业可通过发行企业债券、中小企业集合票据等方式进行融资。此外，大力推进湖南省文化创意产业风险投资基金、私募股权基金的发展，加大权益性融资对文化创意产业的支持力度。制定相应的优惠政策来满足文化企业在创业阶段的资金需求，促进文化产业的发展，鼓励成立风险投资基金，从而实现企业与资本的共赢。加强文化创意产业融资相关的各类金融机构之间的协同合作，如文化产业基金、保险公司、担保公司、风险投资基金的联合联动支持等。

3. 加强对大众文化消费行为的正确引导

大众审美是文化消费的核心之一，大众审美素质与文化修养能够直接影响文化消费的水平，提升大众文化自身的价值，提高消费者自身的审美趣味，科学引导大众文化消费的审美显得尤为重要。我们要引导大众从单纯的物质消费走向更为理性和多元的精神消费，让观众摆脱简单的轻松娱乐心态，摆脱简单的非理性消费，培养多层次的文化消费群体，这才是促进文化消费市场健康可持续发展的正确途径。

要强化大众传媒对文化娱乐宣传报道的社会良知和责任感，对一些泛娱乐化、庸俗化的文化消费现象起到正确的引领作用。媒体从业者要严格过滤和剔除庸俗、颓废的内容，培养受众辨别能力，抵制不健康的内容，提升其审美品位。大力支持图书出版、影视、演艺、动漫等文化企业开展文化消费进社区、进机关、进校园、进企业、进乡村等活动，满足消费者多样化、多层次的文化消费需求。支持文化企事业单位和社会组织广泛开展书法、绘画、创意作品竞赛，举办科普、欣赏、体验、阅读等活动，引导消费者养成健康有益的业余文化爱好和消费习惯。

建设覆盖全省的文化消费信息资源共享服务平台，编制文化消费指南，充分利用户外宣传屏幕、文化广场、社区宣传栏等途径，加大对文化消费的宣传力度。鼓励文化企业拓展电子商务营销模式，利用微博、微信、移动互联网等方式，向消费者及时提供最新文化消费信息。加强文化消费市场引导、商户联合营销、综合信息服务、行业监测分析等多种功能建设，实现文化产品供给和消费需求的最佳耦合。

4. 不断完善文化消费政策体系

建立扩大文化产品供给与促进文化消费并重的政府扶持机制，创新财政资金支持方式和途径，建立适度竞争、消费挂钩、择优扶持的新机制，由直接补贴文化经营单位向补贴居民文化消费转变。通过政府购买服务、消费补贴等途径，引导和支持文化企业提供更多文化产品和服务，发展适应消费者购买能力的业务。加强对阅读、戏剧、高雅艺术、旅游、体育、会展等文化消费项目的引导，并补贴奖励带动文化消费的项目主体。

要创新金融政策，探索"文化消费信贷""艺术品抵押信贷"等信贷方式。鼓励金融机构开发演出院线、动漫游戏、艺术品互联网交易等领域的支付结算系统，拓展文化旅游、教育培训、体育健身等方面的消费信贷业务，提供灵活多样的金融服务。鼓励第三方支付机构发挥贴近市场的优势，开发移动支付系统，提升文化消费便利水平。探索开展艺术品资产托管，支持文化企业进行信用融资。推动互联网金融与文化产业融合发展，鼓励文化类电子商务平台发挥技术、信息、资金优势，为文化消费提供服务。

建立健全社会资本参与机制，改进和完善政府投入方式，多渠道、多层次加大对文化消费项目配套基础设施建设的投入力度。对于社会资本投资新建（含配建）文化消费项目配套基础设施，根据项目规模和功能，可申请政府固定资产投资补贴。产业基础好、消费氛围浓、经营活力强的文化创意产业集聚区或特色街区，以及提质增效升级、功能优化调整的文化消费项目，其配套基础设施建设可申请政府固定资产投资补贴。

指数评价篇

湖南文化产业发展评价体系及比较研究

杨顺顺　高立龙　李　詹*

近年来，面对日新月异的市场形势和技术变革，湖南省充分依托自身资源禀赋，大力发展文化产业，不断拓展文化产业的发展空间和发展路径，在推动经济发展、优化产业结构和改善民生等方面发挥了重要作用。为了更好地推动湖南省文化产业的高质量发展，亟须对湖南省文化产业发展水平进行如实评价和科学比较，以此为指导湖南省文化产业发展实践的重要参考依据。

一　湖南省文化产业发展综合评价体系构建及测度

近年来，湖南省将文化产业发展作为经济社会健康快速发展的重要支撑领域，文化产业规模持续扩大，文化企业培育成效明显，文化产业结构调整稳步推进，全社会文化需求增长迅猛。为科学评价湖南省近年来文化产业发展态势，本文将构建综合评价指标体系并对湖南省文化产业发展进行测度分析。

1. 综合评价指标体系构建思路

文化产业发展涉及产业规模、结构、层次、相关主体、市场环境

---

* 杨顺顺，湖南省社会科学院经济研究所副所长，副研究员，博士，主要研究方向为环境经济学、环境管理学；高立龙，湖南省社会科学院区域经济与绿色发展研究所助理研究员，主要研究方向为区域经济、绿色发展与生态文明；李詹，湖南省社会科学院经济研究所助理研究员，主要研究方向为发展经济学。

和资源禀赋等多方面内容，为了能相对科学并定量化评价湖南省文化产业发展水平，及时找出发展弱项，并提出解决对策，有必要就湖南省文化产业发展建立综合评价指标体系并实施量化评估。

当前，我国使用较多、相对权威的文化产业发展评价体系主要有中国人民大学课题组推出的系列报告《中国省市文化产业发展指数报告》、上海交通大学课题组推出的《中国文化产业发展指数报告》（CCIDI）和北京大学课题组推出的《中国文化产业年度发展报告》等。目前，这些评价指数应用于湖南省的主要困难在于，不少报告中的评价指标多为复合型指标，一方面不够直观，另一方面将指标进一步应用于市州时存在较严重的数据采集困难；部分报告近几年已经停止出版，而近几年来湖南省文化和创意产业发展迅速，历史上的评价指标是否适用于当前值得推敲；上述指数评价都面向全国各个省（区、市），评价指标的设计更为兼顾各省（区、市）特征，多采用共性指标，而本报告针对湖南省实施评价，需要更具特性的评价指标。基于上述考虑，从以下几个方面对综合评价体系的指标进行筛选。

第一，指标体系应相对全面反映湖南省文化产业发展历史和现状水平。为充分考察湖南省文化产业从资源禀赋到产业发展质量，再到市场培育与民众获得感各方面的整体水平，将评价指标体系分解为文化资源指数、产业规模指数、产业投入指数、产业效益指数、文化消费指数和公共文化指数，并分别用具体指标进行诠释。

第二，指标体系应充分考虑数据可获得性，尽量使用定量指标。文化产业不同于一般经济社会类指标，其数据采集相对困难，本评价体系指标数据除省统计年鉴外，主要源于省委宣传部和省统计局编制的历年《湖南文化和创意产业发展统计概况》，为便于纵向、横向比较，在参考中国人民大学、上海交通大学等评价指标的同时，优先选择连续性强、省（区、市）均有相应数据的具体指标。

第三，指标体系主要采用总量型指标，以配合使用累计指数的计算方法。一般来说，评价指标既包括增速等动态、增量性指标，也包括存量、规模等绝对量指标，考虑到本报告中对文化产业综合指数采用评价年对基年累计变动再折算的方式，事实上对各指标已经进行了动态考察，因此指标引入时大多采用现有规模、人均规模等表达形式，同时也更便于文化产业发展实力的纵向对比。

按照上述评价指标体系构建思路，参考现行主要文化产业系列报告和学术期刊中指标选取情况，结合湖南省省情和数据情况，形成了包括6项二级指标、26项具体指标（其中25项具体指标纳入一级指标总指数量化计算，见表1备注）的三级综合评价体系，如表1所示。

表1 湖南省文化产业发展综合评价指标体系

一级指标	二级指标/权重	序号	具体指标	单位	数据来源	二级权重	总权重
湖南省文化产业发展总指数	文化资源指数（0.0588）	1	世界自然遗产、国家级风景名胜区数量	个	①	0.2954	0.0174
		2	全国重点文物保护单位数量	个	①	0.1846	0.0108
		3	世界文化遗产、国家级非物质文化遗产名录数量	个	①	0.3568	0.0210
		4	每万人口拥有"三馆一站"公用房屋建筑面积	平方米	③	0.0957	0.0056
		5	长途光缆线路长度	公里	①	0.0675	0.0040
	产业规模指数（0.2654）	6	文化和创意产业增加值	亿元	①	0.3817	0.1013
		7	规模以上文化和创意产业企业数	个	①	0.1936	0.0514
		8	规模以上文化和创意产业企业资产总计	亿元	①	0.2414	0.0641
		9	规模以上文化和创意产业企业从业人员	人	①	0.1833	0.0486
	产业投入指数（0.0956）	10	全社会文化、体育和娱乐业固定资产投资额	亿元	②	0.3310	0.0317
		11	一般公共预算支出中文化体育与传媒支出	亿元	②	0.2955	0.0283
		12	文化机构从业人员数	人	①	0.1375	0.0131
		13	文化部门教育机构从业人员中高级职称比重	%	①	0.2360	0.0226

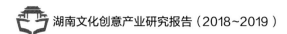

续表

一级指标	二级指标/权重	序号	具体指标	单位	数据来源	二级权重	总权重
湖南省文化产业发展总指数	产业效益指数（0.2662）	14	文化和创意产业增加值年增速	%	①	0.1182	0.0315
		15	文化和创意产业增加值占GDP比重	%	①	0.2267	0.0603
		16	文化和创意产业内部产业结构（制造业:批零业:服务业）	比值	①	—	—
		17	规模以上文化和创意产业企业利润总额	亿元	①	0.3541	0.0943
		18	旅游创汇收入	万美元	①	0.3011	0.0802
	文化消费指数（0.1848）	19	城镇居民人均文教娱乐用品及服务支出	元	①	0.2980	0.0551
		20	农村居民人均文教娱乐用品及服务支出	元	①	0.1998	0.0369
		21	国内旅游收入	亿元	①	0.3572	0.0660
		22	互联网入户率（上网用户数/常住人口总户数）	%	①	0.1450	0.0268
	公共文化指数（0.1292）	23	全年公共广播节目播出时间	小时	①	0.0935	0.0121
		24	全年公共电视节目播出时间	小时	①	0.2440	0.0315
		25	人均公共图书馆藏书量	册	①	0.1492	0.0193
		26	人均群众文化服务支出	元	①	0.5134	0.0663

注：1. 数据来源①代表来源于历年《湖南文化和创意产业发展统计概况》，②代表来源于历年《湖南统计年鉴》，③代表来源于历年湖南省小康统计监测数据，其中指标4"每万人口拥有'三馆一站'公用房屋建筑面积"由于统计指标改变，缺乏2017年数据，2017年暂延用2016年数据代替。

2. 指标1"世界自然遗产、国家级风景名胜区数量"按照湖南省目前世界自然遗产和国家级风景名胜区数量比例和入选相对难度，按照前者数量×10＋后者计算；类似的，指标3"世界文化遗产、国家级非物质文化遗产名录数量"按照前者数量×20＋后者计算；指标26"人均群众文化服务支出"按照群众艺术馆、文化馆（站）本年支出合计/常住人口计算。

3. 指标16"文化和创意产业内部产业结构"按照规模以上文化创意产业制造业企业、批零业企业和服务业企业营业收入之比表示，由于文化和创意产业内部结构无明确优化方向，故该指标主要做参考使用，不设定权重，不纳入总指数计算。

表 1 中，文化资源指数主要考察湖南省文化产业发展的优势条件，从自然文化资源禀赋、历史文化资源禀赋、当前文化基础设施建设和信息化基础设施支撑能力方面进行描绘；产业规模指数主要考察当前文化产业总体规模水平，从文化产业的产值规模、主体数量、资产和人员规模方面进行描绘；产业投入指数主要考察对文化产业的投入，从文化产业的资金、人员和技术投入方面进行描绘；产业效益指数主要考察文化产业发展质量，从文化产业的发展速度、文化产业对GDP 结构的影响、文化产业内部结构、企业利润和旅游业创汇方面进行描绘；文化消费指数主要考察消费市场培育情况，从城乡居民在文化相关领域的消费水平、国内旅游收入和互联网等新媒体覆盖方面进行描绘；公共文化指数主要考察文化方面公共服务情况，从广播和电视节目提供、公共图书供给和政府对文化馆等服务支出方面进行描绘。

按照当前湖南省文化产业发展总体水平和目标要求，上述指标（除不纳入总指数计算的 16 号指标外）均为效益型指标。

2. 测算方法

由于上述评价指标体系中各二级指标大类和具体指标对湖南省文化产业发展总体水平的测度贡献存在差异，且差异较大，需要对二级指标及具体指标权重进行评价确定。

采用层次分析法两两打分判断矩阵的方式，向相关领域专家发放指标咨询问卷，如表 2、表 3 所示，计算最大特征根对应的特征向量，从而得到相对权重，并对通过一致性检验的判断矩阵的相对权重取算术平均值（一致性指标判定条件 CR，按照通常情况设为 CR = CI/RI < 0.1，其中 CI 为专家判断矩阵一致性指标，RI 为随机判断矩阵一致性指标），得到评价指标体系各级指标的相应权重。

由于文化产业近年来发展较快，许多指标属于相对较新、没有历史借鉴的领域，因此较难通过确定指标上下限值的方式进行指标归一

表2 一级/二级指标专家权重咨询打分

文化产业发展总指数	文化资源指数	产业规模指数	产业投入指数	产业效益指数	文化消费指数	公共文化指数
文化资源指数	1					
产业规模指数		1				
产业投入指数			1			
产业效益指数				1		
文化消费指数					1	
公共文化指数						1

表3 二级/具体指标专家权重咨询打分（以产业规模指数为例）

产业规模指数	文化和创意产业增加值	规模以上文化和创意产业企业数	规模以上文化和创意产业企业资产总计	规模以上文化和创意产业企业从业人员
文化和创意产业增加值	1			
规模以上文化和创意产业企业数		1		
规模以上文化和创意产业企业资产总计			1	
规模以上文化和创意产业企业从业人员				1

注：本报告专家咨询法采用 7 级打分法，即用 1/7、1/5、1/3、1、3、5、7 分别代表评价某一特定方面时，指标 A 较指标 B 的重要性极小、小、稍小、相同、稍大、大和极大。

化处理，并配合指标权重汇总成二级指数和总指数。故本报告将评价年与基年指标数值之比定义为累计发展指数，用以表征湖南省文化产业发展水平的累计变化程度，计算公式如下：

对于正向指标：$Y_N = \sum_i w_i \cdot X_{iN}/X_{i0} \times 100$

对于负向指标：$Y_N = \sum_i w_i \cdot X_{i0}/X_{iN} \times 100$

其中 X_{i0}、X_{iN} 分别代表具体指标 i 在基年和评价年的数值，w_i 代表具体指标 i 的权重（计算二级指标时为二级权重，计算一级指标时为总权重），通过上述公式即可获得各评价年文化产业发展累计指数。由于上文已经提到，评价指标体系中均为效益型指标，即均按上述两式中正向指标公式处理即可。

根据湖南省文化和创意产业统计情况，由于 2014 年以前部分具体指标缺失较多，选择以 2014 年为基年（即总指数为 100），2015 ~ 2017 年为评价年，与基年进行比对分析。

3. 测算结果及分析①

采用表 1 评价体系、权重及历年数据进行处理，得到 2015 ~ 2017 年各评价年湖南省文化产业发展累计指数及各具体指标得分（16 号指标除外），如表 4 所示。

表 4　湖南省文化产业发展累计指数测算结果

各级指标	2014 年（基年）	2015 年	2016 年	2017 年
文化产业发展总累计指数	100	109.75	124.10	141.76
1. 文化资源累计指数	100	102.09	103.70	106.00
世界自然遗产、国家级风景名胜区数量	100	100	100	105.13
全国重点文物保护单位数量	100	100	100	100
世界文化遗产、国家级非物质文化遗产名录数量	100	100	100	100
每万人口拥有"三馆一站"公用房屋建筑面积	100	117.84	133.83	133.83
长途光缆线路长度	100	105.64	106.92	118.51
2. 产业规模累计指数	100	111.70	125.97	137.49
文化和创意产业增加值	100	112.77	126.25	139.52
规模以上文化和创意产业企业数	100	105.57	123.92	140.93

① 由于 2018 年相关数据统计口径变化，缺乏连续性数据，仅部分市州的部分指标可以采集，本文以 2015 ~ 2017 年数据为例进行湖南省文化产业时序数据评价及分析。

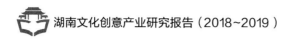

续表

各级指标	2014 年 （基年）	2015 年	2016 年	2017 年
规模以上文化和创意产业企业资产总计	100	121.26	141.59	161.71
规模以上文化和创意产业企业从业人员	100	103.37	106.97	97.77
3. 产业投入累计指数	100	115.13	150.70	171.10
全社会文化、体育和娱乐业固定资产投资额	100	114.29	192.94	244.67
一般公共预算支出中文化体育与传媒支出	100	139.66	175.83	186.01
文化机构从业人员数	100	96.85	109.30	103.10
文化部门教育机构从业人员中高级职称比重	100	96.26	84.10	88.87
4. 产业效益累计指数	100	104.06	109.77	119.58
文化和创意产业增加值年增速	100	108.47	101.69	88.98
文化和创意产业增加值占 GDP 比重	100	105.36	108.93	110.71
规模以上文化和创意产业企业利润总额	100	98.81	99.52	99.43
旅游创汇收入	100	107.50	125.57	161.92
5. 文化消费累计指数	100	118.33	142.21	186.39
城镇居民人均文教娱乐用品及服务支出	100	115.63	134.23	156.57
农村居民人均文教娱乐用品及服务支出	100	114.77	132.84	153.78
国内旅游收入	100	121.93	154.61	236.05
互联网入户率（上网用户数/常住人口总户数）	100	119.89	140.96	170.28
6. 公共文化累计指数	100	104.68	113.49	126.94
全年公共广播节目播出时间	100	106.78	116.01	123.80
全年公共电视节目播出时间	100	95.99	93.50	88.92
人均公共图书馆藏书量	100	104.78	115.51	123.67
人均群众文化服务支出	100	108.38	121.92	146.50

2014～2017 年，从文化产业总体发展程度上分析，湖南省总累计指数由基年的 100 稳定上升至 141.76，且增速呈逐步上升趋势，说明近年来湖南省文化产业正处于加速发展阶段，增长态势良好。从二级指标的贡献分析，2014～2017 年，总累计指数的增幅主要依靠文化消费指数和产业规模指数的拉动，这两者对总累计指数增幅的贡

献率分别达到 38.23% 和 23.83%，其次是产业投入指数和产业效益指数，这两者对总累计指数增幅的贡献率分别为 16.28% 和 12.48%，公共文化指数由于权重偏低，且增长不特别突出，其对总指数三年累计增幅的贡献率为 8.33%，而文化资源指数由于权重低且增长速度最慢，其对总累计指数的拉动不明显，贡献率仅为 0.85%。因此，当前湖南省文化产业呈现快速增长趋势的主要支撑点在于，一方面公众对文化相关领域消费能力和意愿的迅速提高；另一方面全省文化产业主体、资金、人员规模的持续快速扩大。

文化资源指数方面，累计指数呈现平稳缓慢增长态势，2017 年累计指数为 106.00，三年平均增长率 1.88%。该指数增长相对缓慢的原因主要是现存的自然、文化遗产资源属于慢变量，在中短时期内可能不会发生变化，如指标中的全国重点文物保护单位数量和世界文化遗产、国家级非物质文化遗产名录数量在三年间没有发生改变。该指数的增长主要依靠文化设施、信息设施等基础设施的逐步完善，而基础设施相关指标对文化资源指数的权重又相对偏低。

产业规模指数方面，累计指数呈现较快增长态势，2017 年累计指数达到 137.49，三年平均增长率 10.91%。该指数增长贡献主要来源于文化和创意产业增加值、规模以上文化和创意产业企业数以及规模以上文化和创意产业企业资产总计三项指标的稳定较快增长，而规模以上文化和创意产业企业从业人员在经历 2015～2016 年两年平稳缓慢增长后，在 2017 年出现下滑，说明当前文化产业吸引和解决社会就业方面的能力有所滞缓。

产业投入指数方面，累计指数呈现高速增长态势，2017 年累计指数达到 171.10，三年平均增长率 21.90%。从具体指标分析，全社会文化、体育和娱乐业固定资产投资额和一般公共预算支出中文化体育与传媒支出两项指标增速极高，三年平均增长率分别达到 46.31% 和 15.41%（不计价格因素，下同），说明近年来湖南省针对文化产业发展从政府到全社会投入力度全面提升，属政府引导的重点发展领域。文化机构从业人员数和文化部门教育机构从业人员中高级职称比重两项指标则有所波动，一方面从业人员数提升缓慢；另一方面专业技术人才比例较基年甚至有不少下滑，说明文化产业方面资金投入保障有力，但人才聚焦能力还亟待提高。

产业效益指数方面，累计指数呈现中高速增长态势，2017 年累计指数为 119.58，三年平均增长率 7.20%。支撑该指数增长的有利因素是旅游创汇收入增长较快，三年平均增长率达到 22.73%；文化和创意产业增加值占 GDP 比重平稳增长，2017 年该指数达到 110.71；说明湖南省文化产业的国际吸引力和影响力不断提升，同时对国民经济发展的支撑能力提高。而从具体的文化和创意产业内部产业结构上看，2014~2017 年全省文化产业中批零业占比基本平稳，制造业占比明显下降，服务业占比明显上升。从制约该指数增长的不利条件上分析，文化和创意产业增加值年增速受近两年来经济增长大环境影响有明显回落，未来可能难以保持高速增长态势，而规模以上文化和创意产业企业利润总额 2017 年基本处于 2014 年水平，如何在经济新常态下提升文化产业企业利润仍待破题。

文化消费指数方面，累计指数呈现高速增长态势，2017 年累计指数达到 186.39，三年平均增长率 25.50%，是六项二级指标中增幅最高的指标。该二级指标下四项具体指标均呈现快速增长趋势，城镇居民人均文教娱乐用品及服务支出、农村居民人均文教娱乐用品及服务支出、国内旅游收入和互联网入户率三年平均增长率分别达到 16.37%、15.75%、39.14% 和 19.18%。这说明近年来城乡居民对文化相关领域的消费意愿大幅提升，文化产业、旅游业相关消费市场已经逐步培育起来，新媒体也正广泛渗透至居民生活中。

公共文化指数方面，累计指数呈现较高速增长态势，2017 年累计指数为 126.94，三年平均增长率 10.12%。该二级指标下四项具体指标中，全年公共广播节目播出时间、人均公共图书馆藏书量和人均群众文化服务支出三项指标实现了平稳增长，其中人均群众文化服务支出增长较快，三年平均增长率达到 16.26%，说明政府对公共文化服务的投入稳定提升，而广播、图书馆等传统文化服务方式不断完善。但全年公共电视节目播出时间呈现逐年下降趋势，说明公共电视节目这一受新媒体冲击最大的传统媒体载体，亟待重新找准市场定位，加快转型发展。

综上所述，湖南省文化产业发展正处于稳定快速上升阶段，其增长又主要依靠产业规模指数和文化消费指数的拉动和贡献。当前，湖南省文化产业发展的优势主要在于政府重视程度高、社会广泛关注，资金、基础设施领域投入力度大，文化产业相关主体数量增长迅猛，全社会文化消费市场环境改善、潜力扩大；而不利条件主要在于文化产业对人才、技术等要素的吸引汇聚能力依然不足，传统媒体转型发展面临瓶颈。

二　湖南文化产业发展的优势与不足
—— 基于省域对比的分析

湖南省文化产业的发展不仅表现为自身水平的不断提升，也体现在与全国和其他省份的对比之中。对此，本报告选取了全国、中部其他五省和江苏、浙江、广东这三个沿海发达省份与湖南省进行对比①，洞察优势、发现不足，为湖南省文化产业实现新形势下的高质量发展增强信心，指明方向。

---

① 由于《中国文化及相关产业统计年鉴 2016》中的分地区数据不足，因此横向对比的基础数据主要来源于《中国文化及相关产业统计年鉴 2017》和《中国文化及相关产业统计年鉴 2018》。

1. 文化资源丰富多元，但是资源转化为产业的能力有待加强

湖南省文化资源多元丰富，世界文化和自然遗产 3 项，国家级风景名胜区 21 处，全国重点文物保护单位 183 处，在中部六省中分别排名第 2、第 1、第 4，即使与江苏、浙江和广东这些经济发达省份相比也毫不逊色，吸引了众多国内游客，2017 年湖南省国家级风景名胜区游客量达到 7765.8 万人次，在中部六省中排名第 2，并且多于广东省的游客量。然而，丰富的文化资源并未充分转化成高质量的旅游产品乃至文化产业。2017 年湖南省国际旅游（外汇）收入为 12.95 亿美元，仅分别为江苏省、浙江省和广东省的 30.87%、36.11% 和 6.49%，在一定程度上说明湖南省旅游产品对国外游客的吸引力不足，旅游产品的质量不高，旅游业的竞争力有待提升，尤其是在旅游资源开发和服务配套建设等方面还有待加强。而且从产业总量上看，2017 年湖南省文化及相关产业增加值仅分别为江苏省、浙江省和广东省的 32.18%、39.99% 和 26.58%（数据对比详见表5）。近年来，湖南省认识到文化产业不但是国民经济的重要组成部分，而且是促进经济结构调整和产业升级转型的重要力量，大力推动文化产业发展，但是如何使丰富的文化资源转化为优质的文化产品和服务，将文化资源优势转化为产业发展优势，依旧是湖南省文化产业发展亟待研究的关键问题。

表5 2017 年文化资源及文化产业对比

地区	世界文化和自然遗产（项）	国家级风景名胜区（处）	全国重点文物保护单位（处）	国家级风景名胜区游客量（万人次）	国际旅游（外汇）收入（亿美元）	产业增加值（亿元）
湖南	3	21	183	7765.8	12.95	1280.5
河南	4	10	358	2714.4	6.62	1341.8
山西	3	6	452	890.6	3.50	329.8
湖北	3	7	148	2881.0	21.05	1164.1

地区	世界文化和自然遗产（项）	国家级风景名胜区（处）	全国重点文物保护单位（处）	国家级风景名胜区游客量（万人次）	国际旅游（外汇）收入（亿美元）	产业增加值（亿元）
安徽	3	12	204	3430.4	28.81	1088.3
江西	3	18	128	10946.0	6.30	708.1
江苏	2	5	224	9108.1	41.95	3979.2
浙江	3	22	230	16210.7	35.86	3202.3
广东	2	8	98	6336.2	199.60	4817.2
全国	53	244	4296	116835.7	1234.20	34722.0

2. 产业规模在中部地区处于前列，但是规模下滑应引起重视

2017 年湖南省文化及相关产业增加值达到 1280.5 亿元，占 GDP 比重达到 3.78%，规模以上文化及相关产业企业单位数达到 3340 家、年末从业人员达到 45.96 万人、资产总计 3580.14 亿元、营业收入达到 3479.03 亿元，资产总计在中部六省中排名第一，其他在中部六省中均排名第二（数据对比详见表 6）。不过放眼全国，湖南省文化产业的规模竞争力并不强，不但文化及相关产业增加值和规模以上文化及相关产业企业单位数、年末从业人员、资产总计、营业收入与江苏省、浙江省、广东省的差距巨大，而且文化及相关产业增加值占 GDP 比重低于全国水平 0.42 个百分点。虽然湖南省的文化产业规模在中部地区排名靠前，但是 2017 年文化及相关产业增加值较上年下降 12.25%，规模以上文化及相关产业企业的年末从业人员较上年下降 8.60%、营业收入较上年下降 13.71%，不但大幅低于全国增速，而且增速在中部六省中均排名末位（数据对比详见表 7）。统计数据出现较大幅度的下滑可能是由统计口径或者统计相关工作的变化所致，但是湖南省应该对 2017 年文化产业规模相关数据出现下滑予以重视。

表6 2017年文化及相关产业规模对比

地区	文化及相关产业增加值占GDP比重（％）	规模以上文化及相关产业企业单位数（家）	规模以上文化及相关产业企业年末从业人员（万人）	规模以上文化及相关产业企业资产总计（亿元）	规模以上文化及相关产业企业营业收入（亿元）
湖南	3.78	3340	45.96	3580.14	3479.03
河南	3.01	3424	49.70	3330.07	3617.17
山西	2.12	364	4.31	507.57	209.64
湖北	3.28	2117	29.11	3523.91	2536.00
安徽	4.03	2449	26.23	2899.74	2703.79
江西	3.54	1537	22.17	1603.58	1811.66
江苏	4.63	7884	117.61	15486.12	14109.82
浙江	6.19	4718	54.94	9949.97	7918.08
广东	5.37	8060	182.48	22695.36	17547.01
全国	4.20	60251	881.44	118888.18	98198.82

表7 2017年文化及相关产业规模增速对比

单位：％

地区	文化及相关产业增加值增长	规模以上文化及相关产业企业单位数增长	规模以上文化及相关产业企业年末从业人员增长	规模以上文化及相关产业企业资产总计增长	规模以上文化及相关产业企业营业收入增长
湖南	-12.25	13.72	-8.60	14.21	-13.71
河南	10.64	6.73	2.31	2.15	1.01
山西	13.02	5.20	9.00	28.26	20.59
湖北	21.96	16.70	14.67	36.80	12.40
安徽	11.47	7.41	12.34	21.72	11.22
江西	0.73	22.86	-4.11	12.78	-9.73
江苏	2.98	4.13	-2.36	20.06	-2.10
浙江	16.63	2.21	-2.90	6.23	10.79
广东	13.17	10.00	-0.67	32.24	10.54
全国	12.79	10.09	1.12	20.10	4.41

3. 投资力度较大，但是对产业发展的拉动效应有待提升

资金投入是产业发展的重要推动力量。2017 年湖南省文化及相关产业固定资产投资达到 2279.47 亿元，较上年增长 13.92%，快于湖南省全社会固定资产投资增速 1.2 个百分点，在中部六省中投资规模排名第 2，投资增速排名第 3。但是湖南省文化产业发展的资金支持对产业发展的拉动效应并不高。从文化及相关产业增加值与文化及相关产业固定资产投资的比值来看，2017 年湖南省该项比值为 0.56，低于全国水平，在中部六省中仅排名第 4，而且与江苏、浙江和广东等经济发达省份的差距较大（数据对比详见表 8），一定程度上说明投入产出的效率不高。

表 8　2017 年文化及相关产业投资力度对比

单位：亿元，%

地区	文化及相关产业固定资产投资	文化及相关产业固定资产投资增速	文化及相关产业增加值与文化及相关产业固定资产投资的比值
湖南	2279.47	13.92	0.56
河南	2968.11	19.94	0.45
山西	266.11	−68.92	1.24
湖北	1749.87	9.44	0.67
安徽	1334.17	−8.79	0.82
江西	1874.00	17.03	0.38
江苏	2920.16	3.39	1.36
浙江	1752.10	5.56	1.83
广东	1703.80	12.85	2.83
全国	38280.18	13.55	0.91

4. 规模集聚在中部处于中等水平，但是行业内部呈现显著差异

从文化及相关产业的三个细分行业看，2017 年湖南省规模以上

文化制造业企业年末从业人员、资产总计和营业收入在所有文化制造业企业中所占的比重分别为 63.67%、76.61% 和 85.59%，在中部六省中均排名第 4，分别较上年下降 2.50 个、2.62 个和 1.28 个百分点（数据对比详见表 9）；2017 年湖南省规模以上文化批发和零售业企业年末从业人员、资产总计、营业收入在所有文化批发和零售业企业中所占的比重分别为 29.97%、60.36%、61.72%，在中部六省中分别排名第 6、第 3、第 6，分别较上年下降 5.00 个、2.70 个、7.66 个百分点（数据对比详见表 10）；2017 年湖南省规模以上文化服务业企业年末从业人员、资产总计和营业收入在所有文化服务业企业中所占的比重分别为 27.85%、58.03% 和 48.37%，在中部六省中分别排名第 4、第 1、第 3，分别较上年增长 5.31 个、0.82 个和 2.62 个百分点（数据对比详见表 11）。由此可见，湖南省文化产业的整体规模集聚水平在中部六省中处于中间位置，但是三个细分行业的规模集聚程度变化呈现显著差异，文化制造业、文化批发和零售业的规模集聚程度有所下降，在中部六省中处于中间靠后位置，文化服务业的规模集聚程度有所上升，在中部六省中处于中间靠前位置。

表9 2016～2017 年文化制造业企业规模集聚水平对比

单位：%

地区	规模以上企业年末从业人员占全部企业比重		规模以上企业资产总计占全部企业比重		规模以上企业营业收入占全部企业比重	
	2016 年	2017 年	2016 年	2017 年	2016 年	2017 年
湖南	66.17	63.67	79.23	76.61	86.87	85.59
河南	72.04	72.21	86.48	84.86	91.80	92.48
山西	43.10	43.53	49.88	49.93	71.54	70.73
湖北	67.50	72.20	80.86	86.54	90.66	92.74

续表

地区	规模以上企业年末从业人员占全部企业比重		规模以上企业资产总计占全部企业比重		规模以上企业营业收入占全部企业比重	
	2016 年	2017 年	2016 年	2017 年	2016 年	2017 年
安徽	61.52	64.14	80.00	82.31	84.31	86.82
江西	43.80	47.34	69.28	73.23	80.02	79.92
江苏	66.70	65.61	82.54	82.05	86.23	85.75
浙江	44.05	44.68	67.24	63.92	66.36	65.26
广东	66.08	66.09	75.29	76.18	87.98	87.76
全国	60.55	60.86	77.46	77.37	84.74	84.88

表 10　2016～2017 年文化批发和零售业企业规模集聚水平对比

单位：%

地区	规模以上企业年末从业人员占全部企业比重		规模以上企业资产总计占全部企业比重		规模以上企业营业收入占全部企业比重	
	2016 年	2017 年	2016 年	2017 年	2016 年	2017 年
湖南	34.97	29.97	63.06	60.36	69.38	61.72
河南	36.83	43.97	49.34	41.29	63.71	62.16
山西	38.20	30.73	58.31	47.48	73.74	64.51
湖北	35.44	34.50	52.94	50.08	67.83	61.77
安徽	31.87	32.17	60.95	67.04	65.52	67.45
江西	39.91	41.61	68.54	72.92	68.46	68.83
江苏	33.43	34.80	57.22	77.01	58.12	74.57
浙江	30.43	27.17	51.83	45.81	63.15	56.83
广东	36.76	37.45	61.72	61.70	78.78	79.43
全国	32.31	32.52	59.38	59.95	68.69	70.76

表11 2016~2017年文化服务业企业规模集聚水平对比

单位：%

地区	规模以上企业年末从业人员占全部企业比重		规模以上企业资产总计占全部企业比重		规模以上企业营业收入占全部企业比重	
	2016年	2017年	2016年	2017年	2016年	2017年
湖南	22.54	27.85	57.21	58.03	45.75	48.37
河南	34.52	39.15	47.64	45.51	47.11	51.72
山西	22.17	19.98	40.32	35.48	36.97	31.21
湖北	34.23	39.62	40.56	39.68	57.79	60.64
安徽	19.34	25.75	44.10	45.60	35.80	42.41
江西	28.60	32.23	41.14	41.55	41.30	44.57
江苏	45.24	46.09	56.91	54.02	55.19	57.61
浙江	32.64	29.71	65.56	64.63	71.95	78.52
广东	36.32	31.92	67.03	74.70	67.64	68.65
全国	34.16	34.93	53.84	53.32	61.33	61.78

5. 规模企业盈利水平提升，但是盈利能力有待继续增强

2017年湖南省规模以上文化及相关产业企业的营业利润率为7.13%，较上年增加0.87个百分点，其中规模以上文化制造业企业的营业利润率为6.30%，较上年增加0.46个百分点，限额以上文化批发和零售业企业的营业利润率为6.20%，与上年水平基本持平，规模以上文化服务业企业的营业利润率为10.32%，较上年增加1.82个百分点。虽然湖南省规模以上文化及相关产业企业的盈利水平有所提升，但是其盈利能力并不高。2017年湖南省规模以上文化及相关产业企业的营业利润率低于全国水平0.83个百分点。从三个细分行业看，在文化产业发展较好的浙江和广东等经济发达省份，2017年规模以上文化制造业企业和限额以上文化批发和零售业企业的营业利润率均低于全国水平，规模以上文化服务业企业的营业利润率却高于全国水平。而湖南省的情况与浙江和广东两省正好相反，2017年规

模以上文化制造业企业及限额以上文化批发和零售业企业的营业利润率均高于全国水平，规模以上文化服务业企业的营业利润率却低于全国水平（数据对比详见表12）。因此，不管从整体盈利水平上看，还是从盈利的细分行业差异上看，湖南省规模以上文化及相关产业企业的盈利能力并不突出，有待进一步增强。

表12 2016～2017年规模以上文化及相关产业企业营业利润率对比

单位：%

地区	规模以上文化及相关产业企业		规模以上文化制造业企业		限额以上文化批发和零售业企业		规模以上文化服务业企业	
	2016年	2017年	2016年	2017年	2016年	2017年	2016年	2017年
湖南	6.26	7.13	5.84	6.30	6.28	6.20	8.50	10.32
河南	7.58	7.96	7.44	7.26	6.41	6.42	9.74	12.05
山西	0.58	1.01	2.12	3.02	3.11	2.62	−5.56	−3.48
湖北	6.11	7.17	4.82	5.33	6.30	5.28	8.08	10.23
安徽	5.73	6.26	5.91	6.20	3.86	4.21	7.58	8.57
江西	8.93	8.30	8.57	8.21	8.21	6.16	12.63	9.73
江苏	5.81	6.27	6.21	6.75	2.49	2.27	8.68	9.10
浙江	14.67	16.23	5.38	4.89	1.62	1.85	27.86	26.74
广东	6.62	8.57	3.94	5.43	1.67	2.14	18.30	20.10
全国	7.02	7.96	5.80	5.97	2.50	2.95	12.85	13.95

6. 研发投入产出迅速增长，但是"创新崛起"任重道远

近年来，湖南省加大文化产业研发投入，产出的专利数量也迅速增长。2017年湖南省规模以上文化制造业企业 R&D 经费内部支出达到 15.53 亿元，较上年增长 15.31%，高于全国 8.16 个百分点；2017年湖南省文化及相关产业专利授权总数为 2715 项，较上年增长 25.46%，高于全国 8.77 个百分点。但是 2017 年湖南省文化及相关产业专利授权总数仅占全国总量的 2.29%，低于文化及相关产业增加值占全国总值 3.69% 的比重。反观文化产业发展处于全国前列的

江苏、浙江和广东等省份，其文化及相关产业专利授权总数占全国总量的比重均高于文化及相关产业增加值占全国总值的比重（数据对比详见表13）。这也在一定程度上说明湖南省文化产业的创新能力存在不足，制约着文化产业的高质量发展，湖南省文化产业的"创新崛起"之路还任重而道远。

表13 2017年文化及相关产业研发及创新对比

| 地区 | 规模以上文化制造业企业R&D经费内部支出 | | 文化及相关产业专利授权总数 | | | 文化及相关产业增加值占全国比重（%） |
	绝对数（亿元）	增速（%）	绝对数（项）	增速（%）	占全国比重（%）	
湖南	15.53	15.31	2715	25.46	2.29	3.69
河南	9.77	0.24	3603	13.23	3.04	3.86
山西	0.27	28.85	342	10.68	0.29	0.95
湖北	9.13	−12.28	2281	21.07	1.93	3.35
安徽	24.38	20.54	2252	−0.31	1.90	3.13
江西	5.66	21.16	2704	18.18	2.28	2.04
江苏	95.66	11.19	15511	14.24	13.10	11.46
浙江	41.58	2.65	14511	7.89	12.25	9.22
广东	91.50	14.55	35566	26.09	30.03	13.87
全国	493.55	7.15	118432	16.69	100.00	100.00

7. 文化娱乐消费水平较高，但是增长空间相对有限

2017年湖南省居民人均文化娱乐消费支出1111元，其中城镇居民人均文化娱乐消费支出1826元，农村居民人均文化娱乐消费支出441元，均在中部地区排名第1，均显著高于全国水平，而且不逊色于江苏、浙江和广东等经济发达省份。2017年湖南省居民人均文化娱乐消费支出占人均消费支出的比重已接近6.5%，高于全国水平1.83个百分点，甚至高于江苏、浙江、广东等经济发达省份（数据对比详见表14）。湖南省居民较高的文化娱乐消费水平在为湖南省文

化产业发展提供强有力的内需动能的同时，也带来一些隐忧：今后一个时期内，文化娱乐消费在总消费中所占比重的增长空间有限，湖南省居民文化娱乐消费支出的增长更加依赖于居民人均消费支出的增长，而从当前经济发展态势来看，居民人均消费支出难以高速增长。

表 14　2017 年居民文化消费对比

单位：元，%

地区	居民人均文化娱乐消费支出	居民人均文化娱乐消费支出占人均消费支出比重	城镇居民人均消费支出	城镇居民人均文化娱乐消费支出	农村居民人均消费支出	农村居民人均文化娱乐消费支出
湖南	1111	6.47	23163	1826	11534	441
河南	542	3.95	19422	960	9212	210
山西	635	4.65	18404	1050	8424	175
湖北	689	4.07	21276	1034	11633	267
安徽	544	3.45	20740	882	11106	229
江西	571	3.95	19244	946	9870	212
江苏	1399	5.96	27726	1852	15612	564
浙江	1190	4.39	31924	1609	18093	415
广东	1207	4.86	30198	1602	13200	355
全国	850	4.64	24445	1339	10955	261

8. 公共文化支出在中部排名前列，但是存在内部发展差异

2017 年湖南省一般公共预算文化体育与传媒支出达到 148.83 亿元，较上年增长 5.79%，在中部六省中，支出规模排名第 1，支出增速排名第 2。从公共文化的发展来看，在广播电视方面，2017 年湖南省广播节目综合人口覆盖率达到 98.49%，电视节目综合人口覆盖率达到 99.30%，均接近 100% 的水平，全年公共广播节目播出时间达到 448120 小时，全年公共电视节目播出时间达到 757024 小时，在中部六省中分别排名第 5 和第 2，广播电视实际创收收入为 235.92 亿元，不但在中部六省中排名第 1，而且接近经济发达省份广东的水平，可以说

湖南省广播电视的发展水平在中部处于领先地位，并且不逊于经济发达省份；在博物馆方面，2017 年湖南省博物馆参观人次达到 5513 万人次，博物馆实际使用房屋建筑面积为 63.61 万平方米，在中部六省中分别排名第 2 和第 5，可以说虽然湖南省博物馆吸引了众多游客，但是博物馆建设相对滞后；在群众文化方面，2017 年湖南省人均群众文化机构支出达到 12.42 元，每万人群众文化机构实际使用房屋建筑面积为 227.41 平方米，均低于全国水平，在中部六省中分别排名第 2 和第 4，群众文化发展有待进一步加强；在图书馆方面，2017 年湖南省人均公共图书馆藏书量为 0.44 册，每万人公共图书馆实际使用房屋建筑面积为 68.80 平方米，均低于全国水平，在中部六省中分别排名第 4 和第 5，亟须大力推进公共图书馆建设（数据对比详见表 15）。

表15　2017 年公共文化发展对比

地区	一般公共预算文化体育与传媒支出（亿元）	一般公共预算文化体育与传媒支出增速（%）	广播电视实际创收收入（亿元）	博物馆参观人次（万人次）	博物馆实际使用房屋建筑面积（万平方米）	人均群众文化机构支出（元）	每万人群众文化机构实际使用房屋建筑面积（平方米）	人均公共图书馆藏书量（册）	每万人公共图书馆实际使用房屋建筑面积（平方米）
湖南	148.83	5.79	235.92	5513	63.61	12.42	227.41	0.44	68.80
河南	97.52	0.20	52.47	5543	111.43	7.49	151.52	0.30	64.23
山西	71.92	-0.99	34.31	2468	74.72	10.68	276.82	0.47	138.57
湖北	95.26	-1.40	82.12	3471	224.44	13.80	257.35	0.61	125.72
安徽	80.94	-3.91	74.56	3183	79.19	10.48	175.28	0.41	76.58
江西	74.65	5.90	53.66	3233	61.82	10.36	248.46	0.53	86.98
江苏	194.37	0.56	314.71	9108	236.14	20.32	503.99	1.07	152.45
浙江	159.66	0.59	473.51	6485	151.34	40.97	744.00	1.38	190.38
广东	285.87	24.45	261.42	5112	128.24	25.03	353.75	0.78	119.97
全国	3391.93	7.24	4841.76	97172	2668.44	18.43	295.44	0.70	109.01

三　湖南省各市（州）文化产业发展情况分析

从文化创意产业及企业、文化资源与消费、公共文化服务三个方面比较和分析了全省 14 个市（州）文化产业发展的基本情况，明晰了各市（州）在具体发展指标上的优势与不足；以 2018 年为主［数据所限，部分市（州）的部分指标更新至 2017 年］，对全省 14 个市（州）的文化产业发展情况进行了归纳、分析，总结了各市（州）的发展成就，并提出未来的发展思路。

1.市（州）总体情况比较研究

（1）文化创意产业及企业方面

2018 年，长沙市文化创意产业增加值逼近千亿元大关，居 14 个市（州）首位且优势明显。2017 年，株洲市和岳阳市分列第 2、第 3位，全省文化创意增加值超过 100 亿元的市（州）数量达到 7 个。在增加值年增速上，2017 年，永州市增幅最大，达到了 28.62%，张家界市和怀化市的增幅也较大，分别为 26.29% 和 20.35%，全省增幅高于 15% 的市（州）有 6 个，高于 10% 的市（州）有 10 个（见图 1）。

2017 年，全省 14 个市（州）的文化创意产业增加值占 GDP 比重均高于 3.5%，除张家界市外，均不低于 4%。其中，长沙市比重最高，为 8.84%，株洲市、郴州市和湘潭市的比重也较高，分别为 7.10%、5.32% 和 5.01%（见图 2）。

2017 年，全省规模（限额）以上文化创意产业企业数达 3340家，从业人员达 459573 人，资产总计 3580.14 亿元，利润总额达 244.49 亿元。其中，长沙市各项指标均最高且优势明显，规模（限额）以上文化创意产业企业数达 1113 家，资产总计 1630.20 亿元，从业人员 163818 人，利润总额 123.70 亿元，资产总计和利润总额约占全省的一半。此外，株洲市、郴州市、常德市、岳阳市的表现也较

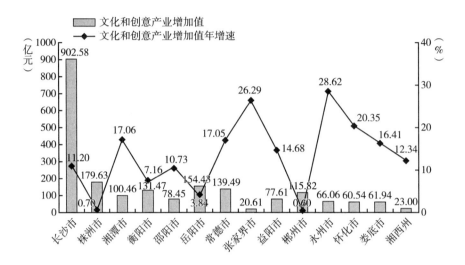

图1 2017年湖南省各市（州）文化创意产业增加值与增速

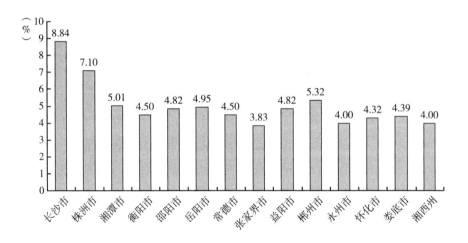

图2 2017年湖南省各市（州）文化创意产业增加值占GDP比重

好，2017年规模（限额）以上文化创意产业企业数分别为355家、222家、226家和205家，资产总计分别为785.83亿元、94.50亿元、111.89亿元和323.36亿元，利润总额分别为25.83亿元、16.89亿元、10.15亿元和13.32亿元（见表16）。

表16　2017年湖南省各市（州）规模（限额）以上文化创意产业企业情况

市(州)	规模以上文化创意产业企业数(家)	规模以上文化创意产业企业资产总计(亿元)	规模以上文化创意产业企业从业人员(人)	规模以上文化创意产业企业利润总额(亿元)
长沙市	1113	1630.20	163818	123.70
株洲市	355	785.83	116473	25.83
湘潭市	195	110.04	15114	7.64
衡阳市	188	70.83	14438	6.88
邵阳市	177	68.76	19834	14.43
岳阳市	205	323.36	23262	13.32
常德市	226	111.89	21048	10.15
张家界市	53	115.54	4815	6.58
益阳市	153	70.38	13337	3.90
郴州市	222	94.50	24698	16.89
永州市	94	68.77	12075	3.27
怀化市	141	59.09	10170	4.28
娄底市	182	52.26	17927	7.19
湘西州	36	18.70	2564	0.43

（2）文化资源与消费方面

截至2018年12月，全省共有世界自然遗产2处，分别为张家界武陵源风景名胜区和邵阳新宁崀山；有世界文化遗产1处，为湘西永顺老司城遗址；有国家级风景名胜区22处，除益阳市外，其他各市（州）至少拥有1处，其中邵阳市和湘西州各拥有4处，长沙市、岳阳市和郴州市各拥有2处（见表17）。

2017年，长沙市全社会文化、体育和娱乐业固定资产投资额达279.67亿元，占全省的43.01%，岳阳市、株洲市和湘潭市的投资额也较高，分别为63.06亿元、43.24亿元和42.06亿元。除长沙市和岳阳市外，其他市（州）投资额均在50亿元以下，投资额高于30亿元的市（州）有7个，高于40亿元的有4个（见图3）。

表17　2017年湖南省各市（州）文化资源分布情况

单位：处

市(州)	世界自然遗产	国家级风景名胜区	世界文化遗产
长沙市	0	2	0
株洲市	0	1	0
湘潭市	0	1	0
衡阳市	0	1	0
邵阳市	1	4	0
岳阳市	0	2	0
常德市	0	1	0
张家界市	1	1	0
益阳市	0	0	0
郴州市	0	2	0
永州市	0	1	0
怀化市	0	1	0
娄底市	0	1	0
湘西州	0	4	1

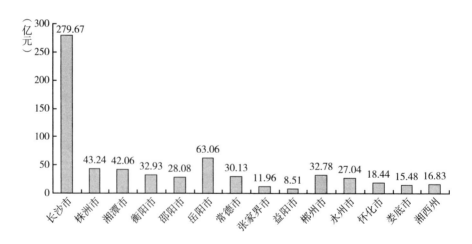

图3　2017年湖南省各市（州）全社会文化、体育和
娱乐业固定资产投资额

2017 年，全省各市（州）居民人均文教娱乐服务消费支出均在 1500 元以上，其中，长沙市最高，为 5518 元，株洲市、湘潭市和常德市均在 3000 元以上，分别为 3961 元、3329 元和 3160 元。高于 3000 元的市（州）有 4 个，高于 2000 元的市（州）有 10 个（见图 4）。

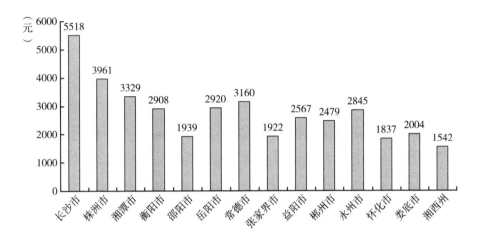

图 4　2017 年湖南省各市（州）居民人均文教娱乐服务消费支出

2018 年，全省各市（州）旅游市场表现"各有亮点"，其中长沙市表现最好，旅游及相关产业增加值达 592.25 亿元，占 GDP 比重为 5.38%，是全省唯一增加值过 200 亿元的市（州），遥遥领先于其他地区。张家界市、岳阳市和常德市表现也较好，旅游及相关产业增加值均在 180 亿元以上，占 GDP 比重均在 5% 以上，其中张家界市最高，占 GDP 比重达到了 32.40%。湘西州、湘潭市和郴州市旅游及相关产业增加值占 GDP 比重也较高，分别为 16.01%、5.93% 和 5.92%（见表 18）。

（3）公共文化服务方面

2018 年，全省各市（州）艺术馆和文化馆数量均不少于 5 个，其中怀化市最多，达 15 个，郴州市、衡阳市和邵阳市数量也较多，分别达 14 个、13 个和 13 个，14 个市（州）中除益阳市、湘潭市、娄底市和张家界市外，其余市（州）均在 10 个及以上（见图 5）。

表18　2018年湖南省各市（州）旅游及相关产业增加值总量与占比情况

单位：亿元，%

市（州）	旅游及相关产业增加值	占GDP比重
长沙市	592.25	5.38
株洲市	127.50	4.84
湘潭市	128.08	5.93
衡阳市	160.52	5.27
邵阳市	91.97	5.16
岳阳市	184.24	5.40
常德市	181.13	5.34
张家界市	187.57	32.40
益阳市	76.08	4.33
郴州市	141.54	5.92
永州市	93.63	5.19
怀化市	85.14	5.63
娄底市	84.21	5.47
湘西州	96.89	16.01

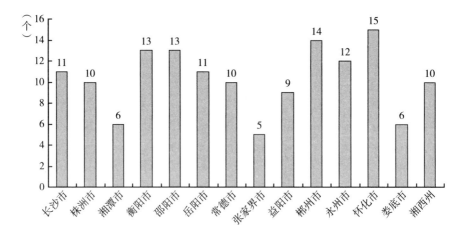

图5　2018年湖南省各市（州）艺术馆、文化馆个数

2018 年，长沙市人均公共图书馆藏书量居各市（州）第 1 位，达 1.33 册，是全省唯一超过 1 册的市（州），领先优势明显。株洲市和湘潭市表现也较好，分别为 0.81 册和 0.55 册，分列第 2、第 3 位，其他市（州）均不高于 0.4 册（见图 6）。

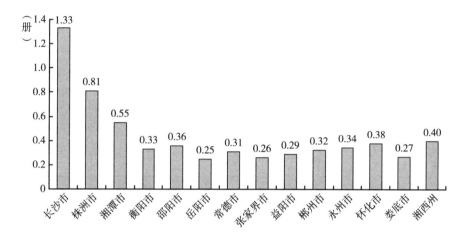

图 6　2018 年湖南省各市（州）人均公共图书馆藏书量

2018 年，全省所有市（州）广播综合人口覆盖率均在 93% 以上，电视综合人口覆盖率均在 98% 以上。其中，株洲市和湘潭市覆盖率最高，均为 100.00%；长沙市、衡阳市、岳阳市等的覆盖率也很高，均在 99% 以上；邵阳市和张家界市广播综合人口覆盖率相对较低，分别为 94.65% 和 93.54%（见表 19）。

表 19　2018 年湖南省各市（州）广播与电视综合人口覆盖率

单位：%

市（州）	广播综合人口覆盖率	电视综合人口覆盖率
长沙市	99.76	99.73
株洲市	100.00	100.00
湘潭市	100.00	100.00

市（州）	广播综合人口覆盖率	电视综合人口覆盖率
衡阳市	99.88	99.85
邵阳市	94.65	99.21
岳阳市	99.98	99.98
常德市	99.99	99.65
张家界市	93.54	99.03
益阳市	99.53	99.91
郴州市	99.86	99.87
永州市	99.01	99.15
怀化市	99.47	99.71
娄底市	99.83	99.72
湘西州	98.57	98.65

2. 各市（州）发展情况分析

（1）长沙市

2012~2017年，长沙市文化创意产业增加值由556.5亿元增长到902.58亿元，年均增长10.15%，2018年接近千亿元；文化创意产业增加值占GDP比重由8.7%增长到8.84%，增长了0.14个百分点。2018年，长沙市规模以上文化企业实现营业收入1455.6亿元，同比增长8.6%，实现税金及附加38.7亿元，同比增长17.2%，利润总额同比增长3.0%。规模以上文化企业营业收入增幅分别高于全国、全省平均水平0.4个和1.2个百分点。

总体来看，2018年长沙市文化产业发展情况可以总结为以下几点。

一是核心领域引领发展，烟花产业规模最大。2018年，长沙市文化核心领域规模以上企业实现营业收入628.6亿元，同比增长11.1%，增幅高于全部规模以上文化企业平均水平2.5个百分点；文化相关领域实现营业收入827亿元，同比增长6.7%。烟花、工程设计等十大行业全年实现营业收入1085.1亿元，占全部规模以上文化企业营业收入的 74.5%，其中烟花产业规模最大，全年实现营业收入 489.6 亿元，占全部规模以上文化企业营业收入的 33.6%。

二是新兴文化服务产业势头强劲。2018 年全市新兴文化领域营业收入增幅均超过"两位数"。如 26 家规模以上互联网信息服务企业实现营业收入 36.3 亿元，同比增长 20.8%；44 家规模以上数字内容服务企业实现营业收入 22.2 亿元，同比增长 14.1%；83 家规模以上广告服务企业实现营业收入 58.3 亿元，同比增长 23.7%；70 家规模以上设计服务企业实现营业收入 109.9 亿元，同比增长 11.6%。

三是文化科技融合发展较快。长沙市充分发挥国家级文化和科技融合示范基地品牌效应，努力使文化元素融入各类产业发展，依靠科技力量促进文化进步。2018 年全市规模以上高新技术文化企业实现营业收入 267.8 亿元，同比增长 22.2%，远高于全部规模以上文化企业平均水平；拥有有效发明专利 936 件，同比增长 11.7%。

（2）株洲市

2012～2017 年，株洲市文化创意产业增加值从 99.84 亿元增长到 179.63 亿元，年均增长 12.46%，文化创意产业增加值占 GDP 比重增长了 1.43 个百分点。2018 年，全市规模以上文化及相关产业企业实现营业收入 242.61 亿元，同比增长 13.35%。

总体来看，2018 年株洲市文化产业发展情况可以总结为以下几点。

一是支柱产品制造业呈恢复性增长。文化产业中的支柱产业焰火、鞭炮产品制造业呈现恢复性增长，是全市文化产业营业收入实现两位数增长的关键。2018 年，焰火、鞭炮等产品制造业实现营业收入 172.51 亿元，比上年增长 15.41%，拉动全市文化及相关产业营业收入增长 10.76 个百分点。

二是文化消费成为株洲新的经济增长点。以国家文化消费试点城市为契机，建立文化消费平台，摸索出具有株洲特色的"互联网＋文化"的普惠文化模式。举办阳光娱乐暨文化消费节、非遗食品博览会等系列文化品牌活动，带动文化消费 2000 多万元。株洲市电影展映月等主题活动，有效带动了电影消费，2018 年全市电影票房达到 1.35 亿元，同比增长 17%。

三是"韵动株洲"模式实现省内复制。作为公共文体服务与数字文化产业、文化消费融合平台，2018 年"韵动株洲"实现了株洲模式在全省的复制推广。通过整合全省文旅资源，构建覆盖全省、互联互通、便捷高效的立体式公共文旅服务网络平台，实现全天候和动态化管理，让百姓足不出户就可享受到政府提供的文旅服务。

（3）湘潭市

2012~2017 年，湘潭市文化创意产业增加值从 55.21 亿元增长至 100.46 亿元，年均增长 12.72%，文化创意产业占 GDP 比重增长了 0.7 个百分点。2018 年 1~9 月，全市文化产业增加值为 57.84 亿元，规模以上企业达 199 家。

总体来看，2018 年湘潭市文化产业发展情况可以总结为以下几点。

一是部分大型项目建设取得明显实效。建立《湘潭市 2018 年招商引资文化产业开发项目名单》，11 个文化产业项目被纳入省文化产业招商引资重点项目库。长株潭 F2 国际赛车文化项目入选 2018 年全国体育产业优选名录，窑湾历史文化街区一期项目于 6 月 18 日开街，途居昭山国际房车露营地项目试营业，并成功通过五星露营地评审。

二是昭山国家级文化产业示范园创建加快推进。省委、省政府出台的《关于加快文化创新体系建设的意见》，明确"支持湘潭昭山文化产业园创建国家级文化产业示范园区"。签约北京电影学院昭山文化产业园、昭山国际知创文化基地和昭山竞速运动休闲小镇等项目，新引进 17 家中小微文化企业。

三是国有骨干文化企业发展初显成效。市文产公司签约了中科阜兴文化产业投资基金、华映湘江文化产业基金。在西班牙、希腊成功举办《从齐白石故乡吹来的风》中国湘潭书画家作品展。成功开发

"白石探源之旅"项目和自有品牌"白石画中餐"食品系列、"白石"油纸伞文创产品系列。

四是文旅产业联盟高位推动。建立了以市委常委、宣传部部长为链长，市文产公司为盟长，光大银行湘潭支行为行长的湘潭市文化旅游休闲产业联盟，打造湘潭市文化旅游休闲产业链，实现实体经济与金融的良性互动，形成"文化旅游＋多产业"的融合发展格局。

（4）衡阳市

2012～2018 年，衡阳市文化创意产业增加值从 69.16 亿元增长至 127.9 亿元，年均增长 10.79%，文化创意产业增加值占 GDP 比重增加了 0.67 个百分点。2018 年，衡阳市文化产业十大行业中，文化产品及相关产品的生产排第一，其次是文化创意和设计，文化休闲娱乐服务排第三。从构成情况看，2018 年，衡阳市列入统计的规模以上、限额以上企业共 187 家，比上年增加了 35 家，实现增加值 92.8 亿元，占全市文化产业增加值的 72.6%；规模以上、限额以下及服务业法人企业实现增加值 22.1 亿元，占全市文化产业增加值的 17.3%。

总体来看，2018 年衡阳市文化产业发展情况可以总结为以下几点。

一是优化结构，培育特色。创意设计、休闲文化等文化新业态发展提速，互联网软件开发、新媒体及文化信息服务等领域涌现了一批文化龙头企业。中桥传媒公司研究开发的"移动终端无线借电技术"进入手机 NFC 应用测试，花卉主题公园举办创意花灯展吸引了大批周边地区居民前来旅游，创意设计产业基地衡阳 E 电园项目正式投入运营。

二是提升服务，引凤筑巢。各级领导与文化项目"结对联系"，形成招商引资的"强磁场"效应，成功引来一批"国"字号、"总"字号、"亿"字号企业。赢得赛伯乐、菜零、盛世等资本市场的目光，吸引了华侨城、万达等企业巨头入驻。

三是融合发展，互利"双赢"。文化与农业融合发展上，通过大力发展生态农业、休闲农业，如草莓采摘节等绿色生态品牌文化，大大提高了农业的综合效益。文化与旅游融合发展上，推动文化与旅游等多种业态融合发展，打造了南岳传奇小镇、常宁印文化交流中心等农文旅一体产业园。非遗剧场、文化艺术展等创意活动日益丰富，吸引了大批游客，文化旅游融合发展实现"双赢"。

（5）邵阳市

2018 年前三季度，邵阳市规模以上文化及相关产业企业 186 家，实现营业收入 180.91 亿元，比上年同期增长 20.74%。2019 年，实现文化产业增加值 108.6 亿元，占 GDP 比重为 5.05%。

总体来看，2018 年邵阳市文化产业发展情况可以总结为以下几点。

一是企业数量增加明显。截至 2018 年 9 月 30 日，邵阳市共有 186 家规模以上文化及相关产业企业，较 2017 年增加了 32 家，增长了 20.78%。其中：文化制造业 80 家，文化批发零售业 37 家，文化服务业 69 家。

二是营业收入稳中有升。全市规模以上文化及相关产业企业实现营业收入 180.91 亿元，同比增长 20.74%。其中：文化制造业实现营业收入 166.19 亿元，同比增长 20.13%；文化批发零售业实现营业收入 9.38 亿元，同比增长 18.92%；文化服务业实现营业收入 5.34 亿元，同比增长 48.52%。

三是行业发展仍不平衡。从营业收入比重看，文化制造业、文化批发零售业、文化服务业营业收入所占比重为 91.86%、5.18%、2.96%，平均单家文化制造业企业营业收入最高，文化批发零售业次之，文化服务业最低。从营业收入增长速度来看，文化制造业增长最快，文化批发零售业次之，文化服务业增长最慢。

（6）岳阳市

2012~2018 年，岳阳市文化创意产业增加值从 94.6 亿元增长至 178.01 亿元，年均增长 11.11%。2018 年文化创意产业增加值占

GDP 比重为 5.01%, 比 2012 年增加了 0.71 个百分点。2018 年, 规模 (限额) 以上文化产业法人单位数 316 家, 总产出 480 亿元, 占文化产业总产值比重达到 75.3%。产值过亿元企业 60 家, 上市企业 3 家 (百利科技、岳阳林纸、天润数娱)。

总体来看, 2018 年岳阳市文化产业发展情况可以总结为以下几点。

一是项目招商取得突破。2018 年成功引进两家战略性文化企业。一个是台湾新金宝集团年产 1300 万台喷墨打印机项目, 总投资 100 亿元, 是湖南省迄今引进的投资规模最大的台资项目。另一个是北京老铺黄金文化发展有限公司, 预计 2019 年产值达 15 亿元, 2020 年达 25 亿元, 年增加地方财税收入 500 万 ~ 1500 万元, 解决劳动就业人员 50 ~ 300 人。

二是统计清查扎实有效。紧紧抓住全国第四次经济普查契机, 大力开展文化单位清查和文化"四上"企业的排查申报工作, 实行统计挖潜、弥补"漏洞"。全市共标记全行业文化单位 4892 家, 比三经普增加 78%; "四上"文化单位新增 111 家, 总数达到 316 家。

三是促进机制日趋完善。举行庆祝改革开放 40 周年文化产业发展成果展, 市政府与多彩贵州文化产业集团签订区域文化品牌建设战略合作协议, 大幅提振了发展文化产业的信心。同时成立文化产业协会, 举办了首届文化产业发展论坛。在文化产业协会的对接帮助下, 已有 2 家文化企业成功获得总额度 1250 万元的银行融资。

(7) 常德市

2012 ~ 2017 年, 常德市文化创意产业增加值由 77.46 亿元增长至 139.49 亿元, 年均增长 12.48%。截至 2018 年 12 月, 在对造纸、烟花等行业企业进行压减清退的情况下, 常德市规模以上文化企业数仍保持 238 家, 全市规模以上文化企业总营业收入达 138 亿元, 总体显现了"有进有退""进中有优""优中有新"的发展势头。

总体来看，2018 年常德市文化产业发展情况可以总结为以下几点。

一是文化融合发展成效渐显。桃源工博物馆、《桃花源记》河流实景剧场升级与桃花源景区提质相互促进，2018 年共接待观众 10.7 万人次，票房收入 1980 万元，分别同比增长 206% 和 191%。《梦回穿紫河》实景演出改版与城区水系改造有机融合，2018 年共接待观众 7.9 万人次。2018 年，全市共接待国内外游客 5153.05 万人次，同比增长 17.2%，实现旅游总收入 441.14 亿元，同比增长 21.8%。

二是社会投资信心保持稳定。总投资 17 亿元的大型主题公园"常德卡乐星球·OCT 华侨城"即将完工，开业后预计年游客量达 180 万人次，年收入 4 亿元。投资 50 亿元的艺术照明生产项目"粤港模科产业园"已完成升级加装并投入生产，全年已实现产值 1.5 亿元。投资 2 亿元的星德山景区等文旅项目陆续开工。2018 年，常德河街古玩城新增经营户 20 多家，成为湘西北最大的古董文玩市场。

三是县域小特文产项目势头看好。通过改建、扩建，各地打造了一批文化主题公园、特色小镇，极大地提升了城乡建设水平，增加了就业，带动了业态拓展。2018 年，桃源县枫林花海民族文化园、桃源老兵漂流园、澧县城头山国家考古遗址公园、临澧县福船湿地旅游度假区等县域知名主题公园总营业收入已过亿元，解决本土就业2000 多人。

（8）张家界市

2017 年，张家界市文化创意产业增加值为 20.61 亿元，占 GDP比重达 3.83%。

总体来看，2018 年张家界市文化产业发展情况可以总结为以下几点。

一是文化旅游演艺加快发展。2018 年，《天门狐仙·新刘海砍樵》共演出 274 场，收入 4823 万元，同比增长 9.2%；上缴税收 909万元，比上年同期增长 18%。《张家界·魅力湘西》共演出 663 场，收入 10920 万元，比上年同期增长 25%；上缴税收 1841 万元，比上年同期增长 36%。《梦幻张家界》接待游客 40.86 万人次，比上年同期增长 48.98%；收入 810 万元，比上年同期增长 23.95%。

二是文化产业项目快速推进。2018 年 4 月，"中国演艺第一股"宋城演艺发展股份有限公司，投资 10 亿元的张家界千古情项目正式开工建设。2018 年 6 月，投资 14.23 亿元的张家界西线旅游景区开门纳客。2018 年 10 月，大唐西市集团、北京辉煌逸达集团联合打造、总投资 350 亿元的张家界丝路荷花国际文化旅游城项目正式开工。

三是民宿文化客栈发展迅速。形成了以梓山漫居、水木潇湘、五号山谷、水涌金江、回家的孩子、涧外栖境、溪布街客栈等为中心的寻找心中的"诗和远方"和本地民俗文化相结合的独特客栈群。

四是对外文化交流不断加强。2018 年 1 月至 2 月，《张家界·魅力湘西》赴俄罗斯、乌克兰、白俄罗斯等国家开展 2018 "欢乐春节"文化展演艺术交流活动。张家界旅典文化有限公司开发的"乖幺妹"土家织锦产品，2018 年 9 月 16 日至 19 日在意大利米兰参展，9 月 17 日至 20 日在法国巴黎参展，远销韩国、日本、新西兰等 30 多个国家和地区。

（9）益阳市

2012~2017 年，益阳市文化创意产业增加值由 25.51 亿元增长至 77.61 亿元，年均增长 24.92%，2017 年文化创意产业增加值占 GDP 比重为 4.82%，比 2012 年增加了 2.32 个百分点。"三上"文化及相关产业法人单位从 2013 年的 88 家增长到 2018 年的 162 家，净增 74 家。

总体来看，2018 年益阳市文化产业发展情况可以总结为以下几点。

一是突出政策引领。市委宣传部向县市区下发了《益阳市文化及相关产业项目建设年活动实施方案》，取得了较好的效果，新纳入了一批文化及相关产业企业。

二是发展支柱产业。包装印刷业在益阳市有较好的基础，2017年增加值达6.1亿元，占全市"三上"文化及相关产业增加值的近三成。2018年，政府和相关部门重点帮助企业创新发展壮大，形成大的产业集团或集群，成为益阳文化及相关产业中的支柱产业。

三是统筹利用旅游资源。益阳是省级历史文化名城，有古文化、佛教文化、黑茶文化等文化旅游资源，并且得到一定发展。2018年全市统筹谋划，利用广播电视、互联网等载体进行宣传推介；对旅游资源进行整合，给予资金政策扶持；借助乡村振兴战略，建设美丽乡村，大力开发原始旅游资源。

（10）郴州市

2012~2018年，郴州市文化创意产业增加值由63.73亿元增长至126亿元，年均增长12.03%。2018年文化创意产业增加值占GDP比重为5.38%，比2012年增加了1.18个百分点。

总体来看，2018年郴州市文化产业发展情况可以总结为以下几点。

一是工艺美术创意产业蓬勃发展。郴州市工艺美术行业现有规模以上企业110余家，主要集中在烟花爆竹、金银制品、宝玉石产品等领域，全市从业人员达3万余人，年加工销售额近50亿元，2018年突破60亿元大关，在全市文化产业创新发展中独树一帜。

二是宝玉石文化产业园区集聚集群。临武县2017年与舜通宝玉石文化发展有限公司合作开发建设临武县宝玉石文化产业园，计划总投资16亿元。现已入驻全国各地宝玉石企业100余家，产业规模化、高端化、集群化效应凸显，并被确定为国家宝玉石首饰特色产业基地。园区全年产值可达14.2亿元，仅加工宝玉石产值达8.9亿元。

三是旅游和会展产业来势喜人。成功举办2018年郴州国际休闲旅游文化节，获评"全国森林旅游示范市""中国优秀自驾游目的地""广东人最喜爱全域旅游目的地",接待游客人数、旅游总收入分别增长 16.9%、23.4%,位列全省第二。矿博会、节博会、农博会等成功举办,会展交易额 46.5 亿元,荣获"中国会展之星优秀城市奖"。

（11）永州市

2012~2017 年,永州市文化创意产业增加值从 28.61 亿元增长至 66.06 亿元,年均增长 18.22%。2018 年全市文化创意产业增加值达 90.4 亿元,比上年增长 36.8%,位居全省第一,增速比同期 GDP 增速高 20.4 个百分点。

总体来看,2018 年永州市文化产业发展情况可以总结为以下几点。

一是规模以上企业增速领先全省。截至 2018 年底,全市规模以上文化企业 178 家,比上年增加 84 家,增速达到 89.4%,增幅居全省前列。规模以上文化服务业企业数增速分别高出规模以上文化制造业和文化批零业增速 55.4 个和 51.9 个百分点。

二是传统优势文化产业支撑作用明显。印刷、包装等制造行业企业效益不断提升,湖南奔腾文创有限公司 2018 年印刷产业化智能制造项目获评"国家印刷智能制造示范和试点项目"。江华九恒集团 2018 年实现销售收入 86648 万元,利润 10063 万元。江华展承创益文化有限公司高端文具生产线,实现年产值 3 亿元,实现税收约 1500 万元。

三是影视动漫等新兴产业发展迅速。2018 年,城市多厅数字影院达 21 家,年营业收入 1.3 亿元。本土创作的电影《故园秋色》获得中国电影华表奖。以潇湘文化古玩城为龙头的收藏业已基本形成收藏、展览、维修、销售的产业链,园区内个体经营户达 1000 余家,年交易额达 2 亿元。

（12）怀化市

2012~2017 年,怀化市文化创意产业增加值由 26.03 亿元增长至 60.54 亿元，年均增长 18.39%。2018 年全市文化经营单位 3467 家，其中限额以上文化企业 159 家，同比增长 30%。

总体来看，2018 年怀化市文化产业发展情况可以总结为以下几点。

一是文化产业整体运行快速高效。仅 2017 年、2018 年两年怀化市限额以上文化企业数量增加了 81 家，比 2016 年增长 104%。绝大部分文化企业，尤其是各限额以上文化企业产值普遍有上扬的趋势。2019 年基本可以实现文化产业增加值占 GDP 比重为 5% 的目标。

二是旅游等行业融合更加紧密。文化与旅游的融合势头很好，目前全市有 45 家文化旅游企业进入了限额以上文化企业的行列。

三是对外贸易交流持续向好。怀化市的茶叶是湖南省第一个获得欧盟认证的茶叶产品，陶瓷彩釉玻璃已出口东南亚、阿联酋，并被欧盟市场看好，新谱乐器配件、靖州金心铅笔、通道侗锦已销往 30 多个国家和地区。

四是非遗生产性保护成效显著。深圳文博会期间，怀化市现场销售和订单都比大湘西地区其他五个市（州）的总和还要多，胡杨雕刻艺术苑蝉联最近三届文博会石雕类金奖，陈德恒的作品 2016 年、2017 年、2018 年连续三年蝉联国家木雕类"百花奖"。

（13）娄底市

2012 ~ 2018 年，娄底市文化创意产业增加值从 16.04 亿元增长至 75 亿元，年均增长 29.31%。2018 年文化创意产业增加值占 GDP 比重为 4.86%，比 2012 年大幅增加了 3.26 个百分点。

总体来看，2018 年娄底市文化产业发展情况可以总结为以下几点。

一是实施文化创新"五名工程"。印发了《娄底市实施文化创新"五名工程"加快文化产业提质发展的行动方案》（娄办发〔2018〕15 号），推动实施文化创新"五名工程"，抓好重点文化企业申报认定工作，加快文化创意产品研发生产和营销推广。

二是打造文旅产业项目链条。围绕重点文化产业门类储备了一批招商项目，扶持了一批在建项目，已经初步建立了县级重点文化产业项目库。推动文化旅游产业链招商，举办了"对接'一带一路'助力提质发展"娄底市文化产业走进西安专场推介会，推介了 19 个文化产业项目，签约了 4 个招商引资项目。加强了项目投资计划、工程实施进度和工程建设质量等有关凭证的核验检查，确保项目真施工、真推进。

三是树立财政奖扶鲜明导向。从 2018 年开始，市文化产业发展专项资金规模扩充到每年 500 万元，调整了项目补助额度和贷款贴息标准。精心组织申报了 2018 年度省级文化产业发展专项资金和大湘西地区非物质文化遗产生产性保护项目资金，有 5 个重点项目获得了 350 万元省级文化产业发展专项资金扶持。全力配合省里开展好 2015～2017 年省级文化产业发展专项资金绩效评价工作，推动了省、市、县三级文化产业发展专项资金绩效评价。

（14）湘西州

2012～2017 年，湘西州文化创意产业增加值由 11.13 亿元增长至 23 亿元，年均增长 15.62%。2017 年文化创意产业增加值占 GDP 比重为 4.0%，比 2012 年增加了 1.2 个百分点。

总体来看，2018 年湘西州文化产业发展情况可以总结为以下几点。

一是文化产业重点项目加快建设。2018 年，文化与旅游产业重点项目完成投资 20 亿元。文化产业园区平台发展提质增速，湘西非物质文化遗产示范园接待游客 11.7 万人次，实现园区产值近 10000 万元。推动"文创＋"融合发展项目建设，启动了"湘西乡村文化创意产业综合体"吕洞山试点建设。凤凰县全域旅游项目建设、龙山县里耶文化旅游特色小镇等 5 个项目完成投资 1 亿元以上。

二是文旅产业量质齐升。2018 年，全州接待国内外游客 2300 万人次，实现旅游收入 195 亿元，同比分别增长 25%、18%。先后举办了三月三、四月八等一系列乡村旅游节庆活动，吸引了众多游客。

古丈县墨戎镇墨戎村与墨戎苗寨乡村游有限责任公司合作，推进文旅融合发展，半年实现产值近 5000 万元，直接带动就业 415 人。

三是创意型文化企业势头较好。龙山菊秀土家织锦技艺传承有限公司、泸溪县辰河高腔演艺有限责任公司等创意型文化企业，立足非遗文化开展研发生产业务，累计产值近 8000 万元。山谷居民文化传播有限责任公司相继参加了第 52 届德国柏林国际旅游交易会、2018 法国巴黎国际博览会，引发国际时尚界对苗族服饰和银饰产品的关注热潮。土家织锦作品与踏虎凿花作品亮相第十四届中国（深圳）国际文化产业博览交易会，分别获金奖和银奖。

文化产业是湖南经济社会发展的一张亮丽名片，"广电湘军""出版湘军""演艺湘军""动漫湘军"在全国都具有独特影响力，但在全国各省（区、市）均大力推动文化产业发展的背景下，不进则退、缓进亦退。本报告在充分考察国内外相关研究成果的基础上，既立足湖南特色，又适配统计口径，形成一套理论框架完善、指标易于操作的文化产业发展综合评价体系，并利用指标体系对湖南实施连续性量化评价，同时深入开展省域、市域对比分析，指标评价和比较研究结论将有利于找出全省文化产业发展短板和潜力，分析省内各市（州）文化产业发展的特色与不平衡性，研究结果具有明显的政策含义和现实价值。

科学评价湖南文化产业发展综合水平，是明优势、补短板的前提，评价指标体系既要逻辑完备、方法准确，更要体现湖南特色和易于操作。从促进产业发展角度，可将文化产业发展总指数分解为：体现优势生产能力的侧面，可用产业规模和产业效益类指标表征；带动相关产业和市场发展的侧面，可用文化消费和公共服务类指标表征；保障要素供给和环境机制的侧面，可用文化资源和产业投入类指标表征。因此，本文提出的文化产业发展综合评价指标体系由文化资源指数、产业规模指数、产业投入指数、产业效益指数、文化消费指数、公共文化指数 6 项二级指标组成。评价结果显示，2014～2017 年，全省文化产业发展总体水平平稳上升。其中，文化消费指数和产业投入指数增长较快，但因权重区别，文化消费指数和产业规模指数对文化产业发展总指数的拉动作用更强；文化资源指数和产业效益指数增长较慢，但同样因权重因素，文化资源指数和公共文化指数对文化产业发展总指数提升的贡献最低，未来加强自然、文化遗产资源的培育和挖掘，加快传统媒体转型发展是确保全省文化产业发展总指数平稳提升的关键。

当前湖南省文化产业规模在中部六省处于前列，但是通过与全国和其他省份的横向比较，湖南省文化产业发展在呈现优势的同时也存在一些问题和隐患。一是湖南省拥有丰富多元的文化旅游资源，但是有待转化成高质量的文化旅游产业；二是湖南省文化产业的投资力度不小，但是投入产出效率不高，表现为对文化及相关产业增加值的拉动作用有待提升；三是湖南省规模以上文化及相关产业企业的盈利水平有所提升，但是盈利能力有待增强，尤其是规模以上文化服务业企业的盈利能力与发达省份相比，还存在较大差距；四是近年来湖南省文化产业研发投入和专利数量都呈现快速增长的态势，但是从湖南省文化产业在全国的地位看，湖南省文化产业的"创新崛起"之路还任重而道远；五是湖南省居民文化娱乐消费水平在全国处于较高水平，但是受制于全省居民收入整体不高的现实，未来全省文化娱乐消费的增长空间有限；六是湖南省公共文化发展内部差异显著，广播电视发展水平处于全国前列，但是群众文化、图书馆建设有待提升。

文化产业是区域产业发展的重要组成部分，纵观全省各市（州）文化产业的发展现状与成就，其有着明显特点。一是文化产业与企业实现蓬勃发展。2018 年，长沙市文化创意产业增加值逼近千亿元大关，居中部六省省会城市首位；永州市 2018 年文化创意产业增加值同比增长 36.8%，位居全省第一；邵阳市 2018 年前三季度规模以上文化及相关企业营业收入比上年同期增长 20.74%；郴州市 2018 年工艺美术行业加工销售额突破 60 亿元，在全市文化产业创新发展中独树一帜。二是重点项目建设取得明显成效。湘潭市 F2 国际赛车文化项目入选 2018 年全国体育产业优选名录，11 个文化产业项目被纳入省文化产业招商引资重点项目库；2018 年，岳阳市成功引进北京老铺黄金文化发展有限公司，预计 2020 年产值可达 25 亿元；2018 年，总投资 350 亿元的张家界丝路荷花国际文化旅游项目开工建设，目前已投产使用；湘西州推动"文创＋"融合发展项目建设，2018 年启动了"湘西乡村文化创意产业综合体"、凤凰县全域旅游开发等重大重点项目。三是文化产业与多业态加速融合。2018 年，长沙市加快文化与科技融合进程，全市规模以上高新技术文化企业实现营业收入同比增长 22.2%；株洲市打造了公共文体服务与数字文化产业、文化消费融合平台——"韵动株洲"，并实现了全省的复制推广；怀化市推动文化与农业的有机结合，茶叶产品成为全省首个获得欧盟认证的茶叶品牌；衡阳市推动文化与旅游等多业态融合发展，打造了南岳传奇小镇等农文旅一体产业园。

参考文献

胡惠林、王婧：《中国文化产业发展指数报告》（CCIDI），上海人民出版社，2014。

李炎、胡洪斌主编《中国区域文化产业发展报告（2016~2018）》，社会科学文献出版社，2018。

彭翊主编《中国省市文化产业发展指数报告2017》，中国人民大学出版社，2018。

叶朗主编《中国文化产业年度发展报告2017》，北京大学出版社，2018。

行业发展篇

湖南影视产业发展研究

廖卓娴*

影视行业在文化产业中最具传播力和影响力，代表着一个地区的文化产业发展水平。湖南素有"广电湘军"之称，影视产业发展位居全国第一方阵。特别是近些年来，湖南影视产业规模快速扩大，内容生态不断升级，新业态、新模式层出不穷，社会效益、经济效益"双效"实现统一。

一 湖南影视产业发展整体现状

湖南影视行业善于创新，开创形态各异、风格不同的节目，坚守主流价值观，勇于担当的情怀贯穿始终，前行的轨迹持续进步。2018年，湖南制作电视节目时间 123266 小时 6 分，播出电视节目 756639 小时 59 分。其中，制作影视剧类电视节目时间 3087 小时 24 分，制作电视剧 14 部、634 集，制作电视动画时间 16 小时 44 分，制作电视动画 2 部、82 集。湖南电视台全年制作电视剧 9 部、362 集。电视剧制作量已连续 3 年居全国前八位，湖南被列为制作大省。2018 年湖南全省广播电视行业总收入约 276.86 亿元，同比增长约 12.53%。其中，湖南广播电视台的总收入达到 209.51 亿元，同比增长约 16.43%。2014~2018 年，湖南电视节目播出时间、全年制作电视节目时间、全年制作电视剧数量均保持较高水平（见表 1）。

* 廖卓娴，湖南省社会科学院产业经济研究所科研人员，主要研究方向为文化"走出去"、文化科技融合、文化金融融合、文化消费等。

表1   2014～2018年湖南电视业发展情况

指标名称	单位	2014年	2015年	2016年	2017年	2018年
全年公共电视节目播出时间	小时	755190	759734	760707	757024	756639
全年制作电视节目时间	小时	141941	136246	132720	126221	123266
全年制作电视剧数量	部/集	7/39	4/89	—	—	—
全年电视节目进口总额	万元	20.56	21	22	21	—
全年电视节目出口总额	万元	10	820	—	—	1045.37
全年电视节目进口量	小时	365	73	60	31	
全年电视节目出口量	小时	853	850	—	—	
电视综合人口覆盖率	%	97.51	97.98	98.26	99.30	

1. 精品力作不断推出

面对竞争日益激烈的电视剧市场，2018年湖南影视行业以大规模、大题材、大投入、大影响的电影、电视剧、纪录片和相关活动为支柱，实行差异化发展，扩展湖南影视的影响力。

主流宣传高举旗帜，彰显媒体责任担当。湖南电视业坚持新闻立台、立足湖南、胸怀全国、放眼世界，用新闻创新，让主流宣传的旗帜插稳主阵地。以学习贯彻习近平新时代中国特色社会主义思想为主线，推出《社会主义有点潮第二季——新时代学习大会》，引导广大党员干部和青年学生以大学习领会新思想、拥抱新时代；做好《百家讲坛》特别节目《平"语"近人——习近平总书记用典》宣传，让优秀传统文化与时代精神交相辉映，讴歌时代主旋律。此外，芒果TV全端置顶飘红设立《学习时刻》专栏，及时转载、推送习近平总书记重要报道，实现电视与新媒体同频共振、共同发力，形成立体化传播格局。精心办好《壮阔东方潮·奋进新时代——庆祝改革开放40年》专栏，紧扣中央和湖南省委、省政府中心工作，推出《镇起风云》《黑茶大业》《梦向朝阳》等系列报道，创新策划《中国面壁者》《新山乡巨变》《湘商"发声"》《湘江激荡四十年》等报道，多视角宣传湖南省经济社会 40 年来的发展变化和取得的巨大成就。

湖南影视行业精于工、匠于心，以实力铸就品牌，打造符合市场需求的原创性精品。由芒果 TV、湖南卫视、湖南金鹰纪实卫视联合出品的五集文献纪录片《中国出了个毛泽东·故园长歌》，以伟人情感为内核，以丰富史料为依托，以情动人，以史育人。《共产党人刘少奇》《最好的时代》《恰同学少年 2》《走进华尔街》《山河之间》《那座城这家人》等六部电视剧选题作品成功入选 2018～2020 年百部重点电视剧选题规划。电视剧《那座城这家人》入选国家广播电视总局改革开放四十周年第一批推荐参考剧目名单。

2018 年，湖南卫视推出科技、家风、国防教育以及公益慈善等一批积极正能量的节目。2018 年，新闻大片《我爱你，中国》《赶考路上》和纪录片《我的青春在丝路》《四十年四十村》等，传递正能量，迈出了融媒体创制与传播主旋律大片的探索性步伐；《向往的生活》《声入人心》口碑与流量双丰收，成为叫好又叫座的原创综艺节目；电视剧《谈判官》《老男孩》《我的青春遇见你》《一千零一夜》取得不错成绩；原创声音艺术节目《声临其境》再创爆款，成为2018 年国产文化综艺节目的佼佼者，找到了综艺节目与当今大众需求的最大公约数。2018 年周播剧收视排行榜前十名的作品中由湖南卫视播出的剧集高达 7 部，占比 70%，且收视率前五的周播剧《流星花园》《扶摇》等均出自湖南卫视。

围绕党和国家重大时间节点，潇影集团强势推出跟湖湘历史文化相关联的原创电影作品，强调打造有筋骨、有道德、有温度的高质量作品，奋力擦亮潇影影视品牌。2017 年以来，潇影集团保证了年均八部以上的创作量，共创作完成《十八洞村》《难忘的岁月》《勃沙特的长征》《国酒》《大象林旺之一炮成名》等 21 部电影。潇影集团电影《十八洞村》，用诗意的电影语言记录并书写扶贫奇迹，是一部极具思想性和观赏性的主旋律电影，荣获第 17 届中国电影华表奖三项大奖。

2.产业集聚蓬勃发展

马栏山既是湖南广播影视集团（以下简称"湖南广电"）的大本营、湖南出版的新未来，也是大型互联网企业青睐的宝地。2017年全国产业规模最大、产业链最为完整的视频产业基地——马栏山视频文创产业园正式开园、奠基。马栏山视频文创产业园以文化与科技为双轮驱动、以互联网融合发展为路径，采用"文化+""广电+""科技+""服务+"的建设思路，以政府引导、市场运营、复合经营的模式运作，以原有金鹰城为存量、以浏阳河九道湾环抱下的鸭子铺用地为增量，鼓励视频领域的骨干企业在长沙马栏山设立总部和地区中心、全国性运营平台。马栏山视频文创产业园的目标是打造国内最佳创业环境、最大支持力度、最强内容生态的世界级园区，成为湖南视频等新媒体文创产业的大孵化基地。2018年6月25日，经国家广播电视总局批复，中国（长沙）马栏山视频文创产业园成为全国首家国家级广播电视产业园。由此，形成了"北有中关村、南有马栏山"的行业引领格局，为打造具有国际竞争力、中国最好的视频基地——"中国V谷"奠定了有利条件。2018年，园区实现视频文创企业产值400亿元，成为湖南全省经济新的增长点。建设马栏山视频文创园，促进文化、创意与互联网相融相交，推动以新技术、新业态、新产业、新模式为主要特征的新经济蓬勃发展。2018年，芒果马栏山广场、中南数字传媒基地、中广天择总部等重要项目建设稳步推进。湖南马栏山视听节目国际交易中心、下一代互联网宽带应用国家工程实验室等产业平台相继成立，集聚效应逐步显现。园区落户文化企业645家，2018年全国排名前十的网络综艺节目中，有8部出自园区制作团队。

潇湘文化创意产业园是"十三五"湖南文化产业发展的重点项目。此项目充分发挥潇影集团所处地段的土地资源优势，重新对东塘所处地段进行规划开发，打造涵盖湖南文化创意产业集群、新媒体产业集群、文化商业地产开发、文化产品展示和销售等板块的创意产业园区，成为东塘唯一集文化生产、交易、展示、休闲及居住于一体的混合型园区。2018 年，项目所属一期"红影文创园"已经改建完成，且营业已近一年。潇湘影视基地也是湖南文化产业发展的"十三五"重点项目，项目在长沙周边选取风景优美、交通便捷的地方，建设一个集影视生产放映、文化旅游休闲、影视体验、会议培训于一体的综合性影视产业基地。

3. 体制改革激发创新活力

湖南影视业的发展得益于改革，改革的因子已经根植在湖南电视人的基因中。自 1993 年起，湖南广电前后经历了三轮改革：第一轮改革成立了湖南经视，通过频道内部竞争激发了创新活力，在内部摸索出正确的机制；第二轮改革尝试集团化，基本建立了集团化架构；第三轮改革提出了"两走一立"的目标（从体制内"走出去"，从国内"走出去"，市场主体立起来）。2018 年 7 月，湖南省委部署推动广电深化改革，整合广电、潇影、网控三大集团组建新的湖南广电，使湖南广电形成"以湖南卫视为核心的传统媒体板块、以芒果 TV 为主平台的新媒体板块、以有线网络为支撑的移动互联网板块、以基金为核心的资本运作板块"的四轮驱动战略。改革重组通过资源的优势整合、管理的全面整合、发展的创新聚合，实现"1＋1＋1＞3"的效果，资源更多，产业的链条更完备，发展的动力也更强劲，形成大芒果、大广电的格局。

以湖南卫视为核心的"快乐中国"品牌不断升级。2018 年，湖南卫视在收视率和收入上稳居全国省级卫视第一。在"亚洲品牌 500 强"排行榜中，湖南卫视品牌价值为 587.29 亿元，较上年提升 7 个位次，列总榜第 93 位。在亚洲广播电视行业高居第 2 位，仅次于中央电视台。

湖南广电旗下有两大上市公司——电广传媒和芒果超媒。电广传媒是以芒果 TV 为主平台的新媒体板块和以基金为平台的资本运作板块。芒果超媒以湖南卫视为核心的传统媒体板块，以有线网络为支撑的移动互联网板块，超媒不仅成为湖南广电融合发展的重要抓手，在湖南广电的集团化改革中也发挥着引擎效应。

随着文化体制改革的深入推进，2018 年，电视"制播分离"更加彻底，节目制作市场化、专业化程度显著提高，电视台播出的市场购买节目比重越来越大，自制节目比重越来越小，这倒逼节目制作单位优胜劣汰，电视节目质量出现大幅提升。制播分离让庞大的电视体系得以减负，但也带来空心化、弱连接的弊端，使电视体系无法在需要迅速集结团队排兵布阵之时达成最高效的内部协作。为此，湖南卫视紧紧抓住团队、人才等核心资产，推出七大有名气、有优质作品的王牌工作室，并推出了品牌、用人、收益、发展、服务激励工作室的相关措施，成为它与电视体系其他同行最大的区别。

4. 国际传播力建设持续推进

2018 年，湖南影视内容产品和服务出口总额 1045.37 万美元，其中影视节目出口总额 396.43 万美元，影视服务出口总额 648.94 万美元。围绕"一带一路"建设和"走出去"工作，多层面多渠道推进影视行业对外合作交流，坚持"引进来"和"走出去"相结合，开展全方位、高水平的国际传播力建设工作。近年来，涌现一批优秀的输出项目：《歌手》哈萨克斯坦主流电视台和运营商平台落地播出及推广项目、芒果 TV 精选综艺节目印尼和菲律宾运营商渠道推广项目、湖南卫视与恩德莫尚共同研发节目模式并全球发行项目等；审核引进了 BBC 足球纪录片、达喀尔 2018 拉力赛等电视节目；每年办理境外演职人员审核报批件 100 多个，涉及人员 200 余人次。湖南台旗下的国际频道通过长城平台、美国麒麟电视平台、ITALKTV 等海外运营平台，成功落地五大洲大部分国家与地区，海外用户已超过 400 万，肩负着文化"走出去"的重要使命。芒果 TV

海外 App 上线，成为湖南对外传播的重要渠道。芒果 TV 海外 App 是打造内外一体、协调联动、差异互补的海外融合传播体系的一大创新。同时，芒果 TV 通过与脸谱网、优兔网等国际新媒体平台的战略合作，为全球 240 多个国家和地区用户提供服务，累计海外观众超过 1200 万，成为仅次于爱奇艺、优酷、腾讯的第四大视频网络媒体，而且是唯一国有绝对控股的网络媒体。芒果 TV 原创节目《声临其境》《声入人心》实现了中国节目模式海外发行"三连冠"。湖南卫视《汉语桥》《歌手2018》《中餐厅2》《"文化中国四海同春"全球华侨华人春节大联欢》等一批优秀内容产品，接轨国际话语表达。

5. "影视 +"新动能全面释放

潇影集团在做强原有产业基础上，以"文化 +"模式，延伸拓展产业，通过开辟多条渠道，大力扩充集团产业规模。2018 年，潇影新开影院 5 家，潇湘国际影城门店达到 33 家，年创收近 2 亿元。潇湘院线辖下影院数增长到 172 家，银幕 802 块，可结算票房上升到 4.42 亿元，市场占有率连续三年排名湖南第一。湖南电影频道省、市两个市场份额也实现连续两年上涨，份额涨幅居省级频道首位，跻身湖南市场强势频道之列。2018 年，湖南电影频道牵头成立全国电影频道联盟，实现全国联动、资源共享，大大增强了频道全国影响力和产业拓展底气；潇影成立了全新子公司文化产业投资公司，创办了红影文创园，承办了湘潭首届文化旅游节开幕式，全力拓展"影视 +"产业；潇影集团积极推进长沙临空示范区国际影视文化产业城项目、长沙县经开区潇影·星工厂项目、湘潭市高新区书院东路项目。

近年来，湖南卫视秉持"快乐""青春"的频道特色定位，坚守"快乐中国"的核心理念，以"全国收视、全国覆盖、全国影响、全国市场"为频道目标，全力打造"最具活力的中国电视娱乐品牌"。

精准成熟的定位是提高频道识别率的根本保证和锁定受众忠诚度的必要手段。这些精准的定位集中体现为"三位一体"策略，即频道定位、受众定位和内容定位"三位合一"。坚守湖南卫视的品牌核心元素——快乐，表现为卫视所属各种节目均服务于频道的快乐定位策略，并将品牌中"娱乐、偶像、时尚"的元素有机移植和融入各类综艺、自制剧中。

湖南潇湘院线与潇湘国际影城是潇湘电影集团旗下的院线品牌与影院品牌，它们是潇湘电影集团近年来发展比较好且收入持续稳定的业务板块之一。经过多年的发展，湖南潇湘院线与潇湘国际影城的品牌影响力在湖南省当地以及全国越来越强。根据中国电影发行放映协会公布的数据统计，湖南潇湘院线每年可结算的票房逐年增加（见表2）。在我国电影市场快速发展的大背景下，各地影院投资建设力度加大。在此契机之下，湖南潇湘院线也逐步发展壮大。截至2017年底，湖南潇湘院线共有影院172家，其中33家为潇湘电影集团直接参股或控股的影院，其他139家均为加盟形式的影院。这139家加盟影院每年需向湖南潇湘院线支付管理费，管理费分为两种：一种是固定费用；另一种是根据影院票房收入按比例提取。湖南潇湘院线现在覆盖全国27个省（区、市），并且以三线、四线城市为主。

表2　2014~2018年湖南潇湘院线可结算票房统计

单位：亿元

时间	2014 年	2015 年	2016 年	2017 年	2018 年
票房	2.19	3.15	3.73	4.42	5.07

资料来源：中国电影发行放映协会对外公布的数据。

"红影"影视文化创意产业园和"潇影大厦"是潇湘电影集团利用自己的土地资源打造的潇影文创园。"红影"影视文化创意产业园旨在打造一个"影视＋创意＋艺术＋文学＋设计"的同好聚合平台。现在入驻"红影"的有白色鸟咖啡馆、静心书店、观自在展览厅、文创生活美学馆、在路上路演厅、匠人坊、创客共同工作室等。

二 湖南影视产业发展亮点与特点

湖南影视产业以内容创新优势影响受众,被业界视为中国娱乐节目的生产基地之一,形成了湖南影视生产独特的发展道路。

1. 推动传统媒体与新型媒体互融共生深度变革

湖南影视产业通过技术、渠道等方式对传统媒体进行内容创新,向新媒体靠拢。新媒体也主动融合传统媒体,利用传统媒体优质资源发力互联网领域。

湖南广电深度整合媒体、网络、电影产业链,以业务主营为逻辑依据进行产业战略性重组,推动产业关联度高、业务相近的文化企业的整合,有效集聚优势资源,提升企业规模和效益。坚持"以我为主""以市场为主体""以主力军为核心"建平台三大核心要义,湖南广电形成了湖南卫视与芒果 TV"一体两翼、双核驱动"的全媒体发展格局。湖南广电坚持打造主流视频平台的决心从未动摇,从最早的"独播"战略,到后来升级的"独特"口号,芒果 TV 在湖南广电的积极推进和人力、财力的投入下,逐渐成长为视频行业的"黑马",成为湖南广电开启全新资本市场征途的重要标志。2018 年,芒果 TV 逐步凭借差异化特质立足视频江湖之后,与芒果生态下的其他内容制作、艺人经纪、IP 运营、社交、电竞游戏、电子商务等公司形成更积极的联动,共同打造新媒体平台运营、互动娱乐内容制作、媒体零售等业务,形成完善的互联网媒体生态系统和芒果生态,更具市场价值和更高站位。芒果 TV 逐步建立以芒果 TV 为核心品牌,聚合视频互联网、手机电视、IPTV、OTT、视听网站、移动 App、投影播放设备等终端的内容生态圈，真正实现"一云多屏"。从"独播"走向"独特"，芒果 TV 挺进国内行业第 4，成为党媒旗下用户规模最大的视频网站，全平台日活量突破 6000 万，有效会员突破 1000 万大关。同时，湖南广播影视集团还推出了多款融媒体服务产品，如"芒果云"App 致力于打造一个集全省互联网、新闻、政务服务于一体的互联网短视频和直播互动平台；快乐购的新媒体业务也以 App 产品为落脚点，向移动电商领域发力；快乐先锋垂钓频道发布首个钓鱼类专业综合视频应用软件"上鱼"App，为受众提供更加专业、精细化的服务。

2. 借力资本市场做大做强主业

湖南影视产业深耕细作，通过资本运作、基金投资等方式，借力资本优势，在产业创新中取得重要突破。一方面，加大资本运作力度，借助融资扩大规模，打造新业务。2016 年，湖南广电旗下的芒果 TV 完成 B 轮融资，募集资金近 15 亿元，投后市场估值 135 亿元，成功以规模化扩大阵地影响力：自主研发智能电视操作系统 MUI，打造"芒果直播"App，芒果 TV 客户端 5.0 版上线，发布推出芒果电视。另一方面，大力开展基金投资，构建资本服务链条。芒果传媒在芒果海通基金的基础上，新设芒果创意孵化基金，夯实芒果文创基金，并积极筹建针对二次元、ACG、电竞、VR 等领域的芒果次元基金，初步建设完成从前端内容孵化到后端投资整合的资本服务链条，形成服务于芒果产业生态的基金体系，投资基金合计管理规模接近 40 亿元，投资项目大部分为新媒体、直播、影视内容、游戏、体育等行业的龙头企业。2018 年，湖南广电成立，快乐购重大资产重组获批通过，成立芒果超媒。芒果超媒首份半年报显示，净利润同比增长 92.47%。

3. 突出"竞争即突破"发展战略

近年来，从新形势下主流媒体的责任感出发，从宣传导向和展示湖南形象的要求出发，湖南广电提出了改变单一平台、单一出口和单一特色的品牌格局，完成新形势下的"三融合"和"三并重"转变提升，即娱乐与高端融合，精品与产品并重；主流与时尚融合，事业与产业并重；传统媒体与新媒体融合，国内与国际并重。湖南经视组建新型经营团队，将原生活频道全新定位，改版为面向高端的纪录片频道。频道打造一系列精心策划的名牌栏目，以差异化的战略拓展了一片新天地，《故事湖南》记录新中国成立以来湖南的历史大事，激活了湖湘文化的当代价值，成为湖南电视新品牌。

电视剧经营作为电视产业经营的重要组成部分，湖南卫视在这一方面探索出一条独特的电视剧编播和其他节目互动、整合营销的发展模式，实现了电视剧收视率和频道影响力的共赢。2018 年，湖南卫视的自制剧创收成绩斐然，探索出一条独特的影视作品制作、编播和衍生开发模式，打造全方位产业链。湖南卫视自制剧一般仅为满足本频道独播剧播出的需要，很少外售。如经视频道一般是自己先首轮播出，然后再卖给省内外其他频道。近年来，依托中国金鹰电视艺术节，湖南广电尝试开展具有商业市场交易性质的剧本交易活动，吸引了国内外数百家影视制作、投资公司参与运作，共收集剧本数千个。其中，参与面售的作品绝大部分确定了合作意向，不少剧本当场签约。

三　湖南影视产业发展面临的问题

湖南影视产业发展的过程中也面临着层层压力，阻碍了影视行业的进一步发展与完善。

1. 竞争发展压力加剧

一是电视行业本身竞争。各省（区、市）地方政府对影视产业的重视程度不断加深，省际影视产业竞争日益激烈。早些年，湖南卫视一枝独秀，收视率、广告来源遥遥领先。近年来，浙江卫视、江苏卫视、东方卫视异军突起。2018 年，省级卫视电视剧播出收视占比中，湖南卫视降至 17%，剧场表现欠佳。综艺节目爆款数量和收视方面湖南卫视均不敌浙江卫视。二是新媒体瓜分市场。在以"互联网＋"为代表的泛娱乐产业大力推动下，播放平台逐年增加，网络综艺盛行，也大有和传统电视台、电影院相抗衡的形势。网络节目审查较为宽松，广告少，随时随地性强，不依赖于电视机可进行点播回看，这些都是电视节目、电影放映无法比拟的优势。越来越多的观众开始转向网络节目，电视节目、电影院线不断受到冲击。三是人才瓶颈制约。2018 年，湖南影视从业人员年轻化显著，年龄结构不断优化，但是高学历、高职称的高端人才缺乏，管理岗位人员偏多，专业技术人员队伍需要进一步壮大。湖南影视只有确保以人才结构为优势的核心资产，才能确立持续发力的战略布局。湖南影视产业在竞争中也面临高端人才、产业资本等要素外流的压力。如节目制作人、主持人流失严重，新生代没有及时成长起来。制作人是综艺节目的灵魂核心，主持人是节目的门面担当，两者在节目中有着举足轻重的作用。然而，湖南卫视一大批优秀主持人、节目制作人现在活跃在央视、其他各大卫视及视频网站中。

2. 创新发展压力加大

创新是五大发展理念之首，作为直接面向大众呈现文化产品的主要媒介，影视行业更应该时刻坚持创新驱动发展的理念。一是技术创新难度大。技术创新，尤其是 AI 技术、5G 技术，已经成为内容创新的主要动力。然而技术创新风险不断加大，创新门槛越来越高。基于智能终端、云计算和大数据所提供的个性化服务改变了新闻出版广播电视行业的运营模式，新技术的广泛运用使得传统媒体机构加入高技术媒体服务战场需要跨越的门槛不断抬高，运用高新技术提高行业创新能力和传播能力的挑战不容小觑。湖南本土影视企业技术突破和制造能力有待大幅提升。二是内容创新难度大。内容是媒体最核心的资源。湖南卫视虽然在全国省级上星频道中保持了领先地位，芒果TV在全国视频行业占据了第四的位置，但在打造令湘人骄傲的经典之作、扛鼎之作、传世之作方面却没能有质的突破。再者，湖南卫视自身综艺节目也使观众产生了审美疲劳，节目原创性不足，各种通过引进版权拍摄的综艺类、选秀类节目比较多，吸引力不够。《我是歌手》《我想和你唱》每年的形式、内容大体一致，也使观众产生排斥和厌倦心理。这既有陷入惯性思维、路径依赖的原因，也有队伍老化、人才不足的原因，还有急功近利、用心不专、耐力不足导致的心态浮躁问题。此外，湖南影视产业在产业链建构、营销方式、产品定位、制播体制、衍生产品开发、海外市场发行等方面也面临创新性不足的难题。三是湖南电影市场的竞争力不强。一方面，湖南影院利润率不超过15%，远远低于外省其他地区影院的利润率。比如山东，票房加卖品的利润率，一般在24%左右。另一方面，湖南有些院线规模太小布局太碎，竞争力太弱，无论从未来改革趋势，还是从国家发展趋势来看，都会被淘汰，被一些实力更强、规模更大的院线兼并重组。同时，虽然中国影院建设不宜再大规模扩张，但作为一个7300万人口的大省，2019年，湖南2726块银幕与全国72400块银幕相比，仍远远不够。

3. 协同发展压力加大

协同发展体现了内生经济增长的基本逻辑。影视行业需要将协同关系置于发展的核心主体地位，现代金融、人力资源间也不是平行独立的，而是存在着立体交互的关系。湖南影视业协同发展的产业体系还缺少全局联动、开放互动、灵活高效。一是受条块分割的影响，影视行业存在资源、市场、人才因行政分割造成的孤岛效应。这直接导致整个行业价值链无法有效传导，龙头与鱼群之间更多的是此消彼长。基层影视机构制作水平、传播能力、服务层次只能在低水平徘徊，系统内带动引领、集群突破、互生共赢的良性互动新格局仍有待形成。二是伴随电影市场的不断发展，演员片酬过高、人力成本攀升等各项因素，导致影片制作成本不断上升，投资风险也与日俱增。投资风险大这种情况并非湖南独有。从全国情况看，2018 年，票房达 10 亿元以上的影片仅占全年所有影片数量的 1%，但却拿下了全年票房的 43%。这意味着全国另外 99% 的影片瓜分剩下 57% 的市场份额，竞争异常残酷。而 10 亿元票房以上的影片基本投资都在 1 亿元以上。对于湖南而言，截至 2018 年，电影主要制片单位只有潇影集团一家，而潇影包袱重、流动资金紧张，难以有效拿出足够资金和勇气投资商业片。三是湖南的电影市场和湖南经济发展、崛起形象、人口密度等不相匹配。湖南常住人口排在全国第七位，全省 GDP 2018 年、2019 年的全国排名分别为第 8 位和第 9 位，电影票房在全国排名第 12 位，落后于人口比湖南省少的安徽、福建、湖北等省，比湖北低四个名次。进一步细分，湖南 2019 年电影票房是 21 亿元，广东票房比湖南多了近 70 亿元，差距很大。长沙上年票房 9.8 亿元，在所有省会城市中排第七位，但是比西安少 2 亿元，比武汉少 6 亿元，比广州少 14 亿元，差距也不小。四是电影市场布局不合理。湖南有 14 个市（州），长沙票房占全省将近一半。衡阳人口 800 多万，2019 年票房仅 1.34 亿元。常德 600 多万人口，城市化程度高，票房仅 1.3 亿元。票房市场与人口比例的不均衡性有待进一步化解。

四 湖南影视产业发展建议与对策

影视行业是高度专业化、科技化和结构化的综合型现代产业，不仅要与受众文化取向同步，而且要与全国甚至全球的行业结构与规划同步。

1. 聚焦资本借力，做大做强影视产业

资本是影视行业发展的助推器。2018 年，中国电影保持多年来的增长态势，全年共生产故事影片 902 部，全国票房首破 600 亿元，达到 609 亿元，较上年同期增长 9.06%，实现票房新高。国产影片票房 378.97 亿元，市场占比约 62%，资本的推动作用功不可没。湖南影视业需继续通过资本运作、基金投资等方式，借力资本市场的优势，在内容技术创新中取得重要突破。一是加大资本运作力度，借助融资扩大规模打造新业务。媒体融合正把湖南广电推向新的发展时期，无论是研发新媒体、拓展新业务，还是升级新技术都需要巨额资金的支持，因此要进一步发挥电广传媒上市的作用，通过资本市场推动广电产业的新一轮发展。二是大力吸引基金投资，构建资本服务链条。湖南影视业可通过创意孵化基金，筹建针对二次元、ACG、电竞、VR 等领域的基金，建设从前端内容孵化到后端投资整合的资本服务链条，形成服务于影视产业生态的基金体系。吸引社会资本投资新媒体、直播、影视内容等行业的龙头企业。三是湖南国有院线潇湘和楚湘要做大做强，面对市场，改革重组，利用资金，推动湖南存量影院去粗取精，向专业化、精品化迈进。万达、金逸等院线需创新经营模式，发挥大型专业院线的资源重组能力，推动一些区县，特别是落后地区院线和影院的改造升级。

2. 聚焦内容为王，打造优质文化 IP

内容制胜、创意为王是影视产业发展的普遍规律，优质文化 IP 是影视精品创作、市场竞争取胜的法宝。一是发扬"工匠精神"，下足"绣花功夫"，在湖南文化影视创作高原之上攀高峰，力争打造出一批扎根生活、有血有肉、感人至深的现实主义力作。湖南曾经推出《恰同学少年》《人民的民义》等契合时代需求的作品，表明影视作品在文化上扎根落地、在内容上尊崇现实主义创作手法是产业发展的客观内在规律。在影视剧转型、融合发展的今天，湖南必须提高产业整体的创新意识和创新能力，生产观众喜闻乐见、讲述中国故事的作品，在内容制作上务必遵循满足人民群众美好生活需求的原则，注重人文情感、文化内涵、传统价值、时代精神等方面的内容创作。要进一步做好电影题材规划，湖南影视单位要紧紧抓住"牛鼻子"，深入挖掘湖湘文化资源，建立编剧人才库，不断增强内容创作活力，打造更多"经推敲、有价值、能卖座"的优质电影，推动湖南电影创作迈向新高度。二是打造优质 IP。创新迭代不断加速的时代，凭借敏锐的市场嗅觉和大胆锐意的创新率先抓住观众，在"内容为王"的时代，显得至关重要。文化影视、新媒体的各种网剧、直播综艺，一味地跟风模仿或粗制滥造，肯定是没有出路的，必须提升艺术价值，打造影视剧 IP。IP 即 Intellectual Property 的缩写，直译为知识产权，影视行业的知识产权通常指被改编为影视剧相关产品的 IP 源头，泛指网络小说、游戏、漫画等原创作品。IP 大部分拥有一定的受众基础，且具有再开发的潜力。影视剧的制作运营可在以此为核心价值的基础上，进行创意开发，既保留原著精髓，又高水准再创作，打磨故事情节，提升作品的感染力和艺术性。作为国内最具影响力的省级卫视，湖南卫视多年来制作、推出了一大批深受全国电视观众喜爱的优秀电视节目。立足于国内电视行业的竞争环境，湖南卫视需进一步修炼"独门秘籍"的更高境界，以高规格、高品质、高涵养的顶尖姿态，为观众制造有温暖、有力量、有快乐的视听体验。

3. 聚焦全产业链，为影视业发展提供新动能

影视产业应该构建影视融资、制作、发行、放映的一体化协调机制，大力建设全球化市场运作机制。一是优化做大做强 IP（知识产权）产业链的软环境，把马栏山视频文创产业园打造成具有国际影响力的影视园区品牌，积极培育和提升湖南影视消费市场，开展影视企业"走出去"奖励扶持工作，持续做好金鹰艺术节等节展活动。二是在"孵化＋产业化"双轮驱动发展战略下，潇影集团需构建影视文化产业完整链条和全新生态圈，并以"影视＋"为核心发展方

向，推动文化、科技、金融融合发展，打造世界级影视文化产业集群。三是推动影视业与互联网、金融等相关产业深度合作，打造覆盖影视产业链的"互联网＋精品"合作模式。加强与数字娱乐业、电子商务平台、互联网金融等的深度合作，打造传统媒体、互联网、金融等融合发展的全新互动体系。充分发挥影视业溢出效应。四是构建湖南全省"一盘棋"的思路，出台有针对性的优惠措施，构建影视龙头企业和中小微企业定位准确、梯次发展、各具特色、优势互补、协同配套的影视产业发展生态体系。

4. 聚焦行业转型，加快构建高精尖影视产业体系

影视产品呈现给大众之前，需要经过一系列加工、剪辑和后期制作，这是决定产品质量的重要一步。美国电影之所以占据了将近80％的海外市场，除了其富有创意的剧本，先进的拍摄技术和后期制作更是扮演了不可或缺的角色。因此，一是湖南影视产业应集中资金转向优化影视产品拍摄设备、提高后期制作的技术水平，结合先进的数字技术，使产品在视觉上更具观感，增强同其他国家影视作品的竞争优势。二是加强影视产业与科技产业的深度融合，围绕大数据、人工智能、虚拟现实、增强现实、4K/8K 超高清、下一代广播电视网等关键技术，建设一批影视科技融合发展重点实验室，培育和发展新兴影视产业。三是塑造浓郁的影视文化。电影的魅力在于大银幕，在于声光影的完美结合，在于众人一起观看产生的情感共鸣。要重视电影文化，加强宣介和消费群体挖掘，大力举办讲座，在青年中推广怎么看电影，在新闻媒体上大力引导、宣传，让湖南的诗书礼乐精神，让岳麓书院的文脉，在三湘大地上变成浓郁的文化氛围。发扬网格化营销和管理精神，通过开展主题观影，组织学术放映、工会放映、党课放映等活动，凝聚更多观众，培养更多观众，培养一批电影院的"粉丝"，以充满活力的市场带动电影业跨越发展。

参考文献

宋燕飞：《影视文化消费供给与政策探析——关于 2018 年影视衍生品市场趋势与产业政策的思考》，《上海大学学报》（社会科学版）2019 年第 6 期。

《努力创建新型主流媒体：湖南广播电视台 2018 社会责任报告》，搜狐网，2019 年 5 月 31 日。

常江、田浩：《旧产业、新逻辑：2018 年中国影视行业综述与前瞻》，《编辑之友》2019 年第 2 期。

蔡镇圭：《让"影视湘军"迸发新活力》，《湖南日报》2019 年 4 月 16 日。

秦枫、周荣庭：《网络文学 IP 运营与影视产业发展》，《科技与出版》2017 年第 3 期。

文婧、朱建坤：《网络结构对长沙电视剧产业发展的影响研究》，《人文地理》2016 年第 2 期。

郝婧云：《新媒体环境下电视媒体的转型路径思考——以湖南卫视的全媒体平台"芒果生态圈"为例》，《西部广播电视》2018 年第 24 期。

湖南新闻出版业发展研究

郑自立[*]

2018 年以来，我国经济社会发展全面迈入"新时代"，为湖南省新闻出版业发展带来新的机遇。湖南省立足自身比较优势，在新闻出版业树牢"四个意识"，认真落实"创新、协调、绿色、开放、共享"五大发展理念，深化新闻出版业的供给侧结构性改革，不断加强区域合作与国际合作，有力地提升了新闻出版业的发展实力和综合竞争力。

一 湖南新闻出版业发展现状

（一）行业整体发展情况

1. 出版业发展概况

2018 年，湖南省严格控制出版规模，坚持高质量发展，全年出书 11000 余种，其中新书 4000 余种，再版重印 7000 余种，总印数 2.7 亿册，全省出版工作持续健康发展。为了进一步促进出版质量的提高，省新闻出版局组织开展出版产品印装质量评定活动，对省内出版单位和印刷企业选送的 2018 年出版印刷的图书和教科书进行检测评定。根据《精装书籍要求》（GB/T 30325—2013）、《平装书籍要求》（GB/T 30326—2013）等印装质量标准，经过专家初评、复评、终评，评定优

---

* 郑自立，湖南省社会科学院副研究员，硕士生导师，主要研究方向为马克思主义理论与文化产业发展。

质品 374 种，优品率为 35%，评选出《枪杆子里面出政权：湖南革命武装斗争史》《刘少奇的故事》等 10 种印制精良的出版物。

2018 年湖南出版物的市场占有率稳步提升。2018 年，中南传媒一般图书市场占有率跃居全国第二，比上年同期上升两位，动销品种 30497 种，比上年同期增加 1229 种。2018 年，中南传媒 30 本图书 92 次登上开卷实体店畅销月榜，28 本图书 79 次登上开卷网店畅销月榜。其中《从你的全世界路过》销量过 640 万册，《偷影子的人》《乖，摸摸头》发行超 250 万册，《我不》《阿弥陀佛么么哒》超 200 万册。湖南文艺出版社《最易上手吉他弹唱》通过富媒体改造和在线化运营，销量同比翻番。岳麓书社开发"凯叔讲故事""婷婷唱古诗""唐浩明讲解曾国藩"等音视频系列节目，湖南科技出版社启动"第一推动丛书解读音频"系列，博集新媒在喜马拉雅等平台上线《说给儿童的中国历史》，都销量可观。此外，湖南出版集团深入推进融合发展、业态创新，"红网云"平台上线，"红视频"项目启动，在全国首创立体式户外千屏直播体系。天闻数媒智慧教育产品覆盖全国近 5000 所学校，用户达 1500 多万。湖南教育社贝壳网注册用户超过 220 万，正式推出教育机器人"小佳"。在国际发展方面，湖南出版集团 2018 年实现版权输出及合作出版 281 项，56 个项目入选各类"走出去"扶持项目。

2. 新闻业发展概况

2018 年，湖南高度重视加强新型主流媒体建设，大力推进传统媒体和新媒体融合发展，扩大主流媒体新闻报道影响力和舆论引领力。《湖南日报》大力推动"新湖南云"建设，实现"由端到云"的战略升级。在技术引擎强劲驱动下，《湖南日报》的主流影响力以"报、网、端、微"矩阵推陈出新，主流报道产品建设和内容创新不断取得新成就。一方面，建设"中央厨房"，为所有记者编辑提供统一操作平台，统一分发新闻线索，流水线创作图文、音视频、H5、全景直播等融媒体稿件；另一方面，以"新湖南"机器人抓取权威媒体内容，辅之以人工干预的方式，实现个性化推送。以"新湖南云"构建的省、市、县三级政务机构的新媒体生态圈，实现同步发声，唱响大合唱。湖南日报社坚持把《湖南日报》言论评论作为提高舆论引导力和内容影响力的品牌工程来抓，加强领导力量、充实评论队伍、扩大评论阵地，构建了形态多样的全方位评论矩阵。以言论评论领衔，报社各媒体紧紧围绕中央和省委中心工作，主动设置议题，积极引导舆论，为贯彻落实省委战略意图营造良好的舆论氛围。2018年，湖南日报社还加大了主题宣传报道力度。为落实创新引领开放崛起战略、打好三大攻坚战等，先后策划了"智能制造看长沙""产业项目建设年""守护好一江碧水""环保督察回头看""精准扶贫在三湘""镇起风云"等多个专栏报道和多套重点报道。围绕庆祝改革开放40年，《湖南日报》从改革开放的原点着笔，以时间为轴、发展为脉，7个多月先后刊发九大系列报道，计240多篇稿件共50多万字，全面梳理湖南改革开放的发展历程和辉煌成就。点线面俱全的内容、全覆盖式的报道格局，谱写出一部改革开放40年主题宣传的交响乐。内参一直是党报发挥"耳目"功能的重要载体。2018年该报社共采编报送《湖南日报》内参116期，题材侧重于对湖南省经济社会发展中一些重大问题进行深度观察、系列调查，较好地推动了有关工作。树牢精品意识，着力打造现象级作品。2018年7月，湖南省委推进广电、出版等省管文化企业改革重组，湖南广播影视集团、潇影集团、网控集团正式整合。可以说是湖南广电顺应融合发展趋势，整合产业和市场资源的再一次重组升级，成为湖南广电推动构建全产业链和全业态融媒集群，强化聚合效应，打造具有强大实力和传播力、公信力、影响力的新型媒体集团的一次关键"动作"。2018年，《三湘都市报》对重大主题报道进行融合创新传播，文字、图片、H5动新闻、短视频、视频直播、无人机航拍等多种形式同步传播。其改革开放40

周年全省成就发布及老照片新生活系列，将湖南 25 场改革开放成果发布做成图解新闻，线上线下同步推出，阅读率和点击量不断攀升。

2018 年，湖南高度重视网络意识形态工作，大力推进网络新闻媒体工作。加强责任落实，抓好网络意识形态工作责任考核，推动各级各部门坚守"主阵地"，种好"责任田"；敢于斗争，积极运用技术手段和法律武器加强网络治理，持续深入开展不良网络"大 V"专项整治，坚决弘扬正气、批驳谬误，营造积极健康、向上向善的网络空间。筑牢基础、健全机制，建好网上主力军。网信系统贯彻省委网信委第一次会议精神，推动省内重点网站"特色化"发展，打造网上传播高地；积极推进省、市、县三级网信工作体系建设，构建从省管到市、再管到县的全省"一张网"工作体系；加强全省网信系统队伍建设，努力打造"讲政治、懂网络、敢担当、善创新"的网信干部队伍，为全省网信事业发展提供有力支撑。在省委宣传部、省委政研室、省委网信办等部门的指导下，湖南日报社集结精锐评论力量，用好言论评论知名品牌，推出 10 篇"深入学习贯彻习近平总书记对湖南工作的重要指示精神"的社论及 6 组直指长沙房地产市场问题、网络舆论阵地、基础设施建设等热点敏感话题的 22 篇"晨风"文章，产生强烈社会反响，牢牢占据了湖南舆论场第一高地，成为党报旗帜上最亮的一抹红色。每篇社论和"晨风"文章，通过报网端微齐上阵，第一时间形成舆论强势。2018 年，湖南卫视和芒果 TV 坚持先网后台、融合发展的模式，联合出品了《我的青春在丝路》《我爱你，中国》《四十年四十村》《不负青春不负村》《赶考路上》等主旋律新闻大片，强化了互联网正能量内容的创新传播。

（二）龙头企业发展情况

1. 湖南出版投资控股集团有限公司发展概况

2018 年完成营业总收入 105.15 亿元，同比下降 9.23%；利润总额 14.87 亿元（其中，教育报刊业务亏损 0.13 亿元），同比下降 8.66%。年末总资产 246.44 亿元，同比增长 2.29%；净资产 193.88 亿元，同比增长 6.38%。2018 年，湖南出版集团稳居中国出版第一方阵，中南传媒再次荣获"中国主板上市公司价值百强"，连续入选"全国文化企业 30 强"。湖南省委、省政府制定实施《广电、出版等省管企业改革重组方案》，召开深化广电出版改革工作会议，从新时代文化强省建设的战略高度，将湖南教育报刊集团出版发行板块整体划入湖南出版集团。这是湖南出版集团继改制上市之后又一次重大改革重组，进一步整合了出版资源。湖南出版集团深入推进融合发展、业态创新，产品和资源的数字化、富媒体化与互联网化取得突破性进展。投资打造快乐老人综合服务平台，老人大学线下校区突破 50 个。枫网微信矩阵粉丝数接近 800 万。中南传媒的"文化援外"项目备受关注。援南苏丹教育技术项目一期完成终期验收，获南苏丹方面高度肯定，项目二期正积极推动中；中南传媒与培生海外合作项目成功落地，在香港组建中南传媒控股的合资公司，举办"中南培生高层峰会"。与德国最大渠道商塔利亚集团签订战略合作协议。

2. 湖南日报报业集团有限公司发展概况

2018 年完成营业总收入 7.23 亿元，同比增长 71.38%；利润总额 0.09 亿元，实现扭亏为盈；年末资产总额 35.21 亿元，同比增长 2.7%；净资产 15.14 亿元，同比增长 9.68%。在人民网发布的《2018 全国党报融合传播指数报告》中，《湖南日报》融合传播力位居全国党报（377 家）第 10、地方党报第 5；新湖南客户端累计用户下载量达 1900 万，在全国党报自有 App 中排名第 4。

3. 天舟文化股份有限公司发展概况

2018 年公司共实现营业收入 11.26 亿元，同比增长 20.28%；归属于上市公司股东的净利润亏损 10.86 亿元，上年同期盈利 1.34 亿元。经营活动产生的现金流量净额为 1.46 亿元，同比下降 30.85%。

2018 年，在教育出版业务板块，公司积极向教育科技、教育服务转型；加快融入国家"一带一路"倡议和中华文化"走出去"战略，成功入选"全国文化企业 30 强"提名企业。"天舟文化"连续 4 年入选"世界媒体 500 强"。公司与人民教育出版社合作出版的《中华优秀传统文化》教育读本，在云南等地取得了较大突破；与衡水中学合力打造的高考教辅产品《衡中同卷》，目前销往学校数量达 4000 多所，惠及高三学生近 300 万人，销量较上年度实现稳健增长；人民教育出版社独家授权合作项目"新课程同步教学设计"，取得重大进展，于 2019 年下半年推向市场。旗下天舟创科已经和省内外数十所中小学签订协议，提供现代化的人工智能等数字教育服务。2018 年，人民天舟获中国少年儿童新闻出版总社战略参股，综合能力得到进一步提升，并不断拓展海外业务，完成收购新西兰著名童书品牌米莉茉莉儿童出版集团。

二 湖南新闻出版业发展亮点

（一）出版业发展亮点

1. 斩获多项图书出版大奖

湖南文艺出版社出版的《散落星河的记忆 4：璀璨》和中南出版传媒集团旗下民主与建设出版社出版的《中国民营经济四十年：从零到"五六七八九"》两书入选 2018 年度"中国好书"。湖南省旅游发展委员会编著的《让美丽战胜贫困——湖南旅游扶贫经典案例》一书入选国家新闻出版署印发的"2018 年农家书屋重点出版物推荐目录"。湖南人民出版社出版的《乡村国是》及湖南文艺出版社出版的《山河袈裟》《流水似的走马》获第七届鲁迅文学奖。岳麓书社出版的《走向世界丛书（续编）》获全球华人国学传播奖卓越传播力奖。2018 年，湖南少年儿童出版社《中国蓝盔》《小青虫的梦》《南村传奇》、湖南科学技术出版社《给孩子讲相对论》、湖南电子音像出版社《红色传家宝》《榜样"双百"人物英雄故事》和湖南教育音像电子出版社《迈向创新之路——案例解说青少年科技创新的知识与方法》入选 2018 年全国青少年推荐读物。湖南出版集团策划出版的《"强军新方略"丛书》等 3 种出版物入选中宣部、国家出版署重点主题出版物选题，《魏光焘集》入选国家古籍整理出版专项经费资助项目，《中国民间口头叙事文丛（第一辑）》等 15 个项目入选国家出版基金项目，《这样爱你刚刚好，我的 N 岁孩子》等 14 个项目入选"十三五"国家出版规划增补项目，《鲁迅藏中国现代版画全集》等 18 个重大项目完成出版。湖南出版投资控股集团财务有限公司连续第三年荣获监管和行业评级"双 A"，再度斩获中国金融机构金牌榜·金龙奖"最佳服务财务公司"。

2. "走出去"展现新气象

湖南出版投资控股集团有限公司出版物版权首次输出南美，湘版《书法练习指导》教材版权、《经典国学之中华美德》系列动漫视频版权输出美国。《笨狼》动画片在非洲 30 多个国家和地区播出。湖南文艺出版社、湖南科技出版社等多家单位入选"中国图书海外馆藏影响力出版社百强"，近 400 种图书进入世界图书馆系统。湘版《中文课堂》输出到新加坡，湘版《历史》教材输出到韩国、美国、西班牙、马来西亚等多个国家和地区，湘版《数学》教材继输出中国台湾后又成功落地印度，湘版《书法》教材成功进入美国课堂，湘版新父母教材《这样爱你刚刚好，我的 N 岁孩子》丛书版权输出到拉美国家。2018 年，中南传媒援南苏丹教育项目举行了教材交付仪式，中南传媒开发并印制了 129 万册南苏丹小学一年级数学、英语、科学教材，培训了 200 名南苏丹教师，搭建了信息通信技术教师培训中心，出版湘军开创了教育援外新模式。除了教材，中南传媒

2018 年顺利完成了马其顿 e-Education 信息平台搭建项目并正式移交马其顿政府，成功举办柬埔寨教育数字化培训班，并与柬埔寨政府签署关于促进柬埔寨王国数字教育建设的战略性框架合作协议，有望成为中国首个国家级教育云平台输出项目。

（二）新闻业发展亮点

1. 打造了一批斩获政府奖项的精品力作

2018 年湖南卫视受中宣部、广电总局表扬 37 条次，新闻作品获评第二十八届中国新闻奖一等奖、第十五届长江韬奋奖。在全国广播电视工作会议通报表扬全国省级卫视 20 多个节目中，湖南卫视独占 5 席，包括《新时代学习大会》《年轻党员的朋友圈》《声临其境》《那座城这家人》《我的青春在丝路》5 个节目，涉及理论片、公益广告、综艺节目、电视剧、国际传播等领域。在第二十八届中国新闻奖评选中，《湖南日报》文字系列《走近科学家》获一等奖，《湖南日报》文字消息《寸土寸金地　让与贫困户》、新湖南客户端融媒栏目《湖湘英烈》、华声在线网络专题《十八洞的 19 张笑脸》3 件作品获二等奖。

2. 打造了一批备受民众喜爱的新闻诚品

2018 年，芒果 TV 先后联手台属电视媒体制播新闻大片《我爱你，中国》《赶考路上》和纪录片《我的青春在丝路》《四十年四十村》等，《我爱你，中国》两季节目在芒果 TV 累计播放量突破 7000 万次。2018 年湖南卫视创办的《新时代学习大会》节目深受观众喜爱，专家学者们对之评价很好，认为《新时代学习大会》是一次聚焦重大政治主题的守正创新，节目做到了雅俗共赏，是理论和文艺相结合的一次积极探索。湖南日报社集结精锐评论力量，推出的 10 篇"深入学习贯彻习近平总书记对湖南工作的重要指示精神"社论及 22 篇"晨风"文章，产生强烈社会反响，全网点击量超过 5000 万次。

3. 打造了一批宣传党的理论的品牌活动

2018 年，湖南卫视围绕省委、省政府中心工作，推出了《项目建设巡航》《镇起风云》《我的青春在丝路》等多个主题宣传报道和节目。同时，注重建立健全长效机制，做好巡视整改"后半篇文章"。在全台举办马克思主义新闻观培训班，全新制定《坚持政治家办台、防止过度娱乐化问题的若干意见》等规章制度。用抓住重点的方法唱响主旋律，弘扬正能量。策划推出《壮阔东方潮·奋进新时代——庆祝改革开放 40 年》专栏，及《梦向朝阳》《湘商闯老挝》等系列报道，深入宣传改革开放成就。聚焦"精准扶贫""乡村振兴""产业项目建设年""环保整治"，推出《走进深贫村》《黑茶大业》等一大批专栏专题。开展精准扶贫广告创制及展播，石门柑橘、江华瑶山雪梨等 9 条精准扶贫广告有力推动当地脱贫攻坚。2018 年，全省深入开展习近平新时代中国特色社会主义思想"天天见""天天新""天天深""三做一评"等九大系列活动，衡阳市开展"幸福花开·十九大精神润衡州"系列活动，湘潭市创新开展党的十九大精神"十讲"活动，都引起广泛反响。邵阳市在城乡打造车间、农家、党日、班级、小区、网络"六大微课堂"，完成微宣讲近 5 万场次。岳阳市组织开展"千名书记讲党课"等理论微宣讲，传播党的"好声音"。

4. 打造了一批新闻融媒体建设的品牌项目

2018 年 12 月，湖南电广传媒股份有限公司与华为技术有限公司签署战略合作协议，共同进军智慧 5G 领域。在"2018 中国报业融合发展十佳/优秀案例"中，湖南获奖数在全国各省份中位居前列，共有 6 家媒体获奖，除湖南日报社、《三湘都市报》两家外，还有《快乐老人报》"200 万纸媒读者 + 700 万线上粉丝打造中国最大老年媒体集群"获评"2018 中国报业融合发展十佳案例"，《人才就业社保信息报》"社保课堂"、团结报社"《今日十八洞》大型融媒体直播"、邵阳日报社"云邵阳"新媒体矩阵获得"2018 中国报业融合发展优秀案例"。2018 年 6 月发布的《2018 全国党报融合传播指数报告》中，《湖南日报》、新湖南客户端以及华声在线均榜上有名。在全国 377 家党报中《湖南日报》党报融合传播力综合排名第 10 位，新湖南客户端在党报各渠道传播力排名中排第 12 位，华声在线在网站渠道传播力排名中排第 13 位。

三　湖南新闻出版业发展存在的问题

（一）转企改制后的"过渡性问题"突出

目前，湖南大部分新闻出版事业单位都已按照中央文件要求和省委、省政府统一部署完成了转企改制工作，但存在一些已经被剥离出来而重新组建的文化企业，尚未建立起完善的现代企业制度，仍沿用事业单位的运营机制的问题，经营收入主要依赖的是行业保护及垄断利润。同时，企业结构单一、管理机制落后、法人治理结构不完善等体制原因带来的问题，均使其难以真正成为社会主义市场经济发展的主体力量。另外，新组建的文化企业不同程度地存在薪酬制度不得力、融资能力不足、股权制度不健全、人员观念转变滞后等问题。

（二）新闻出版产品供需失衡

随着湖南省居民收入水平和受教育水平的不断提升，新闻出版产品消费呈现多样化、个性化、精品化的趋势，而湖南省新闻出版产品和服务的供给却呈现数量激增、内容同质化严重的趋势，具备原创性且有品质的新闻出版产品较少，其中存在大量的无效供给现象。在产品生产方面，国有资本在新闻出版产品和服务的供给中占据主导地位，社会资本进入新闻出版产品和服务的供给体系壁垒较高，阻碍了新闻出版产品和服务多元化供给的发展趋势，造成新闻出版产品和服务的供给市场活力不足、竞争性缺乏的局面。

（三）产业新旧动能转换缓慢

目前，湖南省部分出版、印刷、发行单位的经济增长方式陈旧粗放，呈现动能不足的迹象。在收入及利润的增长上，主要依赖行政部门的政策性倾斜，经营市场多数依赖中心城市和传统商店，不重视或有效开拓出版物的农村市场和网络商场。产业过度依赖规模、数量、定价的增长，经营方式粗放，经济效益较低。同时，出版物多数依赖传统媒体，高度依赖传统要素，缺乏增长新动能，新闻出版内容的资源不能充分开发利用，资源配置效率低下。

（四）市场治理体系不健全

随着新兴文化市场的快速兴起和农村文化市场的逐步发展，湖南省文化市场的管理范围不断扩张，管理难度加大，文化市场执法队伍短缺、混岗、空编等矛盾日益突出。在一些基层文化执法机构，缺乏办案和办公经费，甚至缺乏必要的办案场地和设施。在文化市场执法过程中存在手段单一，执法信息化、智能化不足，监管部门职能交叉等问题。目前文化市场监管的条块分割式监管格局，造成监管中难以实现资源共享与人员整合，难以形成合力监管的局面。

（五）缺乏智囊性智力支撑

步入新时代，我国经济和社会发展所面临的国际国内形势都有了新的深刻变化，尤其是信息传播格局发生了新的变化。在新时代，我国社会的主要矛盾发生了根本性变化，人们对新闻出版业发展的期盼和要求也较之前有了一些不同。在新时代，我国对外文化开放的水平将大大提高，新媒体发展日新月异。在新时代，党的理论宣传任务有了新的内容和新的要求，国家战略也做出一些新的调整。这些变化在给湖南省新闻出版业带来新的发展机遇的同时，亦会带来诸多新的问题和新的挑战。然而湖南省新闻出版企业在对这些新问题的研究上明显不够，缺乏智囊支撑，这也使得湖南省许多新闻出版企业在新的浪潮下显得不知所措而被动不堪。

四　湖南新闻出版业发展对策

（一）树立大数据思维，推动湖南新闻出版业差异化、个性化、精准化发展

省委、省政府主管部门和行业协会必须着眼于全行业整体范围，充分发挥管理、组织和协调功能，制定科学可行的行业信息和数据交换标准，统一在线新闻出版信息交换标准，同时建立面向全体新闻出版企业的全省新闻出版基础数据服务平台，让全省新闻出版数据告别"信息孤岛"状态，真正发挥大数据的"统计服务"功能，对新闻出版供给质量提升发挥基础性数据支撑作用。充分考虑新闻出版行业的信息集成和即时发布特性，在全省新闻出版行业定期定制地组织开展大数据应用理论和知识技能培训，打造一支熟练掌握大数据思维和基本技能的新闻出版人才队伍。新闻出版企业要建立健全管理和激励制度，鼓励和支持专业新闻出版人员在新闻出版作品生产中有意识加大大数据应用的比重，利用大数据技术科学分析用户的阅读数据构成，根据用户需求和阅读偏好列出负面清单，引导组编人员在未来的选题策划中有意识地避免涉及负面清单所列领域，找出新闻出版涉及较少而读者需求比较强烈的内容领域，超前谋划，引导企业的新闻出版策划，实现大数据分析引导与贯彻社会主义核心价值观的有机统一。

（二）培育发展新动能，推动湖南新闻出版业数字化转型升级发展

以互联网和数字技术创新为基础动力的数字新闻出版新业态，业已成为当今乃至未来很长一段时间助推新闻出版业发展的新动能。省委、省政府主管部门和行业协会要加快研究和部署与新闻出版产业发展密切相关的数字技术研发与创新工作，推动重大数字技术和关键技术的政企学联合攻关，以数字技术创新驱动数字新闻产业和数字出版产业发展，加快湖南新闻出版产业的"元数据"规则体系建设；支持新闻出版企业打造基于数字技术的内容生产系统；优化全省的集成资源编码管理、数字生产与版权资产管理系统，部署基层新闻采编技术环境；建设湖南省新闻出版内容资源云端集散中心和交易平台，支持以"内容＋""知识＋"为特征的智能出版服务和新闻信息传输服务，实现新闻出版服务与经济和社会生活发展有机融合。加快修订和制定相关政策，加大对两个效益俱佳的数字新闻出版产品供应的扶持力度，建立和完善覆盖全面的内容质量保障和评价体系，加强对数字新闻出版产品质量的监督检查。新闻出版企业要建立健全众智众创、协同创新的生产流程，提高数字内容生产、流程管控、发行传播智能化水平，加快研发支持战略研判、决策的智能化管理集成平台，研发面向用户提供智能化服务的集成平台。

（三）深化文化体制改革，推动湖南新闻出版治理体系和治理能力现代化

要使当前湖南新闻出版管理体制能够更加适应湖南新闻出版产业融合化、市场化的发展趋势，就需要进一步深化文化体制改革，建立健全湖南新闻出版治理体系。要进一步理顺党政主管部门与所

属新闻出版企事业单位的关系，在加强党政主管部门"管人管事管资产管导向"职能的同时，给予新闻企事业单位更多的市场开发自主权。要创新网络出版管理机制，对网络新闻出版资质和新闻出版内容要实行更加严格的审查制度，要建立健全针对网络新闻出版内容传播的动态监管机制，规范新闻从业人员职务行为信息管理。要进一步建立健全新闻出版市场的准入和退出机制。制定内容生产和出版发行分开的实施办法，在坚持出版权特许经营前提下，鼓励和支持社会资本从事新闻报刊、图书期刊前期制作和经营发行业务。制定和修改地方知识产权保护政策，加大对新闻出版作品的版权保护力度。着力消除既有的针对非公有出版企业的歧视性政策和制度，增强非公有新闻出版企业的发展活力。深化公益性新闻出版单位改革，继续推进新闻出版单位体制改革。探索国有出版企业股权激励机制，经批准允许有条件的国有控股上市出版企业开展股权激励试点。促进新闻出版资源与金融资本、社会资本有效对接。推动内容、技术、形式、体制等新闻出版全链条的融合发展，促进新闻出版业与科技深度融合。

（四）实施智库引领战略，推动湖南新闻出版业"走出去"

步入新时代，湖南省新闻出版业将面临诸多新矛盾、新挑战，要很好地解决这些问题，实现湖南新闻出版业的健康持续发展，推动湖南新闻出版业"走出去"，就必须加强新闻出版智库建设。要鼓励和支持新闻出版企业与省高校、研究机构加强合作，共同建设新型智库。集中全省智库力量开展新时代湖南新闻出版业发展方案与路径研究，在规划对接、政策协调、机制设计上提出政策咨询意见，发挥参谋和助手的作用，发挥好智库尤其是政府智库在促进政策深度沟通、战略有效对接方面的作用。注重发挥智库优势，谋划建立与国家"一带一路"倡议对接的新闻出版国际合作平台和网络。创设"湖南丝路新闻出版国际论坛"和"湖南新闻出版丝路国际智库网络",积极开展新闻出版发展的国际对话研讨。加强与国外智库、国际组织和跨国公司的合作交流。邀请国外专家学者到湖南参加有关湖南新闻出版业发展的学术交流和讲座,建立常态化智库对话、人员交流与合作研究机制。积极参与"一带一路"国际新闻出版合作的理论体系和话语体系构建,为之贡献"湖南智慧"。

湖南文化旅游融合发展研究

邓子纲*

习近平总书记多次强调，要激发全民族文化创新创造活力，建设社会主义文化强国，在对推动中部地区崛起再上新台阶做出的重大部署中，要求贯彻新发展理念，发展战略性新兴产业，推动高质量发展。党的十九届四中全会提出要深化文化体制改革，健全现代文化产业体系和市场体系，完善以高质量发展为导向的文化经济政策，完善文化和旅游融合发展体制机制。大力发展文旅产业是贯彻落实文化强国战略、中部崛起战略的生长点。对此，课题组通过深入调研，对湖南省产业布局结构现状做了整体性深度分析，从供给侧结构性改革、脱贫攻坚的迫切需要，文旅产业的主地位优势，政策支持足等坚实基础，推进优质产品供给、升级高端化消费等方面，论证推动湖南省文旅产业高质量发展的必然性，总结提炼了文旅产业布局结构有待优化等五个方面的问题，提出加快规划"大项目"、聚焦"大融合"、开发"大产品"、优化"大服务"、实施"大保障"，推动湖南省文化旅游产业高质量发展、"诗与远方"深度融合等建议。

一 湖南省文化旅游产业在区域发展中的战略定位

习近平总书记在党的十九大报告中指出："文化自信是一个国

---

* 邓子纲，湖南省社会科学院产业经济研究所副所长，研究员，博士，主要研究方向为产业经济、工商管理、文旅产业、协同创新等。

家、一个民族发展中更基本、更深沉、更持久的力量。"湖南省要贯彻落实中央关于培植文化旅游产业成为国民经济支柱产业和新的经济增长点的发展战略，就必须加大对本省文化旅游产业的扶持力度，这不仅是贯彻落实党的十九大重要精神、转变经济发展方式的必然选择，而且对于增强湖南省综合实力和竞争力、应对经济下行压力、实现中部崛起和全省脱贫以及开发和保护文化旅游资源都具有重要意义。

（一）全球化合作不断加深，要求必须大力提升文化产业与旅游产业的品质

随着经济全球化的加剧，各国之间的交流合作日趋频繁，当前，文化产业与旅游产业已经成为衡量中国软实力、话语权的一个重要指标；文化产业与旅游产业是我国下一步示范型服务业发展中的高端产业。随着"和平"与"发展"成为时代主流，文化软实力成为一个新的"无硝烟战场"，如果在这个"战场"拿不下"制高点"，那么中国模式就不可能被全世界认可，中国就难以成为一个真正有影响力的强国，因此必须大力提升文化软实力。文化与旅游产业管理机制的改革，为文旅产业发展开启了新纪元，旅游与文化从来就是相生相伴、相互交融的。这种融合发展不是简单叠加，而是有机融合，不是简单的空间堆砌，而是复合的化学反应。对于湖南省来说，更应该顺应国际形势的变化与中央的要求，提升文化软实力，着力提升文化产业与旅游产业的品质。打造优质旅游品牌，形成产业聚集效应，推动湖南省经济发展水平和综合实力的不断提高。

（二）发展文化旅游产业是应对经济下行压力加大的有力举措

中国正在经历全新的经济发展阶段，中国提出到 2020 年单位GDP 碳排放量比 2005 年减少 40% ~ 45% 的发展目标，产业结构调整、劳动力人口红利逐渐消失以及技术等条件的限制，使得中国的经

济增长逐渐放缓，经济发展压力不断增大。而文化旅游产业是湖南经济新的增长点、环境友好型产业、扶贫重要产业、服务业发展潜力所在，要坚持问题导向，向先进省（区、市）学习经验，进一步厘清工作思路和措施。突出发展红色、绿色、古色旅游，在提升全域旅游发展质量上下功夫。围绕吃、住、行、游、购、娱等旅游要素，促进全产业发展，推动文化旅游与一二三产业融合发展，解决好以往过度依赖门票经济、基础设施不完善等问题，推动文旅产业发展。

（三）发展文化旅游产业是实现中部崛起、全面建成小康社会的有效途径

在 2019 年 5 月 21 日召开的推动中部地区崛起工作座谈会上，习近平总书记对促进中部地区高质量发展、推动中部地区崛起再上新台阶做出重大部署、提出明确要求。习近平总书记指出，要在供给侧结构性改革上下更大的功夫，积极主动融入国家战略，推动高质量发展，不断增强中部地区综合实力和竞争力。"中部崛起，湖南先行。"湖南承东启西、连南接北，交通网络发达、生产要素密集、人力资源丰富、产业门类齐全等优势将得到进一步发挥，在中国新经济发展和新一轮全方位开发开放中将迎来重大发展机遇。要合理利用文化产业和旅游产业发展契机，通过发展乡村旅游和文化产品加工业等带动贫困户脱贫，实现 2020 年全面建成小康社会的目标。

二 湖南省文化旅游产业发展的坚实基础

文旅产业是湖南省大力扶持的支柱产业之一，2019 年对全省的经济贡献率高达 23.75%。目前，湖南省的文化旅游产业发展已经具备了相当坚实的基础。伴随着文旅管理体制改革的持续深入和相关服务机制的不断健全，湖南省文化旅游产业发展步入新阶段指日可待。

（一）文旅产业规模不断壮大

2019 年，湖南接待游客总数达 83154 万人次，同比增长 10.4%。旅游总收入突破 9700 亿元，同比增长 15.6%。其中入境旅游者达到 465 万人次，同比增长 24.5%；实现旅游创汇 22.5 亿美元，同比增长 34.8%。入境游客数量和入境旅游收入均提前一年实现湖南省旅游业"十三五"发展规划制定的 400 万人次和 17 亿美元的目标。

据对全省 3633 家规模以上文化产业企业的调查，2019 年，调查企业实现营业收入 3351.24 亿元，按可比口径计算，比上年增长 5.4%，增速同比回落 2 个百分点；与一季度、上半年和前三季度相比，增速分别回升 0.4 个、1.8 个和 1.5 个百分点，总体呈低位运行，但已显现企稳回升态势。

2019 年文化制造业营业收入 2141.72 亿元，比上年增长 2.7%，占比为 63.9%，同比下降 1.7 个百分点；文化批发和零售业 377.12 亿元，增长 16.1%，占比为 11.3%，提高 0.9 个百分点；文化服务业 832.41 亿元，增长 7.9%，占比为 24.8%，提高 0.8 个百分点。

2019 年文化核心领域营业收入 1293.76 亿元，比上年增长 7.9%，占比为 38.6%；文化相关领域 2057.48 亿元，增长 3.8%，占比为 61.4%。文化新业态发展势头强劲。

（二）文旅产业集聚进程不断加快

目前湖南正在着力构建"一核两圈三板块"的文化旅游产业发展格局，推进长株潭、大湘西、大湘南、环洞庭湖四大板块差异化、特色化发展。在长沙四小时航空经济圈、长株潭一体化以及长沙国家中心城市建设等大势的推动下，湖南文旅产业的集聚已经势不可当，如今长沙、张家界、湘潭等地区的文旅产业展现出"百花齐放"的大好形势。

（三）相关配套设施不断健全

基础服务设施不断完善，目前湖南省已经形成了"五纵六横"的高速公路主骨架，高速公路通车里程居全国第五位，高铁通车里程居全国第一位。长沙黄花机场、张家界荷花机场新航站楼完成改扩建，南岳机场正式通航，国际直飞航线航班不断增加。基本形成了以洞庭湖为中心，长沙、岳阳为主枢纽的内河水运体系，同时湖南还在着力打造长沙"四小时航空经济圈"，力图进一步提升交通便捷程度。湖南大力推进"旅游厕所革命"，加快旅游停车场建设，支持建设了一批游客中心，形成了省、市、县、景区四级游客集散服务体系，实现了4A级及以上旅游景区高速公路指示牌全覆盖，全面设置了大湘西地区3A级及以上景区通景公路指引标志，加快旅游信息公共平台建设，11个市州、县市区先后被纳入国家智慧旅游城市试点。

三 湖南省文化旅游产业发展中存在的制约因素

尽管湖南文化旅游产业发展初具规模，但对照产业政策要求和全国先进地区成绩仍有一定差距。

（一）文化旅游资源缺乏有效整合

湖南坐拥全国首屈一指的文化旅游资源，却并未将其转化为明显的产业优势。湖南的文化旅游业整体发展水平与发达省份相比仍旧存在差距，与广东、浙江、山东、江苏等传统文化旅游大省存在较大差距。

湖南文化旅游资源非常丰富，但总体来看还处于民间的自发集聚状态和产业培育阶段。眼下的文化旅游业仍以个人和家庭服务业为主，绝对数量大，但是整体质量不高。很多是中小型企业或家庭式产业。从规模以上文化产业企业户均营业收入看，湖南为9112.71万元，居第19位，仅相当于全国平均水平的56.9%。进一步分产业类型看，文化制造业户均营业收入15272.45万元，居第16位；文化批零业户均营业收入7299.46万元，居第21位；文化服务业户均营业收入4746.47万元，居第19位；分别仅相当于全国平均水平的76.7%、37.4%和38.9%，与先进地区相比，差距更大。

（二）文旅产业区域发展不平衡

调研中发现，湖南省文化产业、旅游产业区域发展不均衡主要体现在两大方面。一是客源客流分布不平衡。在湖南省接待的国内游客中，外省游客占比较低，绝大部分是"蜻蜓点水"式旅游。同时区域不平衡现象依旧存在，目前全省各市州旅游发展水平基本与各地高等级景区数量呈正相关关系。从景区接待游客人数看，长沙保持领先地位，景区全年接待游客5225.22万人次；湘潭、衡阳紧随其后，接待游客3102.98万人；株洲位居第三，接待游客2304.94万人。二是淡旺季差别过大。以张家界为例，张家界市2019年10月接待旅游总人数达537.26万人次，而2019年1~5月张家界市月均接待国内外游客440万人次。凤凰古城2019年10月1日至7日，共接待游客81.09万人次，而1~5月日均游客数量为5万人次。这就不可避免地出现旺季承载力不够、淡季景区亏本的问题。

（三）文化旅游产业创新发展动力不足

文旅消费是群众对享受型生产资料的消费，因此，消费者对于该产业的相关产品有着很高的期待。但是，目前而言，湖南却存在着文化旅游产业创新发展动力不足的问题。其主要表现在以下三个方面。

一是资源开发创新动力不足。由于文旅产业发展的投资回报期相对较长，有一定的投资风险，进而导致企业不敢创新，在资源开发和项目建设时更注重模仿现有的模式。

二是景区创新动力不足。湖南大量传统景区旅游景点的基础设施并不完善，仍旧倾向于走马观花式的游览，现有的很多旅游产品无法满足游客的需求，服务也达不到游客的个性化、定制化要求。

三是对于新兴产业的创新创业不够，产业培育投入不足。所谓文旅新兴产业是指"夜游经济"、VR 旅游、"互联网 + 旅游"、"深度游"等。上述产业的共同特点就是：科技含量高、存在一定的消费门槛以及转化率较高。但是，湖南省相关产业的发展与先进省份仍存在差距。

四 推动湖南文化旅游产业高质量发展的政策建议

综上，本课题组针对湖南省的产业和地域特点，提出坚持"项目带动"、完善交通和 5G 网络建设、加大宣传推广力度、推进机制创新以及实施区域均衡化发展战略等建议。

（一）以点带面，坚持商业合作项目带动产业发展

在调研中发现，有 43.59% 的被调查者主张政府扩大招商引资规模。虽然湖南省已经引进了株洲方特主题公园、华侨城文旅综合项目等大型文化旅游项目，但是总体上而言核心大型文旅项目的数量仍然不足。因此必须培育壮大文化旅游经营主体，积极引导有实力的大企业、大集团参与文化旅游示范区和非物质文化遗产等旅游景点景区的建设运营，争取"十四五"期间培育若干个年产值超 10 亿元的文化旅游集团。湖南亟须引进大型文化旅游项目形成核心竞争力，要争取万达文化旅游项目、长隆新天地以及迪士尼主题公园等大型文旅项目落地湖南，提升湖南文旅项目整体竞争力。

（二）立足基础，完善交通布局，打造四小时航空经济圈

交通运输是经济社会发展"先行官"，更是保证文旅产业发展的重要前提和基础，进一步提高交通供给质量和效率，才能保证湖南文旅产业在各省份的竞争中拔得头筹。要坚持四大建设：综合交通建设、智慧交通建设、绿色交通建设以及平安交通建设；提升交通行业现代治理能力，改善交通服务品质。合理发展轨道交通，因地制宜，经济适用。坚持近远期结合，统筹考虑交通、环境、工程等各方面因素，选择适宜的轨道交通系统制式和敷设方式，宜地面则地面、宜地下则地下，合理确定建设标准，着力提高综合效益。加强城市轨道交通规划与城市规划、综合交通体系规划等的相互协调，统筹做好沿线土地、空间等的集约节约利用，发挥轨道交通对城市交通运输发展的支撑引导作用，以确保旅游景点的交通出行更加便捷。

长沙要进一步打造"四小时航空经济圈"。为加快实现长沙"四小时航空经济圈"三年航线计划，积极打造长沙区域性国际航空枢纽，湖南出台《促进长沙机场客货运航线高质量发展优惠措施》，对航空公司新增和加密"四小时航空经济圈"国际（地区）定期客运航线给予起降费全免、旅客服务费减半优惠，对新增宽体机客运航班给予起降费全免等优惠措施，充分发挥政策引导作用，鼓励航空公司加大"四小时航空经济圈"运力投入。目前长沙黄花机场已经覆盖了亚洲主要旅游目的地，为加快"航空＋旅游"产业发展，湖南推出了直通大巴、免费停车、旅行社团队旅客优惠，机场省内部分旅行社免费宣传等政策。

（三）发挥区位优势，全力推进5G网络建设

随着5G时代的到来，VR旅游等已经被越来越多的景区关注。重庆的长江索道景区已经开展了"5G技术长江索道VR超感官体

验"，以此吸引了许多游客。抓住5G机遇和自媒体爆发的时代特点，有助于推动文化旅游业在新的时代走上新的台阶。

随着5G时代的到来，湖南省要加快5G基站的建设步伐，5G时代带来的不仅仅是超快的网速，更是促使社会进入"万物互联"的时代。2019年6月19日，湖南省工业和信息化厅与湖南省通信管理局联合印发《湖南省5G应用创新发展三年行动计划（2019—2021年)》，提出加快5G（第五代移动通信技术）商用步伐。省政府要支持地方政府及相关部门，根据湖南铁塔、基础电信企业和广电网络提出的5G基站建设需求，统筹编制5G基站建设规划。加快建设5G网络，并促进5G网络与文化旅游产业的融合发展。进一步提升产业融合发展的信息化水平。要以"三市两山"（长株潭城市群和岳麓山国家大学科技城、马栏山视频文创产业园）为龙头，以典型垂直行业应用为重点，着力构建湖南特色的5G应用产业链，打造5G应用示范区、普及先行区、产业集聚区。要鼓励湖南铁塔、基础电信企业和广电网络按照"规划先行、需求引领"的原则，集约利用现有基站站址、路灯杆、监控杆等公用设施，提前储备5G站址资源。鼓励其他独立铁塔运营企业充分利用各类开放共享设施，参与5G基站建设。在深化5G行业应用方面，到2021年，"5G＋"行动计划初见成效，在文化旅游产业领域，打造20～30个5G示范智能旅游景区应用场景，形成一批特色鲜明、亮点突出、可复制、可推广的行业应用标杆。以马栏山视频文创产业园建设为基点，加强湖南省5G高新视频实验园区建设，将长沙打造成5G高新视频产业的"中国V谷"。

（四）提高旅游服务品质，构建"星级旅游服务"作为新名片

当前，旅游市场中存在的虚假宣传、强迫消费、安全卫生等问题在有些地区依然较为突出。课题组的调查显示，人们认为政府眼下大

力推进湖南省旅游产业发展的最主要障碍是政府旅游部门缺乏相关人才和旅游产业的合理规划。旅游行业人才主要分为两类：旅游服务人才和旅游规划人才。在《湖南省建设全域旅游基地三年行动计划（2018—2020 年）》中明确提及要坚持旅游人才优先发展。将旅游业"引智入湘、送智下乡"计划纳入省科技特派员、"三区"科技人才计划，选派旅游科技副县长（科技扶贫专家服务团团长）或旅游科技特派员赴有关县市区指导全域旅游示范创建工作。加强旅游智库建设，提升全省旅游科研和智力服务水平，争取国家在湖南省设立以生态旅游和文化旅游为重点研究方向的旅游研发中心或院士工作站。优化高等院校、职业学校的旅游学科和专业设置，大力发展旅游职业教育，加快培养适应全域旅游发展要求的技术技能人才。鼓励在全省职业院校技能竞赛中开设旅游类项目，办好全省导游讲解大赛、全省旅游饭店服务技能大赛等活动，培养旅游行业"湖湘工匠"。在调研中发现，73.72% 的被调查者担心开发文旅产业会导致当地物价上涨；58.33% 的被调查者担心旅游业发展会导致当地治安环境复杂。为了消除消费者的担忧，必须坚持：提升旅游区点服务水平、优化旅游住宿服务、提升旅行社服务水平、规范在线旅游经营服务、提高导游和领队业务能力、增强旅游市场秩序治理能力、建立完善旅游信用体系、发展特色夜游经济［比如夜游潇湘，开发夜晚长沙灯光秀（可参照西安的大唐不夜城模式）］等 8 项核心任务，各地政府部门要加大市场监管力度，市场主体要落实主体责任，行业组织要发挥协调作用和行业标准引领作用，个人层面要提升从业人员素养和业务能力。

（五）加大旅游宣传推广力度，构建新型宣传体系

虽然有古语"酒好不怕巷子深"，但当下各个省份都在"苦酿"好酒的前提下，谁的"好酒"先被游客闻到，谁就占领了先机。在实地调研中发现：有 19.23% 的被调查者认为景点的知名度是十分重

要的。因此湖南文旅产业要加快发展就必须树立危机意识，深度参与管理体制和运营机制的改革创新，要从湖南省整体产业布局的战略高度出发，不仅要积极开展文化项目的对外合作交流，促成"湖湘文化"走出湖南，推动湖湘文化走向世界；还要积极吸收借鉴发达国家和地区的文化产业管理经验，学习借鉴有利于加强湖南文化旅游产业发展的有益经验和经营管理理念，努力构建完善有利于湖南文化产业对外发展的体制机制。

一是要形成独具特色的文化影响力。社会主流思想要引领向上向善，要符合社会主义核心价值观，文艺精品创作进入全国各省（区、市）的第一方阵，文化名流名家不断集聚涌现，文旅品牌要立足湖南，辐射全国，面向世界。二是要形成特色鲜明的旅游吸引力。实现旅游发展全域化、旅游服务品质化、旅游治理规范化、旅游效益最大化，产生一批国际范、中国味、湖南韵的文化旅游精品景点和景区，使湖南成为世界知名旅游胜地。三是要形成领先水平的产业竞争力。创新文旅业态和商业模式，培育一批在国际国内市场具有重要影响力的文旅企业、核心品牌、特色园区，使文化旅游市场规范有序、充满活力，文旅产业对经济增长的贡献率显著提高。四是要扩大文化旅游消费示范城市建设范围，根据国务院办公厅印发的《关于进一步激发文化和旅游消费潜力的意见》，要在2022年建设30个文化旅游消费示范城市以及100个试点城市，要争取将长沙建设为文化旅游消费示范城市，并争取将常德、衡阳等市纳入试点城市中。五是要大力借助移动互联网等新兴技术，在完成文化旅游资源开发之后，城市或景区可以利用现代社会普及的、应用范围最广的互联网技术，对项目进行宣传，建设媒体园区，发展媒体艺术产业，把长沙打造成世界媒体艺术之都。六是要扭转以往各个宣传部门单打独斗的现状，构建新型宣传体系，打"宣传组合拳"，要将自媒体与官方媒体、传统媒体与现代媒体相结合，形成组合宣传优势。提升文化旅游会展影响力。借助长沙"三馆一厅"以及马栏山视频文创产业园、湖南卫视等区域资源，围绕湖南省文化旅游产业发展趋势，培育新型专业会展产品，提升会展服务的专业化水平。鼓励政府投资性展览场馆产权和运营权相分离，加大政府向社会购买服务的力度，提高会展场馆的市场化运营水平，鼓励实体展览会举办网上展览。

（六）推进相关体制机制改革创新，建设三大长效机制

改革创新是发展湖南省文化旅游产业的必经之路。文旅产业一旦裹足不前、恪守旧规就会丧失生命力，结合湖南省实际，可以考虑创新建设三个重要机制。

一是建设文旅产业管理协调机制。由于原有体制性束缚和制约，当前文化管理体制和旅游管理体制仍在一定程度上存在各自为政、权责不清的现象，势必影响和束缚市场经济条件下文旅产业的整体发展，特别是资源整合和市场开发，亟须统筹兼顾解决管理协调问题。目前省文化和旅游厅刚成立，相当一部分管理工作仍处于探索阶段，政府可以尝试构建文化旅游管理协调机制，坚持以文化引领旅游发展、以旅游促进文化进步，以解决相关部门在工作中的协调与沟通问题，提高办事效率和服务水平。

二是建设市场主体培育机制。培育市场主体是文旅产业发展的四个关键问题之一，而湖南省民营文化旅游企业的总体规模不大，成长不快，并且产业结构不合理，地域分布不均衡，因此需要加以着力培育，建立和健全市场主体培育机制。需要进一步培育、壮大和充分发展文化旅游业，建立和健全市场主体培育机制，政府有责任进一步加大引导和扶持力度，完善扶持措施，比如提供低息贷款和建设产业文化园区等。

三是建设政府引导优化机制。文化旅游产业是新兴产业，又是一个需要扶持的产业。对于湖南的文化旅游产业而言，成熟的市场化资

源配置机制正在建设中，骨干企业的数量还相对偏少。企业的规模和竞争力还有待提高，因此，在充分发挥市场在资源配置中的决定性作用的同时，政府的引导机制也必须得到优化。要围绕推动湖南文化旅游产业成为重要支柱产业的发展战略，坚持以市场为导向，充分发挥湖南省文化旅游产业引导资金的扶持、导向和带动作用，促进湖南省文化旅游产业提高产业创新力和核心竞争力；充分发挥引导资金的拉动作用，激励企业加大投入，吸引更多的社会资本进入文化旅游产业领域。

（七）实施区域均衡化战略

建议在结合四大板块和"一核三极四带多点"区域布局的基础上，建设对外开放和经济协作五大战区，将抢占国际中高端产业链分工作为战略推手，促进重点产业和企业国际化发展，推动区域经济发展成为国家开放发展的新动力。长沙、株洲、郴州组建湘东战区，着力打造湘东赣西经贸区，打通"一带一路"新定位的关键环节，成为承东启西的全国真正节点区域。长沙、岳阳、常德、张家界组建湘北战区，大力建设长江经济带，全面融入长三角并通过上海自贸区走向国际市场。湘西州、怀化、邵阳组建湘西战区，沿沪昆高铁、焦柳等铁路，西向对接成渝经济区并通过渝新欧国际货运通道进入丝绸之路经济带。永州、郴州、衡阳组建湘南战区，西南向贯通北部湾国际经济区，打通湖南省对接中国－东盟自由贸易区大通道，连接海上丝绸之路，建成选择性承接粤港澳大湾区产业转移基地，发展中高端加工贸易。湘潭、衡阳、娄底、邵阳、益阳组建中心战区，打造中部立体交通枢纽，构建高效完备的区域综合交通运输网络，大力推进空、铁、水、路"四网"联动，利用战略纵深腹地和较为完善的工业体系，大力发展制造业，对接其他四大战区，把益阳真正建设成为长沙的卫星城市与"后花园"。同时，由于区域性中心城市对于联动协调发展具有不可低估的作用，建议把常德打造成泛湘西北现代化区域中心城市，把衡阳打造成泛湘南现代化区域中心城市。区域之间在承接产业转移、加快产业建设与对外开放方面要细分产业链，避免同质化竞争，进一步优化营商环境，尤其是大湘西地区要避免大西南地区的"被辐射"。

（八）展开多层面的区域合作

一是要实现中部省份文旅产业区域合作。2017 年 5 月，中部六省旅游主管部门共同签订了《中部六省旅游合作框架协议书》。建议以此协议为契机，将文化产业纳入合作领域，集六省之力：共同发展文化旅游业；共同建设旅游目的地基础设施；共同开拓旅游市场，联合开发特色省级精品旅游线路和旅游产品，可以多省联合在国内和国际市场上开展品牌营销。比如设立六省通用的旅游年票，六省居民在六省旅游可享受本省游客待遇等。

二是要注重开发粤港澳大湾区的文旅消费市场，可以包机到湖南旅游等，降低出入境游的逆差。支持企业通过独资、合资、控股、参股等形式在共建"一带一路"国家和地区兴办实体、设立分支机构，实现落地经营。支持企业在共建"一带一路"国家和地区建设双边文化产业和旅游产业合作园区、旅游度假区、自驾车旅居车露营地等。支持我国企业与共建"一带一路"国家政府以 PPP（政府和社会资本合作）模式合作建设文化和旅游基础设施项目。

三是要坚持国内国际市场并举，推进文化旅游产品流通业现代化改造，同步推进文化旅游产品实体市场和文化贸易网络交易平台建设，规范有序发展艺术品交易市场，提升文化会展品牌影响力，推动文化旅游贸易优化升级，建设文化旅游产品大流通格局。加强创意设计产业合作。强化文化创意和设计产业与共建"一带一路"国家和地区的消费需求对接，搭建与共建"一带一路"国家和地区相关行业的交流与合作平台，推动我国文化文物单位优秀传统文化资源面向共建"一带一路"国家和地区的授权与合作，推广优秀文化创意产品。支持在沿线国际性城市设立中国创意设计产品体验中心。

（九）深化文化旅游产业链融合

鼓励文化和科技深度融合，支持文化科技企业建设面向共建"一带一路"国家和地区的文化科技创新联盟和文化科技创新基地。支持文化装备和旅游装备企业面向共建"一带一路"国家和地区开展贸易，推广全产业链。

拓展数字文化产业合作。鼓励企业和研究机构与共建"一带一路"国家和地区合作，以传统文化资源为基础，合作开发文化资源数字化项目。支持与共建"一带一路"国家和地区在动漫、游戏、网络音乐等行业的联合创作、生产及营销推广。支持湖南省数字文化内容、技术、标准等面向共建"一带一路"国家和地区出口。鼓励发展数字内容众包翻译，建设在线翻译社区。推动印刷产业绿色创新发展。积极推动传统印刷行业向绿色化、数字化、智能化、融合化方向发展，重点打造具有国际竞争力的龙头企业。推广应用数字化印刷、绿色印刷技术，鼓励规模以上的印刷企业建立绿色环保印刷体系。

参考文献

康岩：《新文创，敲开文旅融合大门》，《人民日报》2019 年 8 月 6 日，第 005 版。

罗芬：《改革开放 40 年湖南旅游发展的历程与路径选择》，《湖南社会科学》2018 年第 6 期。

贺小荣、胡强盛：《湖南省旅游产业集群与区域经济的互动机制》，《经济地理》2018 年第 7 期。

周巍、戴鹏飞、黄鑫：《基于生态经济学视角的湖南乡村旅游规划研究》，《农业经济》2016 年第 3 期。

桂拉旦、唐唯：《文旅融合型乡村旅游精准扶贫模式研究——以广东林寨古村落为例》，《西北人口》2016 年第 2 期。

何一民：《推进长江沿江城市文旅融合与旅游业转型升级的思考》，《中华文化论坛》2016 年第 4 期。

苏凯、胡卫伟：《文旅融合视阈下的文化传媒与旅游产业协同发展关系研究》，《农村经济与科技》2018 年第 23 期。

许汇文、黄汉权：《新时期中国战略腹地中等城市产业发展困境、机遇与对策》，《宏观经济研究》2019 年第 1 期。

林戴忠：《精准谋划主导产业推进经济高质量发展的思考——以温州为例》，《统计科学与实践》2019 年第 3 期。

陈国生、张亨溢、周巍、陈政、刘伟辉：《湖南省文化产业发展水平区域差异分析》，《经济地理》2017 年第 4 期。

陈金丹、黄晓：《我国文化产业发展的空间关联网络结构研究》，《经济问题探索》2017 年第 1 期。

杨睿、苏玉珠：《"互联网＋"视角下我国文化产业发展路径探究》，《改革与战略》2017 年第 3 期。

黄炜、孟霏、肖淑靓：《精准扶贫视域下乡村旅游产业发展动力因素实证研究——以武陵山片区为例》，《中央民族大学学报》（哲学社会科学版）2017 年第 5 期。

李少华：《新技术与互联网创新推动新时代旅游产业发展》，《旅游学刊》2018 年第 2 期。

王子超、王子岚、贾勤：《"边界"效应下的乡村旅游产业发展模式研究——以贵州岜沙苗寨为例》，《中南财经政法大学学报》2017 年第 2 期。

孙贝贝：《旅游产业发展与底层流动机会——以湖南湘西凤凰县为例》，《青年研究》2018 年第 4 期。

陆军、聂伟：《中部崛起战略促进了中部经济增长吗?》，《江西社会科学》2018 年第 9 期。

马立平、邹士年：《中部崛起事关全局举足轻重》，《宏观经济管理》2017 年第 6 期。

刘克立、孙彤、曾星、唐宇翔：《戮力同心推动怀化旅游"中部崛起"——构建雪峰山生态文化旅游区研究》，《湖南行政学院学报》2018 年第 4 期。

何一民：《推进长江沿江城市文旅融合与旅游业转型升级的思考》，《中华文化论坛》2016 年第 4 期。

吴屹：《文旅融合背景下旅游产业低碳化发展的几点思考》，《赤峰学院学报》（自然科学版）2012 年第 8 期。

王赛兰：《智慧旅游背景下文化旅游资源的传播困境》，《旅游学刊》2019 年第 8 期。

湖南演艺产业发展研究

马美英[*]

演艺产业是湖南文化产业中的重要组成部分，也是推动湖南文化强省建设的重要力量。从 20 世纪八九十年代歌厅文化的兴起，到 21 世纪初演艺型酒吧的火爆，以及近几年长沙市音乐厅、梅溪湖国际文化艺术中心等高雅艺术场所的相继开放，折射出改革开放 40 年来湖南演艺产业不断进步、多元发展的过程，演艺娱乐成为广大市民心中不可磨灭的文化符号，"演艺湘军"的品牌日益响亮。近年来，随着国家、省文化产业"十三五"规划等多项重要规划的出台，《国务院办公厅关于进一步激发文化和旅游消费潜力的意见》的发布，"文化强省"战略的提出，经济社会的发展以及民众文化消费需求的增长，湖南演艺产业站在新的历史起点上，迎来一个繁荣发展的黄金期。

一 湖南演艺产业发展现状

（一）产业发展开创新局面

1. 产业规模稳中有升

"十三五"期间，湖南演艺团体、剧场数量快速增长，产业规模不断攀升。湖南省艺术表演团体数从 2015 年的 273 个增加到

---

* 马美英，湖南省社会科学院文化创意产业研究中心副研究员，主要研究方向为科技创新与产业发展、文化创意产业研究。

2017 年的 534 个，增加了 261 个；艺术表演场馆不断增加，从 2015 年的 71 个增加到 2017 年的 92 个（见图 1）。艺术表演从业人员数量不断攀升，艺术表演团体从业人员从 2015 年的 8686 人增加到 2017 年的 12526 人，净增加 3840 人，增长 44.2%；各艺术表演场馆从业人员 2013 年仅为 1008 人，2015 年增加至 2054 人，2017 年为 2623 人，从业人员数为 2013 年的 2.6 倍，比 2015 年增长了 27.7%（见图 2）。

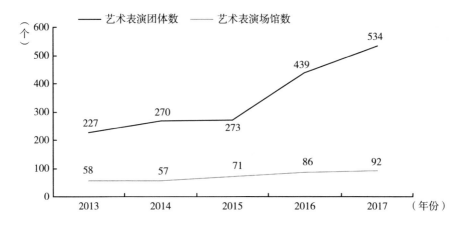

图 1　2013~2017 年湖南省艺术表演团体、表演场馆数

图 2　2013~2017 年湖南省艺术表演团体、表演场馆从业人员数

2. 市场效益持续增长

近年来，湖南演出市场保持良好发展势头，演出活动频繁，观众人次和票房收入均呈增长态势。2017 年，湖南各类艺术表演团体共演出 60.20 千场次，同比增长 8.6%，艺术表演场馆共计演出 9.21 千场次，同比增长 55.6%，是 2015 年的 2.13 倍。随着演出场次的增加，演艺表演的年度受众人数也大幅攀升，2017 年艺术表演团体观众为 24881.27 千人次，艺术表演场馆观众为 1578.11 千人次，同比增长了 20.6%。艺术表演场馆 2017 年演出收入 1.82 亿元，将近为 2015 年的两倍，演出市场活力不断增强（见表 1）。

表 1　2013~2017 年艺术表演团体、艺术场馆演出情况

类别		2013 年	2014 年	2015 年	2016 年	2017 年
艺术表演团体	演出场次（千场次）	35.49	49.73	66.07	55.45	60.20
	观众人次（千人次）	17749.2	17117.16	19114.24	24430.50	24881.27
	演出收入（千元）	246442	322251	299781	422438	347720
艺术表演场馆	演出场次（千场次）	2.74	1.98	4.32	5.92	9.21
	观众人次（千人次）	1288.04	1289.61	1526.3	1308.70	1578.11
	演出收入（千元）	13583	93084	99285	112392	181588

资料来源：《湖南文化和创意产业发展统计概况（2014~2018）》。

3. 艺术生产繁荣发展

近年来，湖南认真贯彻习近平总书记在文艺工作座谈会上的重要讲话精神，鲜明提出"以作品为中心抓精品创作，以人民为中心抓创作导向"，湖南文艺工作者深入生活，扎根人民，创作生产出花鼓戏《梦随苗鼓舞》、话剧《十八洞》等一批有湘味、有品质的精品力作。2016 年 7~9 月的"湘戏晋京"展演活动，舞剧《桃花源记》，湘剧《月亮粑粑》《田老大》《赵子龙计取桂阳》，花鼓戏《我叫马翠花》《齐白石》，巴陵戏《远在江湖》，音乐剧《天使合唱团》，京

剧《辛追》，汉剧《孟姜女传奇》等 12 台剧目在北京各大剧场陆续
上演。其中湘剧《月亮粑粑》入选 2016 年国家舞台艺术精品创作工
程十大重点扶持项目，并和花鼓戏《我叫马翠花》同时入选 2016 年
25 个国家重点创作剧目。京剧《辛追》、舞剧《桃花源记》、花鼓戏
《齐白石》、音乐剧《天使合唱团》和湘剧《烧车御史》5 个剧目获
得国家艺术基金的重点支持。2013～2017 年，湖南各艺术表演团体
原创首演剧目共计 292 个，平均每年有近 60 个原创剧目与观众见面
（见图 3）。

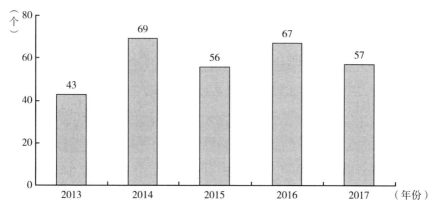

图 3 2013～2017 年湖南艺术表演团体原创首演剧目情况

（二）演出市场打造新样本

1. 歌厅演艺蜚声全国

歌厅，作为湖南文化娱乐产业在全国的一张闪亮的名片，兴起于
20 世纪 80 年代末，成长于 20 世纪 90 年代，2003 年发展到鼎盛时
期。从第一家航空歌厅诞生，发展到综合性的田汉大剧院、凤舞九天
演艺中心、琴岛等几家规模大的歌厅，年演出 400 多场，营业收入近
亿元，创造了"天天有演出"的盛况，形成了闻名全国的"长沙歌
厅文化现象"。湖南省 2003 年曾对 6 家歌厅进行统计，平均每晚接待

观众达 6000 人次；票房 37 万元，年接待观众 200 万人次，总票房 1.3 亿元。湖南长沙各大小歌厅将本土歌厅文化与剧场文化有机结合在一起，既显美国百老汇风格，又有法国红磨坊的影子，加上舞美、灯光的合理设计，整个舞台呈现炫目华丽、时尚风情的效果，充满时代感。大气的舞美设计和主持人幽默灵活的串词，让观众在演员的生活化、艺术化表演中获得快乐，享受了属于平民生活的大智慧与真善美，达到"大俗通雅"的境界。经过多年的积累与发展，湖南歌厅文化已成为一种深受观众喜爱、雅俗共赏、颇有品位的休闲娱乐文化，在全国独树一帜，得到了广大公众的普遍认可，吸引南来北往的客人慕名而来，湖南人把去歌厅听歌当作招待贵客的必上"节目"，外地人也把歌厅当作来湖南旅游的"打卡"处。随着社会形势的变化，商务接待锐减，新的娱乐方式兴起，观众消费习惯发生变化，歌厅的上座率不断下降，湖南的歌厅开始谋求转型，如"琴岛"创造了"互联网＋演艺"的新模式，目前，"琴岛"旗下有 3000 多名艺人从事网络直播演出，覆盖观众群体超过 3000 万人次，线上消费超过 5 亿元。

2. 酒吧演艺独领风骚

如果说 20 世纪 90 年代是歌厅的时代，那么 21 世纪的头十年则是酒吧"独领风骚"。2000 年，斥资 1600 万元的金色年华演艺中心进驻解放西路，整条街都热闹起来。因为歌厅文化根深蒂固的影响，湖南有特色的酒吧在全国范围内也别具一格，可以看作歌厅的"升级版"。当时金色年华演艺中心仅用了 15 个月便收回了成本，成就了一个业界神话。自此，湖南酒吧演艺迅速发展，声名鹊起，解放西路成为湖南夜生活与演出市场的代名词。2003 年，"非典"突袭全国，酒吧生意也遭遇了冲击，"非典"过后，酒吧生意渐渐回暖，到 2008 年北京举行奥运会时达到了高潮，在酒吧站台表演的艺人，也从名不见经传的本土笑星、走穴歌手升级成为具有全国知名度的大咖明星。如今，湖南酒吧的表演越来越丰富，酒吧设计有 T 字形舞台，配备了 3D 全息投影等高科技元素，以 DJ 打碟为主的电音表演渐渐成为主流。

3. 旅游演艺风生水起

为了留住游客，促进消费，湖南的旅游从业者成为探索文旅融合的先行军。早在 2000 年，张家界就推出了《魅力湘西》，成为湖南乃至全国最早的旅游演艺节目之一，凭借浓郁的民族风情和高水准的专业品质，这个旅游演艺节目取得巨大成功，先后获评国家文化品牌三十强、中国旅游演艺票房十强等奖项，2012 年，《追爱》（取材于《魅力湘西》中的节目《爬楼》）登上央视春晚后，神秘的湘西风情吸引全国各地的游客走进《魅力湘西》的剧场，尤其是 2017 版《张家界·魅力湘西》全面上演后，更是深受游客好评。2016～2018 年，《魅力湘西》连续 3 年接待观众人数突破百万人次、收入破亿元。同时，湖南各地陆续推出了芒果大剧院《大汉伊人》《天门狐仙·新刘海砍樵》、武陵源《魅力湘西》、凤凰古城《边城》、宁乡《炭河千古情》、韶山《中国出了个毛主席》、隆平文化公园《浏阳河上》、桃花源景区《桃花源记》等影响较大的旅游演艺节目，一时间，湖南旅游演艺舞台上百花齐放、热闹非凡，显示了湖南旅游演艺产业的文化底蕴和市场号召力。国内旅游演艺行业权威研究机构道略文旅产业研究中心发布的《2017 中国旅游演艺排行榜》中，湖南的《天门狐仙·新刘海砍樵》《中国出了个毛主席》《炭河千古情》《魅力湘西》分别入选各自节目类型的十强榜单，《魅力湘西》的出品方魅力文旅发展有限公司则入选机构十强。

4. 院团演艺守正创新

2012 年 1 月，《湖南省文化厅深化直属国有文艺院团体制改革实施方案》出台，拉开了湖南省国有文艺院团改革的大幕。2013 年 12 月，由省杂技团、省话剧团、省歌舞剧院等 8 家转制单位组建的湖南省演艺集团成立运营，湖南省直国有文艺院团在完成转企改制后，进入重塑市场主体、加快推进公司股份制改造的新阶段。演艺集团把宣传文化、传承艺术、服务人民、做强企业当作自身的职责和使命，坚持以人民为中心，以改革出活力，以创新求发展，力争出人才、出精品、出效益，守正出新，克难奋进，推动湖南演艺高质量发展，打造新时代"演艺湘军"。短短 5 年时间，集团实现全面扭亏为盈，推出了 20 部大戏、30 多部小戏，包括多媒体民乐剧《九歌》、大型交响合唱音乐会《通道转兵组歌》、话剧《十八洞》等多种艺术形式的作品，其中 11 部作品获国家艺术基金资助，总共完成演出 5500 余场，惠民演出足迹遍布三湘四水，观众总量达 6000 万人次。

（三）演艺"走出去"迈出新步伐

"十三五"以来，湖南积极促进对外文化交流，湖湘文化在国际舞台上魅力彰显。"演艺湘军"将目光放眼全球，积极落实"走出去"战略，积极参与境外演出，提升国际影响力，在海外建立了稳定的演出交流关系。每年全省组派出国（境）演出团队 50 多批，省杂技团、省昆剧团、省木偶皮影艺术剧院等文艺院团多次赴阿拉伯地区、土耳其、日本、法国、西班牙等进行交流和商业演出，更好地推动湖湘文化和中华文明在全球的传播。

2017 年春节期间，湖南省先后派出 6 批团队共计 121 人，赴韩国、泰国、法国、巴巴多斯、格林纳达、突尼斯 6 个国家及我国台湾地区，辗转 16 个城市，累计演出 26 场，充分展示了我国民族音乐艺术魅力，现场感受湖湘文化的观众超过 55 万人次。

2018 年，湖南省演艺集团国际巡演项目"纯粹中国"世界巡演 396 场，足迹遍布三大洲 13 个国家 20 多个城市。其中"纯粹中国"杂技剧《梦之旅》美国驻场及巡演、《我们的圣诞夜》德国驻场突破 300 场，再续中国杂技火爆场景，抒写湖南演艺境外演出新篇章。

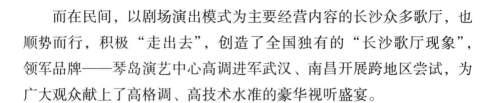

而在民间，以剧场演出模式为主要经营内容的长沙众多歌厅，也顺势而行，积极"走出去"，创造了全国独有的"长沙歌厅现象"，领军品牌——琴岛演艺中心高调进军武汉、南昌开展跨地区尝试，为广大观众献上了高格调、高技术水准的豪华视听盛宴。

二 湖南演艺产业存在的主要问题

（一）演艺市场主体偏小，龙头骨干企业缺乏

湖南艺术表演团体规模不大且较为分散，2017年，湖南共有艺术表演团体534个，从业人员仅为12526人，平均每个表演团体拥有从业人员不到24人，表演团体规模相对较小，而且多分布在区县一级，2017年，全省艺术表演团体省级从业人员847人，仅占6.8%；市级1223人，占9.8%；区县级10456人，占83.5%（见图4）。艺术表演团体整体以中小规模为主，且呈现各自为政的分散发展状态。

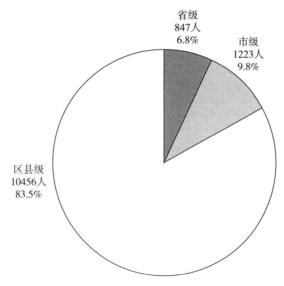

图4 2017年湖南省艺术表演团体从业人员分布情况

（二）基础设施老化，硬件装备落后

湖南演艺产业普遍存在场馆缺乏、设施简陋、硬件装备较为落后等问题，与文化部要求的"一院一场、一团一厅"还有一定的距离，多年以来，全省各艺术表演团体的办公场所、排练练功用房情况没有得到根本改善（见图5）。

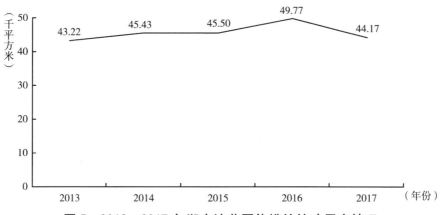

图5　2013～2017年湖南演艺团体排练练功用房情况

资料来源：迈点研究院。

（三）创新能力不强，精品项目缺乏

虽然湖南演艺业发展迅速，演艺市场红火，但品牌建设意识较差，导致缺乏特色品牌，没有特别突出、能够在全国产生重大影响力的演艺机构或产品。利润的最大化追求导致演出的同质化不可避免，许多演出团体以模仿他人作品支撑演出，而且部分企业往往看重短期效益，缺乏对演艺作品高标准、高品质的追求，精品力作与真正的演艺品牌太少，特别是缺乏长期公演的精品，更未能形成产业链提升品牌价值。同时，由于大众化的歌厅、酒吧娱乐不再是"不入流"的消遣而成为"主流化"的娱乐消费方式被人们普遍接纳，部分经营者在市场的激烈竞争和市场经济庞大的利润诱惑下，放弃了社会效益，一味地迎合受众、取悦受众，走大众化、通俗化的路线，导致以戏剧、音乐、舞蹈、杂技等为主要内容的演艺行业中大众文化、都市市民文化气息相当浓厚，表演内容多为市井里的家长里短。

（四）体制机制不活，市场运营乏力

一是管理体制政出多门。在文化产业的许多领域，政府职能还没有实现从"办文化"转向"管文化"，过多地干预企业的经营管理，身兼裁判员和运动员的角色，既挫伤了文化企业的积极性，又容易导致经营者的依赖心理，使文化企业难以成为真正的市场主体和法人实体。二是现代企业制度尚未形成。目前，湖南省大部分演艺剧团还没有按现代企业制度来管理和运营，特别是一些演艺集团成立时间不长，新的运行机制和管理制度还未建立健全，管理理念、管理手段、管理方式还较为落后，建立现代化的质量管理、生产管理、供应管理、销售管理、研究开发管理、人事管理等制度并运行，还任重道远，创新能力、营销能力、资本运作能力和知识产权经营能力还需进一步增强。

（五）专业人才匮乏，发展后劲不足

发展演艺业，人才是关键。长沙文化产业现有人才主要集中在广电、出版、报刊等一些强势产业中，演艺业经营管理人才和表演人才缺乏。一是专业艺术人才严重缺乏。湖南演艺业现有人才的数量、结构和素质无法适应企业转型发展的要求，人才"断层"现象明显，后备人才、青年人才储备不足。2017 年，全省各艺术表演团体从业人员仅为 1.25 万人，其中高级职称人员比例仅为 3.5%（见图 6）。如湖南省杂技艺术剧院有限责任公司，在市场经济大潮的冲

击下，其年轻演员对于杂技"艺术生命短、伤残风险大、收入水平低"表现得越来越排斥，导致一些优秀的、有潜质的艺术人才不断流失，目前已出现专业艺术人才青黄不接的尴尬局面。二是文化经营管理人才缺乏。文化产业的发展既需要大量的艺术家，更需要熟谙市场经济与文化经营两门学科的文化经营者。对于演艺产业而言，不仅需要专业的制作和表演团队，更需要专业的演艺复合型人才进行运营管理。长期的事业编制导致湖南演艺业内部缺乏懂得市场化运营管理的专业人才，不能面向市场、面向观众进行市场化运作，经营者中还存在知识面狭隘、年龄结构不合理、跨学科人才少、文化经营观念滞后等问题，有能力跨省乃至跨越国际进行经营管理的人才匮乏，同时艺术表演场馆和艺术表演团体也缺乏市场策划人才、演艺营销人才与复合型经营管理人才，文化经纪、经营人才的匮乏已成为制约长沙演艺产业发展的致命瓶颈。

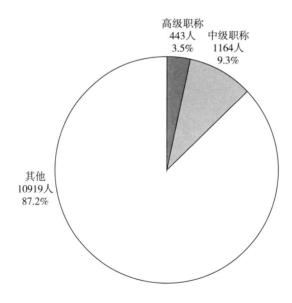

图6 2017年湖南省艺术表演团体从业人员职称情况

三 推动湖南演艺产业高质量发展的对策建议

（一）提升剧目内涵价值，走特色化、品牌化发展之路

在2014年的文艺座谈会上，习近平同志提出，文艺作品应该注重质量、注重创新，创造出社会效益和经济效益相统一的好作品来。湖南演艺产业首先要真正实现"领跑中部、蜚声全国、走向世界"，建设国内一流演艺企业和具有国际影响力的演艺品牌，要高度重视优秀剧目的创作挖掘，以文化资源挖掘与精神内涵开发为向导，不断推陈出新，打造具有湖湘文化特色的演艺品牌。

1. 题材选择上注重全球视野和本土认知的结合

正所谓民族的才是世界的。发展演艺产业必须立足于民族文化，一个好的演艺产品，应该能充分反映本土文脉和当地独特的民族文化，完整地体现地方文明、反映地方特色，这样打造出来的产品才不至于沦为四海皆有的"百货"，才能得到市场和大众的认可。湖南作为文化大省，历史悠久，底蕴深厚，文化源远流长。因此，湖南发展演艺产业首先要寻找湖湘文化特色以及与世界接轨的共同符号，把红色圣地、伟人故里、民族风情、湘绣、皮影戏等独特的湘楚景观，及其孕育的独特的文化意蕴作为有待深度挖掘的作品素材；其次要努力提炼当今现实题材，深入生活、体味生活，从广大人民群众的劳动生活中获取创作的灵感，积极开发具有民族性、民俗性、大众性、娱乐性和世界性的演艺节目，创作出弘扬中国精神，反映时代风貌，能让群众产生共鸣的原创艺术精品。

2. 品牌提升上注重文化创意和技术创新同步进行

纵观整个近现代人类全球化的历程，全球化紧紧伴随着科技革命、信息技术的发展。进入21世纪，网络化、数字化、信息化为全

球化时代的文化消费注入了新的活力，使得跨区域之间的信息文化交流更为容易，影音、图文的生产、交换、传播和消费方式发生了质的改变，人们也乐于欣赏由高科技给文化消费带来的新的感官体验。因此，演艺产业发展要注重将演艺产业与现代科技、现代传媒有效结合，依托现代科技手段提升文化品质，赋予文化以新的内涵，采用现代化的声光电等高科技的舞台硬件设备和艺术表现方式，使传统文化与现代文明交相辉映，使得文艺演出的舞台更加斑斓多彩。

（二）把握产业发展趋势，走集团化、规模化发展之路

文艺演出院团只有面向市场、面向受众，准确把握产业发展趋势，实行规模化、集团化运营，才能在市场竞争中不断做大做强，才能最大限度地满足市场需求并赢得市场份额。

1. 深化文化管理体制改革，构建成熟的演艺市场体系

一是进一步转变政府职能，创新管理体制和运行机制。政府找准定位，实现管理型政府向服务型政府的转变，从办文化向管文化转变、由管微观为主向管宏观为主转变。尊重演艺行业创作生产和管理运营规律，进一步转换角色，从艺术生产领域退出，减少行政权力对艺术生产的干预，赋予演艺企业更充足的经营自主权。全面深化演艺管理体制改革，政府积极出台扶持措施、激励机制、优惠政策和加强资源保障等，以改善和优化文艺院团生存发展的宏观和微观环境，做好公共服务，当好裁判。二是充分发挥市场对演艺资源配置的积极作用。坚持政府宏观调控与市场导向同步运行，加强对演艺市场的规范和管理，规范各类剧团秩序和剧场服务，加强有序监督，提高其运作效率，加大对民营演艺院团的管理和扶持力度，使各演艺院团良好有序地进入市场，参与竞争。

2. 建立现代企业制度，培育龙头演艺企业

一是要推动现代企业制度的建立和完善，提升演艺企业自我发展

能力。建立和完善现代企业制度是提升演艺企业自我发展能力的必然要求。要进一步推动演艺企业内部机制改革，在生产方式、组织结构、管理机制、分配制度和用人机制等方面实现现代化，不断建立和完善演艺企业法人治理结构，建立现代企业制度，进一步激发企业内部活力，充分发挥演艺剧团的积极性、主动性和创造性，使演艺企业成为合格的文化市场主体。二是要充分发挥龙头企业的示范引领带动作用。龙头企业是行业的风向标和领航者，对一个地区的行业发展十分重要，如宋城演艺集团精心打造的《宋城千古情》，凭借其强大的创新优势，20年来常演不衰，创造了中国演艺业收入第一、利润第一、观众人数第一、演出场次第一的奇迹，目前已发展成为全国的龙头演艺产业。湖南要借鉴外地的成功经验，把培育市场主体、壮大骨干企业作为演艺产业发展的重中之重，推动文化企业规模化、集团化发展。

3. 盘活演艺产业资源，打造演艺产业集群

一是通过联合、兼并、重组等手段形成以文化集团为龙头，文化创新为载体的湖南演艺产业集群新格局。如以湖南演艺集团为龙头，加快湖南文娱演艺产业的整合，集中湖南优势文艺资源，开发地域文化品牌特色项目，形成集体竞争优势和规模化经营，打造具有湖湘特色的演艺产业集群品牌，带动省内其他相关娱乐文化产业的发展，形成优势互补、资源共享、结构合理的演艺产业集群。二是鼓励产业集聚和特色化经营。纽约百老汇、伦敦西区及上海安福路等国内外先进地区的实践已经证明，演艺产业具有空间集聚的规律，集聚区可以提供多样化、多层次的艺术样式、剧目和院团，为消费者提供了充分选择的空间，也营造了浓厚的区域艺术氛围。因此，要发挥政府和市场的双重作用，在考虑这一规律的基础上，合理配置演艺场所，盘活演艺产业资源，鼓励产业集聚、规模化经营和特色化服务。三是加快产业链的形成。鼓励演出设备研发与生产、艺术教育与培训、节目创作

与营销、演出周边产品的开发等演艺产业相关行业的发展，加速形成产业链。

（三）延伸演艺产业链条，走融合化、协作化发展之路

随着世界经济一体化的快速发展，演艺产业跨界合作已成为拓展产业链、丰富赢利方式的有效路径。演艺公司利用自有资源进行跨界发展，提升文化产品的附加值，提升品牌联想度，实现价值增值。

1. 推动演艺与其他产业跨界融合

一是实现演艺业与旅游业的联动发展。旅游本质上是游客在旅途中感悟文化差异的一个过程。演艺的加入拓展了旅游发展的空间，提升了旅游景区的文化形象。同时，旅游市场也为演艺发展创造了条件和环境，为演艺市场的发展找到了新的盈利模式，是演艺市场繁荣的重要动力，二者相辅相成。因此，我们在打造文化旅游产业的同时，应充分挖掘资源，填补旅游市场"晚上旅游"的市场空白，策划一些具有现代时尚感、能够体现城市品位、国际接轨的演出项目，将演艺文化与旅游文化相结合，打造具有湖湘特色的旅游演艺品牌，以品牌带动演艺市场和旅游市场的繁荣发展。二是寻求演艺与各相关产业的优势互补。随着世界经济一体化的快速发展，演艺产业与其他产业的跨界合作已成为拓展产业链、丰富赢利方式的有效路径，要以文化为内核，促进演艺产业与其他行业的价值融合，拓展演艺的广度和深度，丰富演艺的内容与形式。"演艺＋数字"产业，推动演艺娱乐、文化旅游等文化产业的数字化转型升级；"演艺＋互联网"，为演艺行业带来新的生机与变革；"演艺＋商业"，利用商业演艺新业态产品的推广，达到对演艺主业的品牌联想的目的，既能为消费者提供多样化的现代服务，又能为商户和演艺企业创造增量价值；"演艺＋影视"，将既有内容资源改编为影视产品，实现演艺业的产业链延伸，提高演艺产品附加值、扩大演艺企业品牌影响力。

2. 实现线上与线下联通

一是建立演出联动模式。演出是演艺产业链的核心环节，把互联网演艺行业作为平台型的商业模式是演出联动的有效途径之一。利用视频直播优势，尝试采用"现场直播＋付费直播"模式打破时空限制，推动演出消费升级，扭转传统演艺"小众""规模化弱"的发展趋势，启动舞台艺术视频剧场平台，将内容丰富、形式多样的话剧、舞剧、歌剧、地方戏曲、杂技等多个艺术门类的舞台艺术作品搬上互联网，让优质的演艺资源得到再提升，实现实体剧院向全媒体剧院的跨越。如将湖南本土丰富的演艺节目通过湖南有线网络进行直播、轮播和点播，通过移动互联网进行微信推广及 App 的直播和点播服务，将湖南演艺文化覆盖到普通大众，既促进演艺产业的发展又带动效益的提升。二是建立剧场多元化营销模式，以"互联网＋演艺"形式进行市场营销，以演出、票务和活动为产品主轴，创造全新的社交网站结合电子商务的模式，实现演出产业链的全新升级。

3. 组建演艺产业联盟

一是统筹文化艺术设施资源。盘活现有文化艺术场馆资源，帮助演艺场馆、景点园区和歌剧、音乐演艺团体形成对接，加快剧院、剧团资源整合与共享，提高剧院场馆设施利用率；推动文化剧院、文化场馆对外开放，鼓励社区、大众等利用公共现有艺术场馆、体育场馆组织文化艺术宣传与培训，开展群众文化表演活动。二是组建演艺产业联盟。演艺业规模化发展，客观上要求促进区域间的协作，对优质演艺资源进行整合与共享，逐步形成演艺市场的一体化格局并培育出区域性的演艺品牌，推动演艺业科学化运营和规范化管理。因此，应根据实际情况，摸清家底，通过公司或者联盟形式建立省域内演艺院线，同时积极与区域或全国性演出院线合作，完善行业信息交流平台、票务流通平台、项目合作平台，信息互通、资源共享，有效解决演出市场资源配置效率低下的问题，规避市场风险，降低演出项目成本，实现企业利润最大化，最终实现共同发展。

（四）培育演艺消费市场，走精准化、信息化发展之路

演艺消费是院团经营收入的主要来源，也是文化消费的重要组成部分。当前，我国社会主要矛盾已经转化为人民日益增长的美好生活需要和不平衡不充分的发展之间的矛盾。美好生活需要更多高质量的文化产品，应充分发挥文化艺术的社会功能，实现文化在沟通情感、促进社会和谐方面的作用。

1. 积极对接需求，找准市场定位

文化消费需求是文化繁荣的基础。消费者的消费意愿，直接影响和决定文化产品的生产和服务方式。而文化消费是差异性消费，也是一种选择性很强的消费。演艺企业应研究市场需求、受众需求，尊重不同地区、不同人群的文化消费习惯，对市场进行细分，明确自己的目标市场，量身定做具有差异化的演艺产品，生产创作更多既符合艺术发展规律，又适应市场经济要求和群众文化生活需要的作品。同时，通过对于市场客户以及产品的精准定位，积极开拓客户群，如瞄准年轻人群，引入现代时尚元素——现代剧目与艺术形式、都市文化以及各种新兴娱乐方式来吸引青年文化消费群体；通过儿童剧或儿童乐园开拓亲子市场；与旅游区紧密结合，打造驻场的旅游演出等，以赢得更广阔的市场空间。

2. 构建立体精准的营销体系，培养大众演艺消费习惯

成功的市场营销，不仅能够带来稳定的客源，还能够开发潜在顾客，保证演艺院团的收益，维持日常运营。因此，要开展全方位布局的市场营销战略，着力用好新闻媒体的嘴、名人的笔、互联网的技术手段、百姓的口碑，不断提升演艺产品的知名度和美誉度。一是加大广告宣传力度，通过互联网、电视广告、报纸广告，以及在建筑物、

交通工具上投放广告等方式进行大力宣传，让观众提前了解演出相关信息；二是通过一些知名人士和专家的评论了解剧目的看点；三是通过引入会员制，成立官方粉丝俱乐部，并赋予提前购票、价格折扣优惠等特权，汇集大量长期稳定、忠诚的消费者，并通过观众的意见来改善自身，不断成长；四是建立和完善集演出市场信息网络及票务系统建设于一体的演艺云服务平台，保证票务信息的及时、全面和权威，推动票务行业的良性循环发展。同时，引导科学合理的演出票价，加强文化艺术的普及，适时出台文化惠民政策，通过政府购买公益性演出、发放文化惠民卡、低价票补贴等形式降低演出门槛，还戏于民，培养群众的文化消费习惯，推动演艺市场健康快速可持续发展。

（五）注重演艺人才培养，走创新化、专业化发展之路

人才是演艺产业生存发展的根本保证，也是做大做强的关键所在。因此，要着力破除人才障碍，完善人才理念，通过科学的制度安排，采取不拘一格选人、唯才是举用人、千方百计育人、优惠政策留人的全新人才机制，促进演艺人才队伍的良性发展和梯队建设。

1. 打造名人效应

演艺产业是高知识含量的现代服务业，只有培养一批名家大家，才能提高吸引力、竞争力和影响力。要加大力度引进文化大腕、文化名人指导演艺产品的包装、策划、排演、宣传促销，形成名人效应；要积极引进名作家、名艺术家、名歌手、名导演，或与之合作开发演艺项目，发挥名角的领衔作用，在更大范围内配置人才；同时，还需要培养、挖掘、包装、升华一批民间艺术家和地方艺术人才，通过他们的创作、演出及作品展示湖湘文化的魅力，共同推动演艺文化资源的市场化。

2. 注重人才培养

演艺事业是青春的事业，要抓好演艺后备军的培养工作，多渠道培养演艺人才，优化人才结构，推动湖南演艺业高质量发展。一是要加大对拔尖艺术人才和经营管理人才的培养和引进力度，面向国内外聘请一流人才，同时，大胆起用青年演员；二是要让具有潜质的人才出省、出国学习深造，开阔眼界，拓宽思维，取长补短，站在全局的高度来把握长沙演艺业的发展；三是要加强各剧团与演艺院校的合作、对接，创新办学模式，建立产学研相结合的人才培养体系，以产业发展需求为导向，围绕演艺产业发展的关键领域和薄弱环节开展专项人才培训，为演艺产业发展打造一支懂文化、善经营、通管理、精技术的复合型人才队伍。

3. 完善人才激励政策

要坚持以人为本、多管齐下，制定完善各种政策措施和激励机制，为演艺优秀人才成就事业创造良好的环境。要盘活用人机制，对一些紧缺适用人才实行按需聘用；要完善演艺领域人才激励机制，允许有特殊才华、有突出贡献的人才以其管理、技术、品牌等参与收益分配，对有突出贡献的演员、管理人才给予丰厚的奖励；设立优秀文艺人才发展基金，实行艺术家津贴制度，对有突出贡献的艺术家和拔尖人才，每月给予不同额度的补贴；将引进高层次艺术人才项目纳入省有关引进人才的专项资金中，及时引进所需的艺术人才；为创作人员和演员提供采风和学习交流机会，不断提高艺术水平；同时，要创造良好的工作环境，从政策、工作、生活等方面关心、爱护人才，充分调动演艺人才的积极性、创造性。

湖南动漫产业发展研究

王　凡[*]

　　动漫产业是指以"创意"为核心,以动画、漫画为表现形式,包含动漫图书、报刊、电影、电视、音像制品、舞台剧和基于现代信息传播技术手段的动漫新品种等动漫直接产品的开发、生产、出版、播出、演出和销售,以及与动漫形象有关的服装、玩具、电子游戏等衍生产品的生产和经营的产业。[①] 早在 2004 年,全球动漫产业就已步入飞速发展时期,产业生产总值达 2228 亿美元,而与之相关的衍生品产值更是突破 5000 亿美元大关。我国动漫产业起步较晚,直到 2013 年才逐渐进入快速发展期。2017 年中国文娱产业规模超过 6500 亿元,其中动漫产业规模达 1747 亿元,占比约 27%。游戏、动漫和影视共同构成中国文娱产业三大顶梁柱。

　　20 世纪 90 年代初,湖南开始发展动漫产业,是国内较早发展动漫产业的省份之一,被称为"中国原创动漫之都"。然而,自 2009 年始,湖南原创动漫产量开始下降,已排至全国第 10 位以后,从先前的全国"领跑者"转变为"追赶者"。近几年,随着湖南省文化事业发展进入新时期,湖南动漫产业正在步入第二次发展的轨道。2018 年创下 305 亿元的产业收入,重新挤入全国动漫产业收入前十,湖南动漫产业正积极调整发展思路,坚持"精品"原创路线方针,寻求转型提质,不断提升品牌号召力,实现动漫湘军的二次成长。

---

　　* 　王凡,湖南省社会科学院产业经济研究所副研究员,博士。
　　①　黄志明主编《宁波文化产业发展报告 2014》,浙江大学出版社,2014,第 83 页。

一　湖南动漫产业发展现状

2018 年湖南动漫游戏行业稳步发展，全省动漫游戏全产业生态链基本形成，产业规模不断扩大，全省动漫游戏及相关业务年度总产值达 305 亿元，增长 11%。其中全省动漫游戏原创作品、外包制作、图书出版、衍生品销售、品牌授权等收入达 133 亿元，手机游戏、网页游戏、VR/AR 等收入达 172 亿元。2018 年全省共完成电视动画 14500 分钟，制作动画电影 2 部，同比增长 7%；销售动漫图书 5325762 册，以幼儿教学类动漫卡通益智图书为主，同比增长 40%；新上市运营手游 41 款（取得运营版号）；申请动漫游戏及相关类知识产权 1825 项，同比增长 23%。

据不完全统计，2018 年全省从事动漫、游戏、VR/AR 及相关业务的企业达 630 余家，动漫游戏原创工作室 130 余家，原创及相关技术型人员超过 28000 人，企业专职工作者及相关从业人员、学院职工约 6.9 万余人。全省拥有"国家文化出口重点项目"的企业 2 家，全省通过国家动漫企业认证资质的企业 28 家，上市企业 4 家。目前，除省会长沙的动漫企业保持强劲发展势头外，怀化海兵动画、郴州春韵、株洲方特、常德创源和华智、益阳九之龙等企业迎头赶上，形成了全省各市州共同发展的产业格局。

2018 年全省动漫产业链价值延伸，拥有全景拍摄、安全教育应用、思维教学启蒙、拟真体验等 VR/AR 软硬件核心技术的一批企业取得新的突破，电竞小镇、贝拉小镇、主题乐园等一批动漫游戏特色旅游景点建成运营。湖南动漫产业正开启转型与跨越之路，以全新的姿态，在内容创新、品牌打造、产业拓展等方面全新升级，形成了出版、电视、电影等传统媒体和网络、手机等新媒体同步迈进的立体发展格局，产生了许多不同媒介中的新品牌，形成了百花齐放的新局面。

1. 立足原创，品牌效应日益增强

湖南的动漫产业在中国的动漫产业发展中一直占有重要的地位，湖南动漫以原创电视动漫为主。20世纪80年代末90年代初，湖南率先推广电脑动画。在引进电脑动画原理和思路的基础上，开发出具有自主知识产权的电脑动画制作技术，使湖南动画从起步就实现了与国际先进技术的对接，一举将国产卡通从传统手绘动画的小作坊生产推进到大规模的工业化流水线生产。目前，中国形成了上海、杭州、深圳、成都、长沙五大动漫生产基地。随着科技进步和动漫游戏制作水平的提高，湖南动漫节目创意制作趋向多元化、精品化和栏目化，得天独厚的电视播出平台资源，使得湖南在全国动漫发展格局中自成一体，充满活力，原创制作能力保持领先，艺术水平进一步提高。

目前，湖南已成为中国最大的动漫制造基地。以宏梦、蓝猫、山猫、金鹰卡通等为代表的湖南动漫产业群，适时调整产业布局，充分释放发挥湖南优势，依托湖南动漫产业的国家（湖南）动漫公共技术服务平台和湖南手机动漫公共技术服务平台两个国家级技术平台，以品牌运营为核心，充分打通产业链上下游。"虹猫蓝兔"系列动画发行覆盖面持续扩大，"虹猫蓝兔"系列有声读物、电子漫画、电子书相继登陆懒人听书、腾讯动漫等主流平台，实现由电视台到新媒体的全覆盖，其中《虹猫蓝兔七侠外传》还获得了国家新闻出版署、中央文化产业发展专项资金支持的"优秀原创动漫作品版权开发奖励计划"银奖；以著名儿童文学作家汤素兰作品改编的系列动画片《笨狼和他的小伙伴》荣获"2018年度十佳新锐动漫IP"称号；体育动漫作品《疾风劲射》成功入选国家新闻出版广电总局"改革发展项目库"以及国家新闻出版署2018年"原动力"中国原创动漫出版扶持计划。永熙动漫原创系列动画《快乐摩登》在北京卡酷少儿频道等40多家电视台播出；医漫科技原创动画片《炎之药灵师》，构建中医药动漫 IP 体系，将"药灵宝贝"形象传播全国乃至全球，预计年营业额达 2 亿元；映山红传媒原创的"灵犀英语"系列动漫作品，采取线上与线下相结合的销售模式，在天猫、当当网、京东、亚马逊等各大平台年销售额达到数千万元；畅飞动漫原创 100 集漫画《缺一门》获得数十项知识产权。

2. 扬帆出海，对外文化贸易走心入脑

文化贸易是"一带一路"国际贸易的组成部分，也是推动中国与沿线国家民心相通的重要力量。近年来，动漫游戏出口正在成为文化贸易的"急先锋"。《"一带一路"文化发展行动计划（2016—2020年)》子计划"动漫游戏产业'一带一路'国际合作行动计划"指出，要发挥动漫游戏产业在文化产业国际合作中的先导作用。湖南积极推动企业建立差异化竞争战略和"走出去"战略，积极开拓国际市场，推动品牌国际知名度的攀升，对外文化贸易出口取得较大成绩。

山猫传媒自主原创的 12000 分钟"山猫吉咪"系列动画节目通过美国洛杉矶英文频道、纽约中文频道等在海外国家和地区播映，将原创系列动画节目与衍生产品出口到美国、英国、土耳其等 80 多个国家和地区，累计出口超 5000 万美元，山猫传媒与湖南蓝猫动漫传媒有限公司被文化部等五部门认定为"国家文化出口重点企业"。湖南华视坐标传媒动画有限公司成功参与制作西班牙动画电影《Donkey Xote》、加拿大动画电视剧《Tripping the Rift》。漫联卡通原创节目出口欧美、非洲、中东、东南亚等 80 多个国家和地区，形成"三大品牌"立体布局和六大产业链。上游网络《大天使挂机》手游在北美、日本、韩国等国外市场运营，在日韩 App Store 畅销榜、免费榜位居前列，收入过千万元。奇葩互娱乐、睿哲软件等一批优质游戏企业均积极开拓北美、东南亚等海外市场，并同步推出海外版本，多款游戏已经在北美、韩国、东南亚等地区上线运营，市场表现良好。随着湖南动漫的"走出去"，国内动漫产业模式的探索及快速引进欧美动漫产品的理念与国内动漫产品高效结合对动漫业的发展具有深远的意义（见表2、表3）。

表2　2017～2018年国家文化出口重点企业（动漫项目部分）

省份	企业名录（部分）
北京	北京每日视界影视动画股份有限公司、北京天视全景文化传播有限责任公司、北京智明星通科技有限公司、北京游龙腾信息技术有限公司、北京玩蟹科技有限公司、幸星数字娱乐科技（北京）有限公司
天津	天津天匠动画科技有限公司、灵然创智（天津）动画科技发展有限公司、天津画国人动漫创意有限公司、优扬（天津）动漫文化传媒有限公司
上海	上海今日动画影视文化有限公司、上海游娱信息技术有限公司、上海炫动传播股份有限公司、上海幻维数码创意科技有限公司、上海皆悦文化影视传媒股份有限公司
江苏	南京艾迪亚动漫艺术有限公司、苏州欧瑞动漫有限公司、江苏原力电脑动画制作有限公司、无锡九久动画制作有限公司、无锡旭阳动画制作有限公司
浙江	浙江中南卡通股份有限公司、浙江依爱夫游戏装文化产业有限公司、浙江特立宙动画影视有限公司、奥光动漫集团有限公司
安徽	安徽时代漫游文化传媒股份有限公司
福建	德艺文化创意集团股份有限公司
江西	江西腾王科技有限公司
河南	河南约克动漫影视股份有限公司
湖北	武汉江通动画传媒股份有限公司
湖南	湖南蓝猫动漫传媒有限公司、湖南山猫吉咪传媒股份有限公司
广东	广州创思信息技术有限公司
重庆	重庆享弘影视股份有限公司
四川	成都博瑞梦工厂网络信息有限公司、成都风际网络科技股份有限公司、成都力方视觉科技有限公司
厦门	厦门游力信息科技有限公司、厦门新游网络股份有限公司、哥们网科技有限公司、厦门点触科技股份有限公司
深圳	深圳市方块动漫画文化发展有限公司、环球数码媒体科技研究（深圳）有限公司、深圳华强方特文化科技集团股份有限公司
宁波	宁波卡酷动画制作有限公司、浙江首游网络科技有限公司

表3　2017～2018 年国家文化出口重点项目（动漫项目部分）

省份	项目	企业
天津	基于 4K 分辨率的胶片修复项目及影视特效制作	灵然创智（天津）动画科技发展有限公司
	动画片制作发行	优扬（天津）动漫文化传媒有限公司
	《奇妙·多乐园》动画电视剧	天津画国人动漫创意有限公司
上海	超时空大冒险	上海今日动画影视文化有限公司
	《三毛流浪记》海外发行	上海美术电影制片厂有限公司
浙江	中国风动漫影视创作基地	浙江特立宙动画影视有限公司
山东	儒家经典童话故事	枣庄漫博通动画制作有限公司
	《五色奇玉记》	山东广电传媒集团有限公司
河南	520 集《我是发明家》大型原创系列动画电视剧	河南约克动漫影视股份有限公司
湖南	原创动漫品牌"一带一路"沿线国家文化输出与运营	湖南山猫吉咪传媒股份有限公司
广西	"一带一路"动漫内容输出链式营销发行服务	南宁峰值文化传播有限公司
	动漫影视《白头叶猴之嘉猴壮壮》	广西中视嘉猴影视传媒投资有限责任公司
	3D 动画片《海上丝路之南珠宝宝》	广西阔迩登文化传媒有限公司

3. 跨界互动，行业融合持续深化

随着互联网的极速发展、智能手机的普及以及 4G 和 5G 覆盖率的增加，手机网游日益兴起，正步入快速发展通道。在新媒体数字时代，以网络动漫和手机动漫为代表的新媒体动漫已发展成为我国动漫产业新的增长点。湖南动漫产业适时推动了与新媒体的融合发展，通过"动漫＋科技""动漫＋教育""动漫＋旅游""动漫＋主题乐园""动漫＋影视""动漫＋电商""动漫＋传统实业""动漫＋互联网""动漫＋戏曲""动漫＋体育"等跨行业商业模式，建成了比较完善的动漫游戏产品市场，构建湖南省动漫游戏产业链体系。

金鹰卡通卫视稳居中国亲子电视第一品牌、中国原创动漫播出第一平台，覆盖人群超 10 亿，以麦咭智能机器人为切入点，深度聚焦亲子市场，利用 IP 打通上下游产业链，专注"IP + 智能"为中国儿童智能市场开辟了先河。华凯创意完成三维动画、多媒体创作内容超过 2800 分钟，在城市展览馆、博物馆、主题馆、企业管理等大型文化主题展馆领域处于领先地位，是文化主题馆空间环境艺术设计领域首家 A 股上市企业。善禧文化与慈文传媒、剧酷传播、蜜桃影业、芒果娱乐等国内顶级影视出品公司建立了战略合作关系，已完成合作及正在合作的综艺、影视 IP 超过 20 个，在文旅 IP 方面深度合作开发的系列衍生品年收入过亿元。华漫兄弟卡通积极探索"动漫游戏制作、品牌传播、衍生产品开发、整合娱乐营销、产业孵化"的完整产业链，实现"动漫 + 食品""动漫 + 游戏"等产业综合新业务，重点打造"动漫 + 食品"的轻资产运营模式。奇葩互娱打造"游戏 + 电竞 + 网咖"的融合模式，营业额达 500 余万元。作为国内特色小镇在教育领域的先行项目，贝拉小镇动漫特色旅游景点以素质教育为核心，跨入特色小镇的次元教育新领地，接待游客超 39 万人次。株洲方特梦幻王国是湖南省动漫游戏与文旅项目深入合作的代表，有力地助推湖南省动漫游戏产业链融合发展。

此外，湖南省多家企业借助手机动漫、手机游戏营运平台，围绕传统动漫、手机游戏与新媒体融合发展。湖南移动与湖南聚梦网络技术有限公司共同开发动漫游戏作品，与魔百盒家庭宽带业务融合。湖南可米文化科技有限公司、湖南亚洛迪信息科技有限公司、湖南欣之凯信息技术有限公司、湖南畅飞动漫传媒有限公司、善禧文化、永熙动漫、伊点点、漫联卡通、蓝猫、草花、随便玩、趣动等企业在动漫创意、手机游戏、产品研发、网络文学、电子商务等新媒体领域发力，借助优质平台和庞大的用户群，各自将动画、游戏作品签约给腾讯、爱奇艺、土豆优酷、哔哩哔哩动画、芒果 TV 等主流视频网站进行播出，都取得了不错的网络收视效果。

4. 协调发展，展会行业影响广泛

展会行业是新兴产业中极富成长性的产业，是动漫产业链的重要一环，其周边带动效应非常明显。基于动漫游戏元素的展会不仅大众参与度较高，而且即时消费需求较旺。2018 年由湖南省委宣传部、省文化厅联合主办的第四届湖湘动漫月以"产业振兴、美漫生活"为主题华丽开篇。系列活动累计参展商数量达 355 家，展览面积 33500 平方米，标准展位超 800 个，参与观众人数超 40 万人（含参展、参会人员），实际成交及达成签约交易合作项目 327 项，总计金额 25 亿元，共有省内外 110 多家媒体对系列活动进行了报道和活动转载。"湖湘动漫月"已经成为湖南动漫产业的展会品牌。在第十四届中国（深圳）国际文化产业博览交易会上，湖南动漫游戏展馆共接待访客 15 万人次，《中国文化报》、湖南卫视、湖南经视、《潇湘晨报》、星辰在线、红网、新湖南、深圳小记者等媒体采访报道 230 多篇，微信、微博点击阅读量超 300 万人次；现场销售收入 80 万元；现场达成意向合作协议近 100 个，意向金额预计超 10 亿元。湖南动漫游戏展馆获深圳文博会组委会优秀组织奖和优秀展示奖。

2018 年湖南各类动漫游戏展览展会达 168 场。此外在第 16 届香港国际授权展、第 22 届香港国际影视展、日本东京国际动漫节、湖南文化创意产业园区建设推介会、湖南艺术节文化创意产品展、怀化首届创意博览会等展会上湖南动漫企业都大放异彩。

5. 金融助力，企业发展成绩喜人

近年来，湖南出台了支持移动互联网产业发展的意见、加快推进文化创意产业发展的意见和扶持动漫产业发展的意见等系列政策文件，拨出 4 亿元的专项贴息贷款，推动湖南动漫产业的发展。湖南省文化旅游担保投资有限公司为湖南山猫卡通有限公司、湖南哆咪七彩影视文化传播有限公司、湖南锦绣神州影视文化传媒有限公司等动漫企业进行担保融资2550万元。同时，湖南省文化旅游担保投资有限公司未来的扶持规模还要扩大10倍，将融资25500万元扶持动漫游戏企业。北京银行、中国农业银行为企业授信总计11亿元，13家企业获得银行贷款和投资方的融资支持约1亿元。中国建设银行股份有限公司湖南省分行针对文化领域的综合金融服务方案，助力动漫产业做大做强。2018年湖南山猫吉咪传媒股份有限公司在新三板挂牌上市，至此湖南动漫游戏上市企业已有4家，营收过亿元的企业12家。除此以外，奇葩互娱、天磊、趣动、炫鸟等游戏企业的产品和团队被业界看好，相继拿到500万～1000万元不等的投资资金。金融机构的有力输血，为湖南动漫游戏企业提供了更广阔的发展空间。

二 湖南动漫产业面临的挑战

作为国内最早萌芽的动漫力量，湖南动漫产业经历了大起大落。从原创动漫年产量一直盘踞在国内前列，到跌至全国排名第10位以后，湖南动漫产业发展中存在不可忽视的问题。

1. 产业链发展不平衡

湖南动漫产业存在"上游缺原创，中游缺精品，下游推广慢"的问题。理想的动漫全产业链发展模式中，40%的利润来自上游或中游的漫画或动画作品，60%的利润则来自下游源源不断的衍生品开发。但湖南省动漫产业在"动画制作""电视播出""衍生品"三个环节分散运营，直接跳过了作为基础的漫画阶段，把电视动画播出置于第一阶段，而低成本、低风险的期刊图书出版却置于第二阶段，设计、制作、宣传、发行，各个阶段割裂，致使动漫市场的盈利模式难以有效建立起来。

制播和出版矛盾也导致产业链的不健全。在播出方面，原创动画制作成本远远高于其出售播映权的价格。就算是山猫、锦绣神州、宏梦等产品已经有较高知名度的公司，可以用产品换取相应广告时间段，但因广告受众群体有限，广告收入也不能完全补足亏损。但是动漫产品如果没有出镜率，没有知名度，开发衍生产品也难以有良好收益。因此，很多原创动漫制作企业也只能硬着头皮、顶着亏损的压力去播放。在出版方面，动漫企业必须先买书号才能出版作品，但生产的需求又十分受限于书号数量和出版社的审稿速度，这就使动漫企业在出版环节损失了很多应得的利润。由此看出，播出和出版环节的矛盾已严重阻碍湖南动漫产业的发展。

2. 产业集聚效应薄弱

湖南虽有百余家动漫企业，但企业群聚应该带来的优势却未得到凸显。各个动漫企业都闭门造车、各自发展，很少有制作与推广上的联系，这种单项发展的力量导致省内没有形成有效的产业网络。譬如"蓝猫""虹猫""山猫"等众多本土企业都想凭借一己之力独揽整个产业链环节，但又不具备像"迪士尼""梦工厂"等集团"一条通吃"的实力。在某种程度上，湖南动漫企业并没有依据各自在专业领域具有的比较优势，进行互补性合作，组成期望中的"猫头鹰"；相反，"猫"和"鹰"都希望各自壮大，从而导致重复建设严重，在一定程度上降低了湖南动漫产业的发展效率。

3. 专业人才瓶颈突出

高端的动漫创意人才，不仅要有艺术审美与动漫创造能力，还要拥有判断市场的眼光和独立策划的创意力，是集合了多种能力于一身的应用型人才。湖南相关从业人员现有 5 万余人，主要集中在中期制作人员和后期合成人员，创意人才、营销人才等高端人才稀缺，特别是既熟悉生产技术、擅长原创，又善于经营管理的复合型人才，动漫产业从业人员结构呈现"中间大，两头小"的特点。

湖南省内具备培养动漫人才条件的学校有十余所，如湖南师范大学、长沙理工大学、长沙师范学院等专业院校，由于师资力量相对薄弱、培养机制单一等问题，人才培养仅起到了转化知识的作用，人才培养结构与市场脱节，培养的毕业生大部分停留在理论学习和软件培训的层面上，原创能力很低。毕业生进入企业后，由于缺乏原创能力，只能从事一般的绘图工作。目前90%的动漫专业毕业生在5年内转行，造成了相当多的人才浪费。同时由于湖南省动漫产业发展不充分，大多数专业人才都选择出走沿海企业，造成了产业原生力量的流失。人才结构比例不合理、人才培养模式转型等问题已严重制约湖南省动漫产业的发展。

4. 品牌定位保护不健全

品牌是动漫企业的灵魂。对动漫企业来讲，品牌比较重视的是其原创的动漫产品的可持续发展以及品牌形象的多方面注入。动漫企业品牌要从产品、质量、文化等方面全面打造，才能在市场上有发展空间。在21世纪初期，湖南出现了两个大的动漫IP，一个是由三辰卡通集团制作的大型原创科普动画系列《蓝猫淘气3000问》，一个是由湖南宏梦卡通推出的长篇武侠动画连续剧《虹猫蓝兔七侠传》。这两部系列动画挽回了当时陷于低迷状态的国产动画市场，是第一批国产动漫原创品牌。然而，"蓝猫""虹猫"虽然通过品牌授权等方式进行产品的品牌延伸，进一步完善品牌建设道路，但是由于品牌过于快速延伸，过多重视产品的品类和扩张的速度，造成市场价格混乱和企业精力分散。消费者看不到"蓝猫""虹猫"的明星产品，看不到品牌内涵，反而产生一种"蓝猫""虹猫"品牌不在乎自己的声誉而乱贴牌的感觉。"蓝猫""虹猫"遭遇"假猫"，品牌开始遭遇一场国内空前的盗版风暴。市场上到处可见盗版的"蓝猫""虹猫"的图书、影碟、玩具，这些盗版的衍生品更是直接影响了湖南整个动漫产业的健康发展。

三　湖南动漫产业发展新趋势

动漫游戏产业在国际化、全球化、数字化的大潮中，发展日新月异，主要呈现数字创意发展前景广阔、内容创意是核心和媒体融合发展的趋势。

1. 数字创意产业发展前景广阔

数字创意产业的快速发展将为湖南省动漫游戏行业带来新的机遇。从国家层面讲，为使我国的数字创意产业在新一轮的产业和科技革命中赢得先机，2016 年国家层面首次提出数字创意产业的概念。在《国民经济和社会发展第十三个五年规划纲要》中，又正式将数字创意产业列为战略性新兴产业之一，提出了"将数字创意产业打造成五个'十万亿级'的新兴支柱产业之一"的目标。2017 年 4 月，文化部颁布了首个"数字文化产业"概念的政策文件《关于推动数字文化产业创新发展的指导意见》，向社会发出国家鼓励数字文化产业发展的明确信号。从省内来讲，湖南省动漫游戏产业起步早，发展快，具有相当的历史积淀，具有一定的产业快速发展基础。2018 年，省委、省政府出台的《关于加快文化创新体系建设的意见》明确提出要"建设动漫游戏创新基地。制定扶持动漫游戏产业发展政策，培育一批在国内外有较强竞争力和影响力的骨干动漫游戏企业"。

2. 内容创意成为动漫企业核心竞争力

动漫游戏产业要从高速发展向高质量发展转型，其内容质量的重要性就越加凸显。近几年来，泛娱乐和 IP 已成为行业普及的概念，以 IP 为核心，游戏、动漫、文学、影视、电竞和视频等多元数字内容共融共生，发展快速，但文化内容始终是动漫游戏产业发展的灵魂所在，产业则是文化发展的重要驱动力，灵魂与动力，缺一不可，而对文化价值的坚守才能让企业"行远步坚"。相关资料显示，日本动漫最受中国动漫用户的喜爱，无论是动画还是漫画，在中国的动漫用户中都有超过 50% 的粉丝。而中国的动漫文化产品，在拥有共同文化背景的情况下，其喜爱度仍然次于日本动漫。在关于国产动漫与外国动漫相比存在的不足方面，用户认为国产动漫创新性不够，体现在内容题材比较老套、创意不足、人物塑造弱、画面粗糙、动作不流畅、节奏拖沓等。其说明，动漫游戏领域还是要坚持内容为王，坚持走精品原创路线，注重 IP 文化价值的构建，强化产业价值与文化价值的统一，通过以中华优秀传统文化和优秀湖湘文化为内核的动漫游戏创意精品开发，为传统文化注入新的时代内涵，从内容质量上提升文化品位和市场价值，这将是动漫游戏产业走向世界的核心竞争力。

3. 转型升级融合推动动漫产业发展

新科技发展迅猛。近几年，随着大数据、云计算、物联网、人工智能等新一代信息通信技术的快速发展，新技术与动漫游戏创意的深度结合，将迸发出产业发展新的火花，新技术所催生的产业新场景、新机遇和新空间正在为动漫游戏创意产业的创新发展赋能。新需求变化多样。有数据显示，2018 年中国动漫行业产值主要来自动漫上游的内容市场和下游的衍生市场两大块。下游衍生市场是动漫产业产值的主要来源，在全球比较成熟的日本动漫市场中，衍生市场的产值相当于内容市场的 8～10 倍。随着我国近几年非低幼向国产动漫质量和产量的提升，我国在线动漫市场的规模也快速提升。动漫衍生品行业发展的根本是市场需求多元化，动漫衍生形式不再停留于传统玩具行业，动漫游戏与教育培训、文化旅游、装备制造业、消费品工业、建筑业、信息业、农业和体育产业等重点领域融合发展，泛娱乐、漫影游联动现象普遍，甚至向着新领域积极进发；动漫周边产品不仅局限于动漫人物手办，还包括服装、文娱、生活用品、餐饮等多个方面，向着动漫周边零售、动漫 DIY 现场制作、动漫 Cosplay 专业摄影、动漫服装道具定制租赁、动漫餐饮、动漫游戏等多元化模式发展。

四 加快发展湖南动漫产业的对策建议

新形势下，湖南动漫产业迎来了良好的发展机遇，湖南动漫产业正在步入第二次发展的轨道。如何转型升级，保持湖南动漫产业的高质量发展，需要我们在产业链条、内容创新、政策保障上下功夫，寻求突破。

1. 跨界开发：深入开发精品 IP，增强产业竞争力

中国动漫产业正在进入以互联网为核心，多形态、跨媒介、跨行业融合发展的时代。目前，湖南要积极推动动漫产业融合发展，充分利用现代传媒和沟通渠道，整合已有的发达的制造业资源，以数码动画基础为突破口，以计算机及网络为基础，借力"互联网＋"，实现传播载体的新拓展；结合 AR、VR、全息成像等新的沉浸式技术发展，实现产业的叠加和升级。通过上下游的对接、全产业链的开发，提升动漫形象的品牌价值，实现衍生品、快闪店、跨界合作等 IP 的商业变现。视频网站以文学、动漫为源头进行 IP 全面开发，形成超强内容矩阵，最大限度地挖掘 IP 内容价值，并以此为基础，在中游进行全国乃至全球发行，进一步扩大动漫内容影响力，在下游充分发挥 IP 的媒体及商品等价值，最终实现动漫 IP 的经济价值拓展。一个动漫精品 IP 的深度开发和品牌建设应该有游戏、画册、会展、服饰、邮票、美妆、3C 产品、零食品等大类，要通过"情感牌""青春牌""怀旧牌"等营销模式，联动体育 IP、艺人 IP 等不同维度，使粉丝快速产生情感上的共鸣，在粉丝群体效应的带动下，将精品 IP 打包出售。让投资方、制作方和发行方的"击鼓传花"形成合力与稳固的产业链，从而真正孕育出具有品牌价值的精品 IP。动漫产业作为

文化创意产业的重要领域，与传统产业融合发展是共赢之举，动漫产业与传统产业在品牌建设、产品定位、渠道拓展方面三力合一，深入开发精品 IP，助推动漫产业增产增效，增加新的经济增长点，从而形成湖南产业间相互促进的良好局面。

2. 双轮驱动：优化动漫产业集聚，积极进入海外市场

在动漫行业市场中，单一的动漫产业品牌难以承载国内外的市场竞争压力，由动漫品牌发达城市的建设经验可知，"园区式"的聚集是动漫产业品牌集群化的有效路径。需充分利用湖南现有的资源优势，以长株潭动漫产业基地为核心，推动资源向基地集聚，进一步发挥创意产业园区在动漫产业品牌聚集发展中的作用。政府要由"办文化"向"管文化"转型，从完全包办到扶持管理转型，引导企业遵循市场规律，促进合理分工和产业互补，避免同质化品牌竞争，实现差异化品牌发展，改变动漫企业集聚区的低效状态。充分发挥麓谷园区"国家数字媒体技术产业化基地""湖南国家动漫游戏产业振兴基地"两个国家级平台的作用，以两大基地为支撑，组建湖南动漫游戏集团，整合全省动漫游戏产业资源，以产业龙头的资源带动行业发展，努力把省会长沙建设成为世界一流的卡通动画节目制作、传播中心，数字媒体技术研发中心，国内外数字动漫成果转化中心，国家动漫游戏成果转化中心和动漫游戏人才集聚培养中心及衍生产品制造中心，确保长沙和湖南动漫原创产业在全国的领先优势。

充分利用"一带一路"机遇，推动湖南动漫"走出去"。随着国家促进文化产业发展各项扶持政策的陆续出台，动漫产业的市场前景越来越广阔，文化部印发的《文化部"一带一路"文化发展行动计划（2016—2020 年）》鼓励中国 - 东盟博览会等综合性平台设立文化交流板块，以助推动漫游戏产业"一带一路"国际合作行动计划实施，"一带一路"倡议必将为国内外动漫企业带来无限商机。因此，湖南要借"一带一路"建设东风，深入研究和探讨与共建"一带一

路"国家和地区在动漫产业领域的合作和未来发展，加强与共建"一带一路"国家的文化交流与合作，积极培育动漫产业，开展对外文化交流活动。以产业转型为契机，在新一轮业态的建构中缩小与日本、美国等动漫产业强国的差距，湖南动漫乃至中国动漫，都将从长期的模仿依附、低端代工中解脱出来，从而获得市场的主导权。

3. 创意为王：苦练"内功"，重视人才培养

与20世纪90年代动漫产业的起步期相比，当下湖南动漫的进步主要体现在产业规模等业态方面，而在绘画水平、故事内容、价值内涵与思想深度等方面还有待提升。这种"减质增量"的现象虽然在短期内带来市场的繁荣，但必将对市场造成长久损害。湖南动漫产业要持续发展，就要先练好"内功"，形成以创意为王，以设计为核心，以衍生品生产制造为主导，以电视、网络、手机等各种传媒平台为基础的完善产业链。充分利用沉浸式技术的实物再现、实时交互、现实模拟等功能，在创意的支持下，通过虚拟现实技术带来内容产业的创新，创造出新型的内容产品。每部风靡全球的动画电影背后都是创作团队在故事构思、形象设定和动画技术创新等多个方面的精心制作，是对产业链建设、资本逐利、核心内容坚持的完美运转，更是对本土文化和价值体系的深度褒奖和创新，要想让湖南动漫立足于动漫版权产业链，就要在创意和内容上去除粗劣和杂质，在传统的审美中提取价值元素，在麻木的生活中寻找艺术点，在故事内容中获得代入感和刺激感。学界和业界的联动是动漫人才培养的方向，学界不要回避业界的"商业气息"，企业不要把学生当作"廉价劳动力"，建立高等院校和企业间的产学研合作机制，培养高端复合型动漫人才，建立湖南与国际动漫企业在技术、产品领域的合作发展方式，形成以长沙软件园数字媒体技术应用实验室、创智微软技术支持中心、Intel电脑动画技术发展中心、三辰动画工程技术研究中心为主的四大核心数字媒体与动画游戏技术研发和应用机构，开发动漫游戏制作软件系

统、数据库系统和制作流程的自动化管理系统等，为湖南制作高科技含量的动漫产品提供技术支撑。

4. 推拉之间：探索多元化盈利模式，加大政策扶持力度

市场"看不见的手"是促进动漫产业发展的直接拉动力。基于互联网和移动无线网络两种介质进行传播的新媒体动漫时代已经到来，随着5G网络的成熟和新的通信技术的进步，万物互联的实现，"动漫产业＋人工智能"在未来将会左右动漫产业发展的整体趋势，成为动漫发展的主力军。过去电视、院线是动漫作品的主要播出平台，最近几年网络视频的发展，让动漫在新媒体领域面临新的机会。从互联网以及移动互联网的传播方面来讲，漫画从纸质的传播方式发展成现在的以手机、iPad等载体传播。动画片除传统的电视播出方式外，也增加了新媒体的传播。"动漫＋游戏"和"动漫＋直播"成为动漫文化快速变现、获得商业价值的最重要途径。正是基于动漫向游戏的转化，以及泛娱乐平台新的盈利模式，湖南在构建泛娱乐平台时要兼顾动漫文化、游戏竞技等多个板块，通过推动主播IP化的泛娱乐模式，探寻动漫产业新的商业价值。

政府"看得见的手"是促进动漫产业发展的直接推动力。一是加大资金支持力度。省文化产业引导资金要有连续性，同时支持额度应不低于3000万元。各地市文化产业引导资金比照省级资金切块配套。二是加大播出支持力度。金鹰卡通频道在重点播出本土动漫上做出了很大的努力，要继续鼓励支持金鹰卡通频道增加本土动漫播出比例。同时，以省动漫专项资金为基础，建立优秀动漫节目播出奖励机制。三是加大政策支持力度。对已有政策进行梳理落实，出台《进一步推动动漫产业发展的若干意见》，从土地、房租、财税、融资、人才引进等方面，落实优惠政策，做大做强麓谷动漫产业园等动漫园区和基地。

湖南文化产业新型业态发展研究

陈文锋*

近年来，随着数字技术的发展，文化产业的边界不断得到扩展，逐渐呈现跨界融合、加速发展的趋势。特别是文化产业与互联网的深度融合，极大地颠覆了内容生产的方式、传播的方式和反馈的方式，以网络视频、网络游戏、网络直播等为代表的新业态正在强势崛起。同时，消费观念的转变、需求结构的升级，也带动了新技术、商业模式在文化产业中的运用和创新，进一步推动了新型文化业态的发展。作为一个传统的文化大省，湖南涌现出的动漫、广电、出版等业态众所皆知。而在新一轮科技和产业变革加速演进的背景下，湖南要充分发挥多年来积累的产业基础优势，利用新经济、新基建、数字技术加速发展的契机，一方面推动湖南传统优势文化产业积极拥抱互联网，实现提质升级；另一方面要超前谋划和部署文化产业新型业态的发展，从而推动湖南在新的发展阶段中实现由文化大省向文化强省的迈进。

一 文化产业新型业态的内涵与特征

习近平总书记在党的十九大报告中指出，要健全现代文化产业体系和市场体系，创新生产经营机制，完善文化经济政策，培育新型文化业态。从国家统计局发布的《新产业新业态新商业模式统计分类

---

* 陈文锋，湖南省社会科学院助理研究员，研究方向为新兴产业。

（2018）》来看，涉及文化（含文旅体融合）的新业态和新商业模式涵盖了先进制造业、互联网与现代信息技术服务、现代技术服务与创新创业服务、现代生产性服务活动、新型生活性服务活动、现代综合管理活动6个大类，分层列项的有12个中类和62个小类。12个中类主要包括：新一代信息技术设备制造、现代信息传输服务、互联网平台（互联网＋）、互联网信息及其他服务、软件开发生产、数字内容设计与制作服务、其他现代技术服务、现代商务服务、新型餐饮服务、文化娱乐服务、现代旅游服务、现代城市商业综合管理服务，其中基于现代信息技术和互联网平台的文化新业态成为分类统计的最大亮点。从《战略性新兴产业分类（2018）》来看，与文化产业新型业态相关的是数字创意产业，包括数字创意技术设备制造、数字文化创意活动、设计服务、数字创意与融合服务4个中类和8个小类。结合《新产业新业态新商业模式统计分类（2018）》和《战略性新兴产业分类（2018）》可以看出，文化产业新业态是在数字技术、互联网等高新技术支持下，由时尚生活潮流推动发展的新文化业态，主要包含三个层面的特征。

一是文化产业新业态是文化内容、资本和科技结合的产物，数字化高新技术推动了传统的文化产业向高端变革，催生了大量的创意设计、动漫、网游、互联网经济、现代会展业、现代广告业、电子（数字）商务、数字视频等新业态。

二是互联网平台变成文化企业发展基础设施，使其实现了可移动经营的目标。如目前猪八戒网服务范围涵盖25个国家和地区的1600万名/家文化创意人才/机构，超过100万的创业者个人转变成为工作室或机构，其中15万家已转型成为公司。

三是随着文化业态的多元化，新的管理模式和新商业模式日益细化文化市场，满足个性化消费人群需求成为新的竞争方向。例如，随着云计算、VR、AI等新兴技术的不断演进，互联网巨头竞相布局，影游漫文教联动和产业融合将成为趋势；移动电竞、互联网影视成为新的探索点。

二 湖南文化产业新型业态发展驶入"快车道"

近年来，湖南高度重视文创产业的发展，特别是倾力打造的马栏山视频文创产业园，为新型文化业态的发展厚植了成长的土壤。再加上芒果超媒、电广传媒等头部企业的孵化及活跃的文化基因、互联网基因的加持，也为湖南新型文化业态的发展创造了条件。

（一）"文化＋"为新业态发展插上腾飞的翅膀

近年来，湖南通过推动"文化＋科技""文化＋互联网""文化＋旅游""文化＋消费""文化＋创意""文化＋会展"，助推文化产业新型业态的发展。涌现出动漫游戏、在线教育、数字出版、网络视听、短视频直播等一批文化产业新型业态。从全省来看，2019年湖南文化新业态特征较为明显的16个行业小类[①]实现营业收入212.72亿元，较上年增长26.9%（见表1）；占文化产业的比重为6.3%，比上年提高1个百分点。

表1　2018~2019年文化新业态特征较为明显的16个行业小类比较

单位：亿元，%

年份	全国	增速	湖南	增速	江西	增速
2019	19868	21.2	212.72	26.9	339.43	137
2018	16392.74		167.63		143.22	

资料来源：国家统计局及各省统计局。

---

① 新业态特征明显的16个行业小类是：广播电视集成播控，互联网搜索服务，互联网其他信息服务，数字出版，其他文化艺术业，动漫、游戏数字内容服务，互联网游戏服务，多媒体、游戏动漫和数字出版软件开发，增值电信文化服务，其他文化数字内容服务，互联网广告服务，互联网文化娱乐平台，版权和文化软件服务，娱乐用智能无人飞行器制造，可穿戴智能文化设备制造，其他智能文化消费设备制造。

如湖南动漫游戏产业持续位居全国第一方阵，2018年全省动漫游戏年度总产值超过305亿元，同比增长11%。全省从事动漫、游戏及相关业务的企业、工作室有800余家，其中上市企业4家、营收过亿元的动漫游戏企业12家，动漫游戏专业技术人才及相关从业人员约10万人，动漫游戏产业链已经形成。

从具有代表性的长沙来看，长沙充分发挥国家级文化和科技融合示范基地的品牌效应，依靠科技力量促进新型文化业态发展。2018年长沙市新型文化业态营业收入增幅均超过"两位数"。如2018年长沙市规模以上高新技术文化企业实现营业收入267.8亿元，同比增长22.2%，远高于全部规模以上文化企业平均水平。其中26家规模以上互联网信息服务企业实现营业收入36.3亿元，同比增长20.8%；44家规模以上数字内容服务企业实现营业收入22.2亿元，同比增长14.1%；83家规模以上广告服务企业实现营业收入58.3亿元，同比增长23.7%；70家规模以上设计服务企业实现营业收入109.9亿元，同比增长11.6%；31家规模以上广播影视发行放映服务企业实现营业收入8.2亿元，同比增长18.1%；11家规模以上文化会展服务企业实现营业收入4.3亿元，同比增长19.4%。

（二）新业态的产品竞争力不断提升

如湖南卫视的芒果TV客户端，依靠《爸爸去哪儿》《我是歌手》等独特资源，已在资本市场进行了两轮融资，短短几年内已成为全国第一梯队唯一国有控股的视频平台，并进入视频客户端头部阵营。红网的"时刻"被国家网信办列入全国五家重点客户端；《湖南日报》的新湖南客户端下载用户突破1650万，居全国党报新闻客户端第一方阵。据人民网研究院发布的《2018中国媒体融合传播指数报告》，湖南电视台列电视台融合传播排行榜第2位，仅排在中央电视台之后；在电视节目网络传播 10 强中，湖南电视台有 5 个，居全国第一。全国报纸传播融合传播力百强榜中，湖南有 4 家上榜，其中《长沙晚报》列第 24 位，《湖南日报》列第 48 位，《潇湘晨报》列第 56 位，《三湘都市报》列第 88 位。青苹果数据中心研发和推广的"天山书猫""雪域书猫"少数民族移动数字阅读项目入选"2016 年度中国十大数字阅读活动"。2019 年末，天闻数媒数字教育产品已进入全国 25 个省份、135 个地级市、566 个区县，各类产品服务 8000 多所学校。

（三）龙头企业在新型业态发展上持续发力

1. 互联网视听类

如芒果超媒依托芒果特色融媒体生态，充分发挥可持续内容自制和产业协同优势，以互联网视频平台运营为核心，大力发展互联网视频会员、广告、IPTV 运营、影视剧、综艺节目制作、艺人经纪、音乐版权运营、游戏及 IP 内容互动运营、媒体零售、互联网金融等新型业态。在"2019 年中国互联网企业 100 强榜单"中，芒果 TV 跃升至第 20 位，是 20 强中唯一的国有控股企业，同时连续 5 年排名湖南省互联网企业第一；快乐阳光、芒果影视入选"2019～2020 年度国家文化出口重点企业"；芒果 TV 自建全球文化输出平台入选"2019～2020 年度国家文化出口重点项目"。

2. 数字教育类

如中南传媒以天闻数媒现有的业务为基础整合公司旗下数字教育资源，打造产品集群，"智慧教育生态树"完整的业态布局基本完成。在教育部首次公布的 8 个"智慧教育示范区"中，3 个由天闻数媒提供深度服务。湖南教育出版社打造的 K12 精准教育互动平台贝壳网，聚焦智慧校园产品线和智慧学习产品线，打造资源教研、综合素质评价、智能测评、新高考整体解决方案、家校共育、C 端应用、贝壳导学卡等产品矩阵。截至 2019 年末，贝壳网跻身全国同类平台第一方阵，已在全国建成 173 个教研站点，注册用户数达 396 万，较上年末增长 169 万，资源量级达到 85TB，增长 183%；中南迅智深耕教育质量监测考试服务，聚焦考试阅卷系统、考试测评系统，以及 A 佳教育 App、A 佳考试公众号、小佳学习 App 等，截至 2019 年末，中南迅智移动端应用注册用户数达 350 万。

3. 短视频和直播类

如西瓜传媒公司聚焦网红孵化、时尚美妆、电商供应链、直播、本地生活服务等领域，构建了从微信到短视频的全平台 IP 矩阵以及品效合一的运营模式，目前精准用户超 1 亿，总阅读量达 100 亿，总点赞数超 10 亿，是抖音、快手、微博、微信等平台的深度合作伙伴，与 OLAY、雅诗兰黛、AHC、蒂芙尼、肯德基、文和友、徐记海鲜、必胜客、兰蔻等超 300 个品牌进行了深入合作。中广天择 MCN 旗下账号发展迅速，截至 2019 年 12 月 31 日，全网总粉丝数 4315 万，总点赞量 4.5 亿，总播放量 86 亿。已与肯德基、松下、耐克、OPPO、陆风汽车、资生堂、植村秀、兰蔻等超过 200 个品牌进行了合作。

4. 网络游戏类

如 2014 年成立的草花互动已经打造出不少深受玩家们欢迎的游戏，其旗下的"草花手游平台"是全国移动游戏领域十佳第三方平台，注册用户超过 5000 万，2018 年累计营收达 8.5 亿元。通过与湖南卫视联合打造"芒果电竞"，联盛科技和各地电视台开展合作，夯实国内电视电竞平台的制高点。2017 年，该公司构建移动端、PC 端、电视端、IPTV 及线下文化体育赛事结合的平台，研发新产品 20 余款，线上共进行了 2 万余场棋牌赛事及 100 余场线下公益棋牌竞技活动，参赛人数累计超过 1000 万人次。

三 湖南文化产业新型业态赶超发展
要突破"三重"瓶颈

尽管湖南文化产业新型业态发展较快，但相较于先进地区，要认清湖南文化产业新型业态产业规模偏小、头部企业偏少、企业负债偏重的客观事实。对标对表先进地区，湖南文化产业新型业态发展还需加速、加码、加力，实现赶超发展。

（一）产业规模偏小，对齐"标兵"还需继续加速

湖南文化新业态虽然发展较快，但尚未形成产业规模和新的区域品牌。新型文化产业领域，尤其是数字出版、数字阅读、智慧广电、网络视频、网络文学、网络音乐、网络动漫、网络游戏等方面在全国竞争力较弱。2019 年湖南文化新业态特征较为明显的 16 个行业小类规模以上企业营业收入占比仅为 6.3%，远低于 22.9% 的全国平均水平。分产业来看，如 2017 年长沙的多媒体动漫游戏软件开发、数字内容服务、广告、建筑设计和其他专业化设计服务等高附加值的文化创意和设计服务业增加值为 81.1 亿元，占全市文化产业增加值的比重仅为 9%，而同期北京为 57.7%、上海为 48%，杭州仅数字内容服务占比就达 61.5%。

从企业来看，以湖南进入全国文化企业 30 强的两个集团为例，电广传媒有线网络业务受 IPTV、移动电视、互联网视频等竞争影响，存在用户流失的可能性。其大力发展的游戏业务 2019 年营业收入占企业主营业务收入的比例仅为 5.58%。中南传媒的出版发行及印刷等占主营业务收入的 85% 左右，而数字出版业务等只占企业主营业务收入的 3% 左右。此外还有中广天择的短视频运营，2019 年营业收入占企业主营业务收入的比例仅为 5.4% 左右。

（二）头部企业偏少，释放"磁力"还需继续加码

湖南缺乏具有全国乃至全球影响力的龙头企业，特别是像对新型文化业态具有平台支撑作用的北京百度、浙江阿里、广东腾讯这样的互联网巨头。统计资料显示，百度公司 2019 年营收达 1074 亿元，腾讯公司 2019 年全年收入达 3772.89 亿元。而湖南 2019 年文化新业态特征较为明显的 16 个行业小类企业 202 家，仅占规模以上文化产业的 5.6%。以长沙为例，2017 年长沙规模以上文化企业营业利润过亿元的企业仅 20 家，仅占全部规模以上文化企业数的 1.8%。从部分新型行业看，2017 年长沙规模以上广告企业中收入过亿元企业 8 家，仅 1 家企业收入超过 10 亿元，而北京蓝色光标 2017 年收入达 109.6 亿元、广州省广集团和分众传媒 2017 年收入分别达 112.9 亿元和 120.1 亿元、杭州有思美传媒 2017 年收入达 41.9 亿元。如动漫游戏领域，目前长沙有趣动文化、善禧文化和锦绣神州等 20 余家动漫游戏及相关服务企业上了一定规模（不含以教育服务为主的拓维信息），但动漫游戏精品较少，缺乏一定的行业与品牌影响力，还难以与广州奥飞娱乐和咏声动漫、深圳腾讯游戏（动漫）、华强动漫、杭州玄机科技、北京若森数字、南京原力动画等进行竞争。2019 年部分省份 A 股文化上市企业数量比较如表 2 所示。

表 2　2019 年部分省份 A 股文化上市企业数量比较

单位：家

广东	北京	浙江	上海	江苏	四川	山东	湖南	福建	湖北	安徽	河南
62	40	36	22	21	11	11	9	8	7	6	4

（三）企业负债偏重，鼓足"后劲"还需继续加力

从上市文化企业发展情况看，2019 年电广传媒、中南传媒、天

舟文化、拓维信息、中广天择和华凯创意 6 家上市文企年末拥有资产 522.06 亿元，资产负债率为 37.2% 。其中电广传媒、华凯创意资产负债率分别为 43.5% 、56.5% ；中广天择、华凯创意营业收入不足 10 亿元，并且两家企业净利润同比下降 29.34% 、49.14% 。部分上市公司负债率如表 3 所示。

表3　2019 年出版行业上市公司资产负债率比较

单位：%

企业名称	资产负债率	所在地区
中国出版	41.60	北京
凤凰传媒	38.90	江苏
中文传媒	37.59	江西
中南传媒	33.72	湖南
山东出版	33.37	山东
时代出版	32.04	安徽
长江传媒	31.10	湖北

分行业来看，2016 年末长沙市 6 家规模以上展览服务企业资产负债率为 66% ，高于全市规模以上服务企业平均水平 12.2 个百分点；实现营业收入 2 亿元，同比下降 10.6% ；营业利润亏损 2776.1 万元，亏损额是上年的 2.7 倍。长沙市 24 家参营或主营动漫游戏的规模以上企业拥有资产 81.5 亿元，资产负债率为 28.5% ，较上年提高 6.9 个百分点，其中 8 家企业资产负债率超过 50% ；实现营业利润 3.8 亿元，同比下降 7.5% ，营业利润率为 12.2% ，较上年回落 13.4 个百分点。长沙市具有国家网络出版许可证的 25 家规模以上数字出版企业营业收入虽有增长，但利润亏损。

四　湖南文化产业新型业态发展的对策建议

作为文化与科技深度融合的产物，湖南文化产业新型业态的发展要把握新一轮科技和产业变革加速演进的机遇以及新经济引领、新基建助推、新需求爆发的契机，在顶层设计中为湖南文化产业新型业态的发展保驾护航，在招才引智中为湖南文化产业新型业态的发展凝心聚力，在载体打造中为湖南文化产业新型业态的发展蓄势赋能，在金融创新中为湖南文化产业新型业态的发展强身健体。

（一）注重顶层设计，为文化产业新型业态发展保驾护航

新兴技术与新兴需求的紧密结合，推动了文化产业新型业态的蓬勃发展。随着互联网与文化产业深度融合，以及居民文化消费观念的变化，文化产业新型业态将成为推动经济高质量发展的下一个"风口"，成为文化产业可持续发展的核心引擎。

从国家层面来看，习近平总书记高度重视新型文化业态的发展，曾多次强调要推动文化产业高质量发展，健全现代文化产业体系和市场体系，推动各类文化市场主体发展壮大，培育新型文化业态和文化消费模式，以高质量文化供给增强人们的文化获得感、幸福感。文化部于2017年出台了《关于推动数字文化产业创新发展的指导意见》（以下简称《指导意见》），这是在国家层面首个针对数字文化产业发展的宏观性、指导性政策文件，也是首个明确提出数字文化产业概念的政策文件。《指导意见》明确提出要丰富网络文化产业内容和形式，实施网络内容建设工程，大力发展网络文艺，丰富网络文化内涵，推动优秀文化产品网络传播。国家统计局发布的《文化及相关产业分类（2018）》，将以"互联网＋"为依托的文化新业态纳入统计范围。

从兄弟省市来看，2016年山东在全国率先推出《山东省"互联网＋文化产业"行动方案》，要着力发展文化创意（及其衍生品）、新型媒体、数字出版、网络视听、文化电商、文化贸易等重点业态。浙江在2017年明确提出打造数字文化产业新高地，着力发展数字出

版、数字影视、数字动漫等新业态，出台了系列政策文件。从 2018 年起，浙江更是全面实施数字经济"一号工程"，加快文化产业与数字经济深度融合。北京市于 2020 年出台了《北京市文化产业高质量发展三年行动计划（2020—2022 年）》，重点发展"文化＋"新业态、新产品、新模式。

尽管湖南在《湖南省"十三五"时期文化改革发展规划纲要》中提出要实施文化产业"互联网＋"行动，大力发展移动互联网、数字媒体、微信、微博等新型媒体，积极推进数字出版移动化转型，不断拓宽手机动漫、手机游戏等优势产业的传播渠道，打造文化产业移动互联网完整产业链。但相较而言，湖南文化产业新型业态呈现小、散、弱的特征，还处在发展的萌芽阶段。湖南应以新一轮科技和产业革命加速演进为契机，以新基建、新经济发展为抓手，以第十四个五年发展规划为统领，加快制定《"十四五"湖南文化产业新型业态发展专项规划》，明确大力发展以文化"互联网＋"为主要形式的规模以上文化信息传输服务业、文化创意和设计服务业等新型高端服务业，进一步发挥技术优势，将互联网、VR、大数据、云计算等新技术与文化产业进行深度结合，进一步挖掘文化产业的新价值，催生新的文化业态，培育文化产业发展新动能。

（二）突出招才引智，为文化产业新型业态发展凝心聚力

创意、内容以及技术，是文化产业新型业态发展的三大主要动力。而随着互联网的快速发展，"内容为王"时代已然来临，内容生产的实力是衡量文化产业发展质量和生命力的基础，也是做大、做强、做优文化产业新型业态的前提。因此文化产业新型业态的发展归根结底是要坚持培养好、运用好一批文化创意产业人才。如美国很多地方起初都是一派荒芜，现在却变成了世界文化产业的胜地，比如拉斯维加斯，不仅有世界最大的赌城，更是全世界城市精华的浓缩，以

娱乐业和奢侈品行业闻名于世。

湖南虽然是文化大省、科教大省，但文化产业高端人才依然不足，特别是具有创新能力的复合型人才严重不足。从深入文化产业新型业态企业的调研中了解到，当前湖南新型文化业态中具有代表性的领军企业最缺乏的是人才，人才匮乏是制约文化产业发展的主要瓶颈。各地、各企业普遍反映在与沿海地区薪资待遇相同的情形下，文化创意人才特别是领军人才仍然"引不来、留不住"。即便是文化产业新型业态发展较好的长沙市，2018 年通过对全市 50 家重点文化企业进行调查研究的结果显示：78% 的企业有招工需求，22% 的企业无招工需求；有招工需求的 39 家企业中，74.4% 的企业表示缺乏专业化设计、互联网服务等技术人才。在有招工需求的企业中，38.4% 的企业面临人才专业能力不强、人才供给少等"无合适人才"的困难。企业一致希望政府能够加大人才引进和培养的力度。

因此，培养一批年轻化、有创意、懂技术、会经营的复合型人才，成为推动湖南文化产业新型业态发展的当务之急。一是发挥以湖南大学、中南大学为龙头，以其他高校为主体的本土教育优势，推动艺术、设计、软件、传媒等重点文创专业的校企合作和联合办学，鼓励各类教育培训机构根据文化市场需求制定人才培养计划，打通本土优秀文创人才的直接输送通道。二是鼓励和支持高校、科研院所和相关企业调整人才培养目标和结构，创新人才培养模式，强化实践实训，通过跨学科、跨行业、跨校园、跨国界的协同合作，培养一批创新型数字化文化科技人才。三是围绕内容生产，深度挖掘厚实的湖湘文化资源，以实施"大众创业、万众创新"为契机，培养多元化文化产业人才，鼓励社会参与，从源头激励文化艺术创造，激活、提升文化原创力，创造出既"叫好"又"叫座"的文化产品，变资源优势为文化经济优势，提高文化产业发展核心竞争力。四是尽快出台湖南文创"人才新政"，为新型文化业态储备高质量人才。对引进国内外顶尖文化创意人才和领军型创新创业团队的个人和组织给予"专人专设"型项目资助；为文化类创意项目设立文创担保贷款；对经国家认定的文化名家、知名大师、具有较大知名度和影响力的国外文化名人，支持来湖南设立工作室或运营文化创意项目。

（三）打造集聚载体，为文化产业新型业态发展蓄势赋能

园区、基地能够集聚优秀的骨干文化企业，打造具有核心竞争力的文化品牌，带动周边文化产业发展，培育区域性文化产业链，促进文化消费升级与文化经济转型，在文化产业发展中发挥不可替代的关键作用。

在文化产业新型业态发展的浪潮中，基地、园区成为发达地区争相发展的重点。如杭州规划通过着力打造产业生态链"5111"工程，即招引5家具有示范带动作用的平台或联盟、培育10家有影响力的影视文化公司、培育100家有影响力的MCN机构、培育1000名有号召力的带货达人，形成渠道链、服务链、供应链、创新链、政策链"五链合一"的成熟电商直播生态圈，树立中国直播电商新地标。深圳龙岗专门划定35平方公里的数字创意产业走廊，将打造一条贯穿龙岗东西、集聚龙岗区80%数创园区及企业、具有国际影响力的数创走廊。南昌红谷滩新区倾力打造全国首个城市级VR产业基地，初步形成了产、学、研、用一体化的虚拟现实产业链。

尽管湖南各级各类文化产业园区（基地）很多，但规模化、集约化、专业化水平较低，大多停留在空间集聚状态，功能定位不明、门类散乱、重复建设、同质化竞争、新型业态占比小、产出效益偏低等问题普遍存在，产业、人才、资金等集聚效应明显不足、辐射带动性不强。企业与企业之间缺少共生互补、价值链需求和产业链联系，没有形成集设计、研发、生产、销售、服务于一体的完整文化产业链，带动就业和消费的作用不明显。

因此，在文化产业新型业态蓬勃发展之际，湖南一方面要通过加快推进特色文化产业园区发展，逐步形成湖湘特色鲜明、创新能力强劲的特色文化产业集群和地区比较优势，全面发展优势产业的下游产业、周边产业、关联产业、衍生产业，推动文化产业链的延伸，促进文化产业规模化、集约化、专业化发展，做优做强包括文化产品生产、流通和服务在内的各类文化骨干企业，增强规模以上文化产业企业集聚发展能力、扩张辐射实力和市场竞争能力，推进高质量发展。另一方面要发力网络视频产业，全力建设马栏山视频文创产业园，通过"引进龙头、扶持小微、带动周边"的全产业链方式，打造"中国视谷"。要重构动漫游戏业，大魄力打造"动漫湘军""游戏湘军"。大力推动湘江新区中电软件园、国家动漫游戏产业振兴基地等建设。

（四）创新金融支持，为文化产业新型业态发展强身健体

金融和文化产业的结合，绝不仅仅是解决钱从哪儿来的问题，而是整合资源、培育功能、重塑生产力的过程。但当前文化产业新型业态的企业大多属于小微文化企业，根据 2016 年数据，这些小微文化企业的数量已占到文化类企业数量总和的 95% 以上。而小微企业往往在融资方面不占优势，特别是文化产业的小微企业缺乏重资产担保，在项目评估上没有抵押物，投资收益也有较大的不确定性，其面临融资难、融资贵等问题。这就需要打通文化金融的血脉，多方发力，形成合力，形成政府、文化企业、研究机构和金融资本同频共振、多位一体的创新模式。

从兄弟省市来看，江苏省政府设立文化产业专项引导资金以来，已支持 1800 余个项目、安排资金近 22 亿元。通过持续发挥两期总规模 40 亿元的紫金文化发展基金作用，重点扶持中小文化企业，20 个股权投资项目已有 3 个成功上市。2018 年，江苏省委、省政府又设

立了大运河文化旅游发展基金，首期规模 200 亿元。截至 2018 年底，江苏省银行业机构文化产业贷款余额 1316 亿元，其中中小微文化企业贷款占 84%。"鑫动文化""文创贷""创意贷"等系列文化信贷业务成为品牌。南京市成立了全国首个具备综合功能的文化金融服务中心，累计促成发放贷款 112.44 亿元，荣获全国"优秀文化金融合作创新奖"。

从湖南来看，尽管省、市、县各级文化产业引导资金数量不小，但还存在着"撒胡椒面"等问题，资金使用效益有待提高。调研时有不少地方反映，文化产业引导资金扶持不够精准，扶助方式多为"锦上添花"的事后奖励，少有"雪中送炭"的事前、事中补助，处于初创时期的新型产业、特色产业和小微企业获取扶持的机会不多，政策受惠面太窄，扶持促进作用没有真正体现。同时中小文化企业融资难、融资贵等仍然是"老大难"的问题。因此，一是全方位实施"文化＋金融"战略，探索政府部门与大型文创企业、金融机构等合作设立文化产业投资基金，鼓励支持金融机构开发多样化的特色文化金融服务和产品，鼓励推动有潜力、有成长性的文化企业谋划上市，进入资本市场融得更多资金。二是可充分发挥银行、证券、基金和小贷公司等金融机构资源优势，探索开展"文化＋金融"主题交易展、高峰论坛、文化项目投融资路演及文化金融产品服务对接会等系列活动，努力促进各类投资基金与文化企业有效对接，形成常态化的文化、金融产业联姻机制。三是构建"基金＋基地"的创投孵化体系，大力扶持"两山一湖"双创基地、后湖文艺园、西湖文化园的突破发展。四是深入拓展债券融资、信托融资、集合票据等多元化融资渠道，为文化企业尤其是中小微文化企业提供必需的资金。

湖南体育产业发展研究

黄永忠*

体育产业，是指为社会公众提供体育产品和服务的产业活动，以及与这些活动有关联的产业活动的集合，具体包括体育服务业和体育用品业。体育产业是文化产业的重要组成部分，是支撑文化强省建设的重要力量。"十三五"以来，湖南省体育产业呈现良好的发展势头，逐渐成为经济新的增长点。2018 年湖南省体育产业总规模（总产出）为 967.34 亿元，增加值为 394.64 亿元，占同期全省 GDP 比重达 1.08%。

一 湖南体育产业发展的主要特点

1. 产业规模不断扩大

2018 年，湖南省体育产业总产出达 967.34 亿元，较 2015 年的 493.3 亿元增长了 96.1%；增加值为 394.64 亿元，较 2015 年的 194.28 亿元增长了 103.1%，总产出和增加值连续 3 年均保持了 2 位数以上的增长速度（见表 1）。从名义增长看，2018 年总产出比 2017 年增长了 12%，增加值增长了 14.1%，在国民经济发展中的地位不断增强。体育用品及相关产品销售出租与贸易代理、体育用品及相关产品制造、体育教育与培训三大体育产业类别的总产出和增加值排在前三位。

---

* 黄永忠，湖南省社会科学院产业经济研究所副研究员，主要研究方向为区域经济和产业经济。

表1　2018年湖南省体育产业总产出与增加值

单位：亿元，%

产业类别	总产出	增加值	总产出构成	增加值构成
体育管理活动	28.36	12.16	2.9	3.1
体育竞赛表演活动	25.43	10.23	2.6	2.6
体育健身休闲活动	46.72	18.27	4.8	4.6
体育场地和设施管理	65.99	29.63	6.8	7.5
体育经纪与代理、广告与展会、表演与设计服务	10.41	3.24	1.1	0.8
体育教育与培训	88.31	45.44	9.1	11.5
体育传媒与信息服务	15.04	6.26	1.6	1.6
其他体育服务	79.73	32.02	8.2	8.1
体育用品及相关产品制造	199.25	58.97	20.6	14.9
体育用品及相关产品销售出租与贸易代理	372.35	167.48	38.5	42.4
体育场地设施建设	35.75	10.94	3.7	2.8
体育产业合计	967.34	394.64	100	100

资料来源：湖南省体育局、湖南省统计局公告（2020年1月19日）。

2. 产业基础逐渐夯实

到2018年，全省体育场地达到113830个。全省体育馆317座，运动场7630个，游泳池691个，各种训练房5270个（见图1）。2017年，体育相关从业人数达到25万人，系统从业人数达到5532人，等级运动员达到1591人，现有各级各类体校89所，国家高水平体育后备人才基地14个，省级体育后备人才基地36个，体育后备人才重点校15所，各类体校在训人数12000余人，专职教师达到483人，为体育产业快速发展提供了有力的人才保障。

3. 市场主体日益多元

2018年，作为湖南体育产业的龙头企业，湖南体育产业集团经

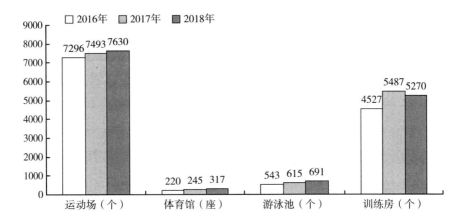

图1 2016~2018年全省运动场、体育馆、游泳池、训练房数

资料来源：2016~2018年湖南省国民经济和社会发展统计公报。

营状况稳中有进、稳中向好，全年完成营收10.5亿元，实现利润总额1355万元。旗下打造的"运动猿"App，已签约场馆1076家，用户数超过30万人，收集了81家国有大型场馆信息，累计为500万人次提供了体育平台服务，基本实现了体育平台对湖南省14个市州的全覆盖。体坛传媒基本完成了战略布局和动力转换，"体坛+"发展初见成效，体坛传媒积极使用App、微博、微信等移动互联网方式，实现了"纸媒体"向"数字媒体"话语权的转变，2018年实现内容版权收入2000万元。临湘渔具产业集群已占有国内80%的市场份额，建成了生产、生活、生态功能一体的全国首个浮标特色小镇，实现了一二三产业的融合发展。一批健身、瑜伽、游泳、网球、羽毛球等民营体育服务企业蓬勃发展，乐运体育798运动街区作为全省首家全社会资金投入的民营模式综合性大型体育场馆，总面积达12000平方米，包括了室内篮球场、室内足球场、室内标准恒温游泳馆、健身房、拳击馆等场地。GX球馆开设自有篮球IP赛事，"李宁限高188"篮球赛，2018年报名球队达到32支，实现营业收入200万元。

4. 精品项目加快推进

2018 年，环洞庭湖国际新能源汽车拉力赛升级为中国新能源汽车拉力赛，成为首个自主打造的"国字号"赛事品牌；长沙国际马拉松赛被中国田径协会授予中国马拉松金牌赛事。立足本土优势，打造了全民运动会、全民健身节、全民健身挑战日、体育旅游节等一批规模大、参与人数多、示范性强、影响力久的全民健身活动。"走红军走过的路·徒步穿越大湘西"精品赛事等五个项目被纳入"2018中国体育旅游博览会体育旅游精品项目"。在全省创建了 50 个"江湖山道"和 40 个"一县一品"项目品牌，授予永兴县"武术之乡"和辰溪等 7 个县市"篮球之乡"称号。长沙市千龙湖国际休闲体育小镇等 5 个"国字号"体育小镇建设扎实推进。

5. 体育消费持续攀升

居民消费能力提升带动体育消费逐渐成为消费热点。据湖南统计年鉴（2018）数据，2017 年湖南省城镇居民人均消费支出达到了 23163 元，带动 2017 年体育和娱乐用品类社会消费品零售额达到 12.3 亿元，增速达到 10.8%，高于同期城镇居民人均消费支出增速 2.7 个百分点。2017 年全省开展全民健身项目 2623.0 项次，经常参加体育锻炼人数 2399.8 万人，占常住人口的 35.0%（见图 2）。2018 年举办首届"健康湖南"全民运动会，历时 8 个月，累计举办赛事活动 5370.0 场次，参与人数超过 1100 万人，营造了浓厚的全民健身运动氛围。

二 湖南体育产业存在的主要问题

1. 顶层设计不够到位

一是认识高度不够。体育产业仍是文化强省战略中的短板，社会各界对"体育产业"的认识仍然不足，人为地把体育事业与产业绝对分开，存在"重事业、轻产业"的情况，局限于竞技体育、体育

图2　2014～2018年全省经常参加体育锻炼人数及
开展全民健身项目项次

资料来源：2014～2018年湖南省国民经济和社会发展统计公报。

产品销售和健身健美领域，忽视了体育产业对相关产业的拉动作用。例如，优质马拉松赛事投入产出比可以达到1:1，除了收取报名费，还能带动跑鞋、太阳镜、运动手环等装备消费，以及交通、餐饮、住宿等多个行业的消费等，赛事直接经济效益和间接经济效益比可以达到1:2.5。二是缺乏专项规划。各省（区、市）之间体育产业已呈现"你追我赶"的发展态势，与湖南省经济发展水平接近的湖北省、河南省、安徽省纷纷制定了体育产业发展专项规划和行动计划，提出"体育强省"建设目标。而湖南省目前还没有出台省级层面发展体育产业的专项规划，也没有制定刚性的支持政策，部门之间也没有形成"发展合力"。

　　2.竞争能力相对单薄

　　一是总量规模较小。2017年，湖南省体育产业总产出占全国体育产业总产出的比重是4.09%，远低于江苏省（17%）、广东省（15.21%）、浙江省（8.74%）、上海市（6%）等沿海发达省份，在全国的影响力和占比较低。作为体育产业核心的体育竞赛表演活动、体育健身休闲活动、体育场地和设施管理、体育教育与培训等消费服务业总产出占全国的比重仅为 8.26%，制造业总产出占全国的比重仅为 1.15%，渔具、滑板、健康食品等特色体育制造业市场需求有限，消费服务业与制造业双轮驱动的局面没有形成。二是龙头企业不强。省体育产业集团目前总资产为 40 亿元，资产总额远低于发达地区体育产业集团（上海久事体育产业集团资产总额近百亿元）。由于改革不彻底，现代企业治理结构仍需健全，主业不突出，竞争力不强，且赋予权能不充分，获得的政策支持也有限，在谋划大型赛事、拓展产业空间方面仍面临诸多障碍。与此同时，民营的"明星企业"少，规模普遍较小，没有一家体育企业入围 2018 年湖南民营企业 100 强。

3. 产品供给严重不足

一是场馆供给不足。2018 年湖南省体育场地数量达到 113830 个，较 2016 年增加了 15.3%。但全省人均体育场地面积只有 1.45 平方米，低于全国 1.66 平方米的平均水平，场馆供给明显不足。大型体育场馆建设标准低，既无法承接较高水平的重大体育赛事，也难以成为大型俱乐部的专用场地。气膜等可拆装式中小体育场馆建设较少，部分中心城区篮球场、足球场、体育馆等公共体育设施多年来一直不向公众开放，难以满足人民群众渴望体育健身和产业发展的载体需求。二是本土赛事供给不足。本土赛事由于开发时间短，承载能力较弱，缺少人文内涵，缺乏体旅融合，导致体育产业的吸金能力和创新能力不足，品牌聚合能力较弱。同时，足球、篮球爱好者的消费能力最高，一个中超球迷年体育消费在 2000 元左右，资深球迷年消费可超过 10000 元。由于湖南省缺乏足球、篮球等顶级联赛俱乐部，网球、羽毛球、乒乓球联赛市场化程度和影响力也不高，造成"有市无球"的情况，限制了体育市场的深度开发。三是缺乏"国字号"等知名品牌赛事项目。一次"亚洲男篮锦标赛"引爆了湖南省的篮球热情，但由于基础设施承载能力较弱，无法连续承办"亚洲男篮锦标赛"等竞技水平高、观赏性强、参与度广、影响力大的高端赛事，无法推动"国字号"赛事有效转化为湖南省体育产业发展的持久资源，又无法利用产业资源引进和开发类似的系列比赛，形成了一个低层次产业发展的怪圈。

4. 政策环境有待优化

一是"管办不分"现象仍然存在。体育主管部门没有实现政社分开、政企分开、管办分离，在基本公共服务、行业标准、市场监管等方面的职责仍不明确，在购买公共服务等方面市场化程度不高，给社会民间资本进入体育产业造成了极大的障碍。政府部门、事业单位、社会组织（协会）、企业等的关系尚未理顺，与体育赛事发展相关的产权归属、联赛决策机制等存在问题。二是相关政策尚未完全落地。税收、土地等方面的政策对体育产业也没有明显的倾斜，传媒、安保、餐饮、医疗、交通等相关服务在竞赛产业上的支撑也不够，阻碍了高等级国际国内赛事的举办。全省实现了所有权和经营权分离的场所很少，导致场馆运营效能较低，资源配置仍需不断优化。

三 推动湖南体育产业高质量发展的对策建议

1. 加快顶层设计

把体育产业放在"大文化"产业的背景下，进一步凝聚发展共识，形成强大合力，科学制定体育产业发展规划，建立和完善体育产业发展的政策支撑体系，推动体育产业和文化产业融合发展，将体育产业打造成为全省国民经济和社会发展新的增长点、文化产业新的增长极。一是明确发展思路与目标。依托独具特色的湖湘文化与自然山水资源，以特色化、大众化、专业化、品牌化为原则，大力培育和发展体育教育培训、体育赛事娱乐、体育装备制造、体育康复健身等业态。进一步强化体育小镇、体育产业园区龙头企业的支撑和带动作用；进一步推动体育与相关产业融合发展，加快制定实施"体育＋文化""体育＋旅游""体育＋科技""体育＋教育""体育＋康养"等专项行动计划；进一步支持省体产集团和体育龙头企业做大做强，积极发展体育培训业和中介服务业，大力培育全民体育消费意识和市场。二是不断优化空间布局。构建省域长株潭、环洞庭湖、大湘西、大湘南四大体育产业板块。其中：长株潭板块，打造以长沙为核心，株洲、湘潭为支撑的体育服务业、用品制造业和新兴业态集聚发展的产业集群及中西部区域发展龙头。重点发展体育赛事、体育传媒、体育会展、体育装备、体育培训和中介等业态，加快在三市中心区域布局体育小镇和基地，引领大众体育消费。环洞庭湖板块，以常德为中心，辐射带动岳阳、益阳，打造水上运动产业集群。常德继续做好柳叶湖国际马拉松赛、亚洲皮划艇锦标赛、全国赛艇皮划艇冠军赛等品牌赛事，积极开展游艇、游船、水上降落伞、赛龙舟、滑水、摩托艇、皮划艇、赛艇、游泳、钓鱼等水上运动。岳阳加快推动临湘浮标钓具产业转型升级，延伸产业链。益阳做大做强以太阳鸟为龙头的游艇产业。大湘西板块，以张家界为引领，辐射带动武陵山片区及湘西州、怀化、邵阳，打造文旅体融合产业集群。重点依托天门山自行车赛、国际越野赛、世界酷跑大赛、翼装飞行世锦赛等极限运动赛事，结合张家界世界自然遗产旅游发展体育文化旅游产业。湘西州、怀化、邵阳重点打造以少数民族体育、武术、竞技活动为特色的民族体育产业。大湘南板块，以郴州为龙头，辐射带动衡阳、永州，打造康养运动产业集群。重点将郴州打造成为粤港澳大湾区体育健身、休闲康养的"后花园"。积极推进南岳衡山康养城、滨江体育小镇、梦东方体育小镇、永州国际体育森林公园等项目，促进体育、旅游、文化深度结合。三是进一步完善产业结构。加快构建形成以体育服务业为主导、体育用品制造业为特色、体育新兴业态为品牌的现代体育产业体系。重点发展体育服务业，主要做大做强竞赛表演、健身休闲、场馆服务、体育中介、体育培训等业态，做强做优以"长沙国际马拉松赛""FIBA 三人篮球亚洲杯""全国钓鱼锦标赛湖南临湘站""中华龙舟大赛长沙站""环洞庭湖国际公路自行车赛"为主导的赛事经济。创新发展体育用品制造业，主要推动体育制造业向智能化、高端化方向转变。鼓励企业积极开发智能化体育产品，包括智能服饰、智能器械、智能场馆、智能运动装备、可穿戴设备等，全力支持临湘渔具钓具浮标产业做大做强。培育壮大体育新业态，积极发展"体育＋"，拓展体育新业态，促进康体结合，推动体育传媒、体育旅游、体育会展、体育金融、体育服务贸易、体育健康服务等相关业态融合发展。重点依托体坛传媒，全力打造全国性"运动猿"App 体育公共服务平台品牌和"体坛＋"App 体育媒体新闻类品牌。

2. 明确发展重点

根据《国家体育产业统计分类》，体育产业包括体育竞赛表演、体育健身休闲、体育场地和设施管理、体育中介服务、体育培训与教育、体育传媒与信息服务、体育用品及相关产品制造、体育用品及相关产品销售出租与贸易代理、体育场地设施建设等多种产业形态。推动湖南省体育产业发展，在鼓励全面开花、发展体育全产业链的基础上，应立足已有基础优势，推动相关重点领域实现突破式发展。一是大力发展竞赛表演业。着力打造赛事经济，充分利用"国际篮联三人篮球亚洲杯"将连续 3 年落户湖南长沙的历史性机遇，做好赛事宣传和品牌打造，带动湖南体育赛事和相关产业发展。立足已有基础，进一步做响"长沙国际马拉松赛"、岳阳临湘"全国钓鱼锦标赛湖南临湘站"等系列品牌赛事。二是大力发展体育用品业。充分利用湖南"制造强省"的资源、环境、人才、技术等优势，推动体育临湘（钓具）浮标产业、洞口昌冠隆体育用球、隆回三百体育高尔夫球用品、绥宁丰源体育运动滑板等一批国内制造业领先企业向智能化、高端化方向转变，做大做强。错位发展家用保健器材、家用医疗康复设备、护理康复辅具、行走辅助用品、自助工具健康相关制造设备。三是加快发展健身休闲业。普及推广日常健身，大力支持发展球类、游泳、徒步、广场舞等群众喜闻乐见和普及面广的运动项目。加快发展水上、航空、冰雪等户外休闲项目。办好全民健身节、山地户外健身大会、徒步穿越大湘西、全民健身挑战日、群众性龙舟赛等大型体育活动，引导全省各地因地制宜发展极限运动、攀岩、体育舞蹈、徒步、航空体育、滑雪、龙舟、漂流、垂钓、登山、自行车、汽车自驾游、健身、健美等健身休闲运动项目，重点打造"一环二大"（环洞庭湖、大湘西、大湘南）山地户外休闲运动圈。四是积极发展康复保健业。大力发展运动医学和康复医学，鼓励社会资本开办康体、体质测定和运动康复等各类机构，培育体育康复产业。规划建设一批体育产业、健康产业、健康养老、健康旅游集聚区。重点发展家用保健器材、家用医疗康复设备、护理康复辅具、行走辅助用品、自助工具健康相关产品。探索发展智慧医疗用品，包括移动医疗、智能可穿戴设备、健康管理自动化产品、远程监测设备、智能检测设备、智能康复护理产品等。五是着力发展体育新业态。依托湖南省食品总公司等企业，大力发展体育食品产业，加大运动健康绿色食品开发力度。重点支持长沙、岳阳、常德等城市开发环湖的步道、自行车道（公共产品类）、登山步道、汽车拉丁赛（收费类）等新业态项目。重点开发体育IP（知识产权）、媒体版权、赞助、运营权等体育营销业。六是支持发展教育培训业。大力发展体育职业教育，积极开展体育行业特有工种职业技能鉴定工作，创办布局合理并符合资质的体育行业特有职业培训基地，大力培养社会体育指导员和体育经纪人等专业型职业技术人才。鼓励体育社会组织、高校、青少年体育俱乐部、青少年体育户外营地开展体育培训。

3. 壮大市场主体

各类市场主体是体育产业发展的根本动力，充分发挥市场在资源配置中的决定性作用和更好发挥政府作用，进一步激发体育市场主体活力，改变体育产业过度依赖政府资源的现状，从体育产业的供给侧与需求侧两端共同发力，加强特色体育产品供给，引导大众体育消费。一是培育体育龙头企业。发挥体育龙头企业对构建完善体育产业链、带动上下游企业协同发展的重要作用，鼓励具有自主品牌、创新能力和竞争实力的体育企业做大做强，深化省体育产业集团等国有企业内部体制机制改革，发挥企业示范带动作用，努力打造国内知名的体育航母型企业，到2025年实现100亿元营业收入目标，培育成为上市公司。提升民营体育企业竞争力，支持中小微体育企业紧盯细分领域和行业，强化特色产品、经营和服务，重点支持"专、精、特、新"中小微体育企业发展。支持岳阳临湘垂钓渔具装备制造、省体产集团装配式体育场馆研发制造、沅江游赛艇装备制造、湖南巨人体育用品有限公司、湖南省丰源体育科技有限公司等一批骨干企业发展，打造系列"湘字号"体育品牌。二是建设体育产业园区。在产业基础好、资源优、创新强的重点区域，选择市场前景好、竞争力强、关联性大的重点业态率先突破，发展一批特色型、专业型体育产业园区。以健身服务、竞赛表演、场馆服务、体育旅游等体育服务业为重点，大力发展运动休闲体育小镇，重点支持长沙市望城区千龙湖国际休闲体育小镇、长沙市浏阳市沙市镇湖湘第一休闲体育小镇、郴州市小埠运动休闲特色小镇、益阳市东部新区鱼形湖体育小镇、常德市安乡县体育运动休闲特色小镇5家全国首批运动休闲特色小镇试点项目；在长株潭区域选址布局建设3~4个特色体育小镇或体育公园。三是发展职业俱乐部。积极推进职业体育发展，鼓励具备条件的运动项目走职业化道路，理顺职业体育发展思路，支持组建足球、篮球、网球、羽毛球、乒乓球、网球等职业球队。重点支持湖南湘涛足球俱乐部、湖南勇胜职业篮球俱乐部等加快发展，力争到2025年，足球、篮球、排球各有1~2家俱乐部跻身中超（中国足球协会超级联赛）、

CBA（中国男子篮球职业联赛）、中国排球超级联赛等职业联赛序列。支持教练员、运动员职业化发展，探索建立企业、高校和优秀运动队联合创办职业俱乐部的机制和模式。鼓励社会力量投入和通过资本市场发展壮大职业俱乐部。四是鼓励体育中介服务。重视体育中介市场的培育和发展，积极开展赛事推广、活动策划、体育赞助、体育广告、体育票务、体育咨询、体育评估、运动员经纪、体育保险等多种中介服务；鼓励各类中介咨询机构聚焦竞赛表演价值链的关键环节，向赛事相关机构提供经济信息、市场预测、技术指导、法律咨询、价值评估、人员培训等服务。引导各类市场主体在组织管理、建设运营、研发生产等环节创新理念和模式，丰富产品内容，提高服务质量。

4. 推动融合升级

多样化、多层次的体育消费需求除了依赖体育产业本身之外，越来越需要体育与相关联产业融合发展所形成的新业态、新产品。"体育＋"和"＋体育"融合发展，既是延伸体育产业价值链、促进体育价值增值的一种内在需要，更是推动体育产业转型升级的必由之路。一是推进体育事业与体育产业协同发展。体育事业与体育产业是互补融合、相互促进的关系，体育事业为体育产业的发展夯实基础，而体育产业的快速发展又能反哺体育事业的基础设施建设。体育部门作为服务百姓的窗口，要更加强调公共服务功能，且服务的手段、范围应该更加灵活、更加宽泛；体育事业与体育产业融合发展要依靠现代手段，通过现代的传媒、传播和文创手段不断推动创新创造，不能简单地"1＋1"，而要相互渗透、相互影响；体育主管部门要进一步从"办体育"的管理职能向服务职能转变，加强对体育行业的服务和监管，并建立科学的评价机制。二是培育"体育＋文旅"新业态。依托湖南丰富独特的旅游资源和文化产业的竞争优势，推动体育资源与文化旅游资源深度融合，通过"以赛促游"，把体育资源做成产品，打通文创、旅游、餐饮、住宿等相关产业链，拉动相关消费，从多个方面创造经济收益，把体育产业做活。以张家界体育与文化旅游精品线路为依托，重点发展极限运动、攀岩、徒步、航空体育、龙舟、漂流、垂钓、登山、自行车、汽车自驾游等特色体育业态，打造国际知名的体育文旅示范区。三是拓展"体育＋医养"新模式。依托长沙优势医疗资源，进一步探索医疗机构和体育资源整合，引导体育产业与健康、养老、康复等产业融合发展。在体育产业园区和小镇大力开展健康运动、健康养生项目，建设康复理疗中心。借助运动处方门诊，将体育科学的理念与现代医学理念、运动处方与医学治疗、运动干预慢性病与运动促进健康等方面相融合，促使全民健身运动蓬勃发展，持续提升整体健康水平，重点支持湖南省体育专科医院创新发展。四是开发"科技＋体育"新产品。促进科技在体育领域的应用与推广，有效提升体育装备的科技含量和智能化水平，推进智能制造、增材制造、人工智能、机器人等先进技术成果服务应用于体育产业。发挥国防科技大学、湖南大学等高校和科研院所人才、技术优势，主动融合人工智能、云技术、区块链等创新技术，开展体育大数据分析、数字健身、运动检测、电子竞技等领域的研发创新，推进虚拟现实科技与体育结合，鼓励发展智能科技体育、体育粉丝社交网络、视频训练平台、体育游戏等初创公司。五是做好"体育＋媒体"新文章。依托互联网技术及现有的"体坛＋"等新媒体平台，深入推动体育消费与信息消费融合，加快推进体育产品和服务生产、传播、消费的数字化、网络化进程，拓展"体育＋媒体"融合发展新领域。支持体坛集团打造体育赛事、体育用品、体育旅游、体育培训、体育场馆、体育经纪等产业板块，推进投资并购，将体坛集团打造成为国际知名的体育产业公司。

5. 完善政策体系

通过强化政策支撑、优化营商环境，有效引导资金、土地、人才等资源集聚，推动湖南体育产业快速发展。一是加强组织领导。在省级层面建立由宣传、文化、体育、发改、财政等部门组成的体育产业发展领导小组并下设办公室，办公室设在省委宣传部，定期或不定期召开推进体育产业发展的协调会议，以解决体育产业的相关重大事项。尽快出台《加快湖南省体育产业创新发展的若干意见》及配套行动计划。筹建"湖南省体育产业决策咨询专家委员会"，探索建立体育产业智库，构建湖南省体育产业重大项目的评审制度和专业人才的评价体系。完善湖南省体育产业统计长效工作机制，储备湖南体育产业项目库与大数据库。二是制定优惠政策。尽快落实《国务院关于加快发展体育产业促进体育消费的若干意见》的系列优惠政策。体育场馆用于体育活动的房产和土地，可按照规定享受房产税和城镇土地使用税优惠。体育场馆等健身场所的水、电、煤、气价格按照不高于一般工业标准执行。加快出台湖南合理利用存量用地，保障新增体育产业项目土地供应的政策文件。支持各类市场主体合作利用工业厂房、仓储用房、传统商业街等存量房产、土地兴办体育产业。推进落实以作价出资（入股）方式，处置国有体育企业的划拨土地使用权。对社会资本投资建设的体育场馆，在投资核准、融资服务、财税政策、土地使用、公益开放等方面给予政策支持。三是加大资金投入。发挥湖南文旅基金作用，加大财政资金对体育产业的投入和对体育企业的扶持力度。安排一定比例的彩票公益金、体育发展专项资金、文化产业引导资金等财政资金，对湖南体育龙头企业在购买服务、以奖代补、贷款贴息等方面进行补贴。引导社会资本进入体育产业领域，鼓励金融机构加大体育产业信贷投入，支持省体育产业集团发起成立湖南体育产业发展投资基金，支持体育企业进行股权融资和发行债券，建立体育企业上市挂牌储备库。四是强化人才支撑。建议实施湖南省体育人才培养计划，着力培养复合型体育产业管理人才、体育产业经营人才、体育产业研发人才和体育经纪人队伍。研究制定引进高层次体育人才的配套政策，实施个性化、针对性强的人才政策，不断优化各类体育人才引进机制。加强对退役运动员的创业孵化，研究鼓励退役运动员从事体育产业工作的扶持政策。五是着力优化环境。进一步转变体育管理部门职能，实行管办分离、政社分开，把能够由社会组织承担的职能交由社会组织承担。积极推进体育部门直属事业单位分类改革，明确体育事业单位功能定位和属性，提高管理效率。实施严格的知识产权保护，为保护体育活动知识产权营造良好的环境。加快构建覆盖体育组织、体育企业、从业人员等的行业信用体系，建立严重失信主体名单制度，推广信用服务和产品的应用，提倡诚信经营、服务规范。建议制定《湖南省体育产业促进条例》，积极为体育产业发展营造良好的政策环境和法治环境。

湖南文博与工艺美术业融合发展研究

张小乙*

近年来，湖南省迎来文博事业快速发展期，博物馆数量稳步增长，硬件设施水平逐步提升，体制机制日益完善，智慧博物馆建设步伐加快，文创产品更加丰富多元，2018 年湖南省博物馆接待观众 362 万人次①，成为全国接待人数最多的省级博物馆、全省最受关注的景区，表明湖南省博物馆充分发挥了博物馆文物保护、陈列展览、教育宣传、科学研究以及文化交流、文化旅游等各项社会和经济功能，显示出其在湖湘文明传承、湖湘文化传播及文化强省建设进程中的重要作用。

近年来，湖南省作为国内工艺美术行业的重点产区，传统工艺保护传承力度不断增加，传统工艺品类不断丰富，技艺技能进一步发展成熟，传统工艺生机和活力不断显现，为湖南省工艺美术产业的发展奠定了坚实的基础，长沙的湘绣、浏阳的烟花和菊花石雕、醴陵的艺术瓷、祁东的工艺草席、永兴的银制品等已成长为当地的支柱产业。

当然，受地理位置、发展条件及投入经费等限制，湖南省文博事业及工艺美术产业仍存在差距与短板。未来，要按照党的十九大报告提出的促进中华优秀传统文化创造性转化和创新性发展的要求，坚定

---

* 张小乙，湖南省社会科学院人力资源与改革发展研究所助理研究员，主要研究方向为乡村旅游开发、休闲旅游体验管理等。

① 《湖南省博物馆新馆成接待人数最多的省级博物馆》，华声在线，http：//hunan. voc. com. cn/article/201901/201901180947419208. html，2019 年 1 月 18 日。

文化自信，要进一步发展文博事业、文创产业，传承振兴传统工艺，创新升级工艺美术产业，从而更好地满足人民群众对更高水平的精神文化产品的需求，为地方经济社会发展做出更大的贡献。

一 湖南文博与工艺美术业融合发展现状

（一）藏品实力、保护能力不断增强

博物馆历来是文物保护的中坚力量。湖南省博物馆数量多，规模大，伴随民间博物馆建设浪潮，近年来湖南省博物馆数量呈现迅速增长态势，目前全省博物馆总量为 145 家，全省国家一级博物馆增至 4 家①，除数量增加，不少博物馆随着藏品规模增大和游客增多，纷纷开始了扩改建，其中作为国家级重点博物馆的湖南省博物馆，在历经 5 年扩改建后建筑面积增至原来的 3 倍，文物典藏面积相应大幅增长。从收藏文物来看，截至 2018 年底，全省文物机构拥有文物藏品 101.30 万件，其中，博物馆文物藏品 61.8 万件，占文物藏品总量的 61.01%；文物商店文物藏品 21.6 万件，占 21.32%。文物藏品中，一级文物 1951 件，占 0.19%；二级文物 6922 件，占 0.68%；三级文物 67327 件，占 6.65%。2018 年新增藏品 18575 件，全年修复藏品 0.86 万件②。以省博物馆为例，除拥有在全球都具有广泛和深远影响的马王堆汉墓文物外，目前形成了完备的历代服饰、湖南历代名窑、湘籍名人文物、南方青铜器、湖南民族民俗文物等藏品序列，使湖南省博物馆成为这几类藏品的区域性典型代表。文物保护人才队伍建设颇具规模和专业性，全省博物馆从业人员 3056

---

① 《湖南博物馆总数达 145 家　各博物馆将联网互通》，湖南频道，https：//hn.rednet.cn/c/2018/05/19/4632508.htm，2018 年 5 月 19 日。
② 《2018 年湖南省文化和旅游发展统计公报》。

人，专业技术人才 913 人。其中，具有高级职称人员 115 人，占博物馆总人数的 3.76%；具有中级职称人员 366 人，占博物馆总人数的 11.98%①。为博物馆加强文物征集、鉴定、保护、运输及日常管理等提供了坚实的专业人才保障。文物保护投入持续加大，省财政设立文物保护专项资金，专款专用，重点用于省级重点文物保护单位的维修、保护及展示，上级批准的考古调查、勘探、发掘和研究项目，重要考古遗址现场保护技艺，重要出土文物现场保护与修复等。

（二）文物展陈水平与科技含量不断提升

为贯彻习近平总书记"让文物活起来"的指示精神，湖南省文博界进一步拓宽文物资源利用空间，在增强文博供给能力上做文章，持续深化博物馆免费开放工作，积极争取中央财政资金用于重点文物保护和博物馆纪念馆免费开放工作，全省目前有 80 家左右博物馆被中央纳入免费开放范围，各类博物馆、纪念馆开放力度也不断加大，通过考核考评不断促进博物馆、纪念馆提质增效，2018 年，全年全省文物机构共举办基本陈列 273 场，举办临时展览 274 场②。各级文物开放单位、博物馆接待观众约 7000 万人次，成为 2018 年湖南文化和旅游工作十大亮点之一③。除线下展出外，线上智慧博物馆建设力度空前，以信息共享为核心的智慧管理，以观众需求为核心的智慧服务，以文物保护为核心的智慧保护，以及运用数字科技的展示技术都已经在建设或运用当中。与此同时，为打破馆际藩篱，实现各博物馆资源的共享和互通互联，探索"让文物活起来"的创新模式，省文物局启动了湖南文博联播网的项目建设，将博物馆的馆藏

---

① 《2018 年湖南省文化和旅游发展统计公报》。
② 《2018 年湖南省文化和旅游发展统计公报》。
③ 《湖南省博物馆新馆成接待人数最多的省级博物馆》，华声在线，http：//hunan. voc. com. cn/article/201901/201901180947419208. html，2019 年 1 月 18 日。

资源搬到网上。首批 40 家博物馆将集体在网上亮相，其他博物馆也将陆续上线。游客足不出户就能在网上观赏、了解湖南各博物馆的藏品和最新动态。

（三）文创产品开发日益成熟，产品日益丰富

近年来，湖南省博物馆文创产品营销与产品开发进入了快速发展阶段，各博物馆文创产品研发设计机构纷纷成立，投入大量人力资金，深入挖掘馆藏资源特色及文化内涵，提取文物图案元素，结合创意设计理念，将其转化为博物馆文创产品的亮点和特色。从产品来看，当前湖南省博物馆文创产品日益丰富多元，并朝着系列化方向发展。省内文化创意产业起步较早的当属湖南省博物馆，早在 2003 年 4 月就成立了文化产业开发中心。在改扩建的契机下，湖南省博物馆积极结合外部资源，充分发挥自身的品牌资源、藏品资源、项目资源、场地资源和产业经营优势，形成了新馆公众服务与文化创意策略及产品开发识别系统，并立足市场，系统分析受众数据，开展消费者与观众分析，树立了科学的文创策略和开发理念，并积极开展了品牌规划、知识产权保护等各项举措，目前湖南省博物馆的产品库已涵盖 17 个系列，产品总数超过 500 种，一是基于"马王堆汉墓陈列"展览开发的文创产品，分为"养生"文化、"服饰"文化与"餐饮"文化三大产品系列，其中"马王堆养生"系列的文创产品是湖南省博物馆的明星产品；二是基于带有湖湘文化特色的文创产品，省博物馆以"湖南人——三湘历史文化陈列"为依据，提炼提取湖湘文化、湖南省少数民族特色文化元素，设计开发了系列生活用品、文化用品；三是根据馆藏青铜器皿进行图案提取设计开发衍生文创产品，或根据原型直接进行仿制品的开发。自主研发和设计的博物馆文创产品先后获得各类旅游商品博览会、文化创意产品、科技进步等 10 余个奖项。

（四）传统工艺传承保护支持力度持续加大

近年来，伴随各地文化旅游开发热潮，传统工艺因其独特的文化价值日益获得各地重视，传统工艺保护力度持续加大。一是申报并纳入非遗保护范围，根据湖南省文化和旅游厅公布的数据，截至2018年5月，湖南工艺美术列入国家级、省级非物质文化遗产名录的数量分别为27项、91项；国家级非物质文化遗产代表性传承人26人，省级非物质文化遗产代表性传承人53人。各地纷纷成立非遗保护中心和传习中心，开展了相关培训和传习活动，选送优秀传承人赴中央美术学院等国内一流院校参加研修研习。同时，积极探索非遗"创造性转化和创新性发展"的新路径，在非遗衍生品开发、旅游商品开发、文旅扶贫、乡村振兴等领域取得了良好成效。二是纳入国家传统工艺振兴计划，2018年，文化和旅游部、工业和信息化部联合发布《中国传统工艺振兴计划》第一批国家传统工艺振兴目录，湖南省有14个项目入选，入选后对列入项目尤其是贫困地区项目的扶持力度将进一步加大。同时督促各地对列入项目的要着手制订振兴方案，落实振兴措施，以列入项目为重点，推动形成行之有效的经验和模式。如"让妈妈回家"苗绣振兴计划，在湘西土家族苗族自治州花垣县设立了20多个苗绣创业培训基地，培养了6000多名绣娘，部分绣娘每个月增收2000多元，带动了越来越多的青壮年回乡创业就业。三是发展特色文化旅游促进传统工艺生产性保护传承，通过举办非遗赛事或节庆活动，一方面传播非遗文化内涵，促进传统工艺保护传承创新，另一方面把传统工艺保护传承与旅游开发相结合，瞄准游客需求，设计制作本地域民族独特的传统工艺纪念品。四是促进传统民族工艺积极"走出去"，近年来湘绣、土家族织锦、花瑶挑花等项目远赴国外参加各类艺术节并获青睐。特别是作为湖南非遗文化代表之一的湘绣，紧跟着湖南文化"走出去"战略，足迹遍布美国、泰国、沙特、阿曼、日本、韩国、印度、法国、芬兰、意大利、中国香港、中国台湾等地区。

（五）工艺美术产业发展势头良好

湖南省作为工艺美术大省，是全国工艺美术行业的重点产区，随着湖南省文化强省战略的实施，湖南工艺美术行业依靠得天独厚的基础优势、资源优势、技艺优势得到了快速发展，湖湘工艺美术品工艺精湛、品类齐全，产品涉及雕塑、抽纱刺绣、陶瓷、漆器、花画、编织、金属工艺、珠宝首饰、烟花爆竹及民间工艺十大类100多个品种。全省工艺美术产业产区多、特色明显，已经形成以长沙的湘绣、浏阳的烟花和菊花石雕、醴陵的瓷器和烟花、永兴的银饰、张家界的砂石画、湘西的民族工艺品等为代表的几大工艺美术特色区。湖南省工艺美术产业企业多，从业人员多，有较强的人才梯队布局。根据湖南工艺美术协会官网公布的数据，截至2018年，全省传统工艺美术行业已有6000多家生产企业，近200万从业人员，其中亚太工艺美术大师3人，中国工艺美术大师24人，湖南省工艺美术大师146人，高级工艺美术师682人[①]。总体来看，全行业正呈现产业结构逐步优化、技术创新能力不断增强、行业影响日益扩大的良好发展势头，一些濒危的传统工艺美术品类如邵阳的翻簧竹刻、洞口的墨晶石雕等得到了有效传承和发展。大批新兴工艺美术品类如无烟环保烟花、临武"通天玉雕"等不断涌现、推陈出新。

二 湖南文博与工艺美术业融合发展面临的问题

（一）展陈方式单一，感官体验有待改善

藏品展陈是博物馆业务工作的重头戏，藏品展陈场地、布局、

---

① 《湖南省传统工艺美术行业情况报告》，湖南省工艺美术协会，http：//www.haca.com.cn/hyabout/，2017年12月。

方式和手段等无不影响展陈效果，湖南省博物馆在传统展陈基础上，学习国外先进理念和经验，取得了不少进步，但仍然存在不足。一是展陈手段单一，博物馆藏品陈列千篇一律，博物馆的主要陈列展览基本上均采用编年组织结构、线性陈列线路的展示体系，即基本上根据藏品的产生年代，以时间为轴，从古到今依次排列，历史脉络虽清晰，但千馆一面，失去了新意，难以调动观众的积极性，特别是对于规模较大的博物馆，难以突出博物馆的自身馆藏特色。二是藏品信息提供不足，不少博物馆对于藏品一摆了事，提供的信息过少，仅简单罗列文物名称、年代、出土年份、出土地点等信息，内容枯燥乏味，游客往往只能走马观花、浅尝辄止，无法满足对文物更深入、更全面的信息和知识需求。实际上，"透过文物展示某个时代历史"要求以物见人、见事、见时代，比如有铭文的青铜器，这段铭文正好记录了当时的重要历史人物和事件，那么无论铭文位于内部还是外部，都应该把铭文信息以拓片、放大的图片乃至视频等形式展示给观众，最大限度展现文物之美。三是馆藏文物基本陈列长期不变，更新周期长达10余年甚至更长，一方面宣称自身馆藏如何丰富；另一方面大多数藏品存放仓库常年难见天日，利用频率过低是对珍贵文物资源的浪费。四是观众难以参与体验，参与体验已经成为博物馆吸引观众、发挥公共教育作用的重要手段，当前省内博物馆观众参与体验的机会相对不足。

（二）文创产品文化表现力不足，创意雷同

总体来看，湖南省博物馆文创产品开发时间不长，投入也相对有限，文创产品开发仍处于探索发展阶段，与故宫博物院等运作成熟的博物馆相比仍存在问题与差距。一是文创产品开发水平较低，缺乏创意，拿来主义盛行，开发水平停留在文物经典图案、纹理等元素的复制和直接运用上，目前文创产品开发基本按照简

单提取文物图案、花纹等元素，直接照搬到文创产品上，即文物元素与现代商品的简单叠加，如文创商店出售颇多的瓷器产品，仅仅只是直接将文物图案印在瓷器产品上。在博物馆文创产品的开发中，文化是基础，创意是核心，博物馆文创产品和普通商品的最大区别就是创意，文创产品缺乏创意导致附加值和竞争力难以提升。二是文化挖掘不深，地域民族文化表现力不足。湖南历史文化底蕴深厚，湖南省博物馆馆藏资源丰富，但由于文创产品研发、生产及人力物力投入不足，文创产品缺乏地域民族文化气息，流于庸俗，与观众日益提升的文化消费需求尚有距离。三是文创产品品类少，数量不多，做工粗糙。目前，博物馆文创商品大多聚焦于书签、冰箱贴、钱包、环保袋和领带等生活用品、文化用品等，产品开发空间狭小，往往由于代工，做工粗糙，且价格偏高，销售收入并不理想。

（三）经济社会急剧变迁，传统工艺濒临失传

面对传统工艺传承危机，有关部门出台了不少保护措施，发挥了一定的作用，但面临经济社会转型带来的危机，传统工艺传承振兴之路依然艰难。一是保护措施单一乏力，部分传统工艺虽然被纳入非遗保护范畴，也建立了传承人制度，但缺乏具体的保护条例和保护传承规划。传统工艺不同于物质遗产，其有效保护取决于传统工艺技艺一代代人的学习传承，这种学习传承离不开技艺的实践，目前尚未培育和形成真正有效的生产性保护体系。二是民间传统工艺赖以生存的社会环境和文化土壤已经发生了改变，不少民间技艺多少与当地传统习俗、生产生活方式密切相关，当前经济社会转型迅速，上述环境和习俗已经发生了变迁，逐渐淡出视野，与之相关的传统技艺也往往因此陷入难以为继的困境之中。以少数民族服饰、银饰为例，除了特殊需要，少数民族群

众日常生活中已不再穿戴。三是因需求的衰减，传统工艺所需原材料供给困难，以隆回县花瑶挑花为例，花瑶挑花需要靛蓝、藏青粗土布以及七色丝线等原材料，但因需求锐减，绝大多数厂家都已停产，原材料断货，花瑶人无奈只能以化纤类布料替代，但结果是产品的质感、色泽都远远逊色于原来。受上述因素的影响，花瑶挑花图样也日益减少，繁盛时期花瑶挑花至少有几千个图样，而今只剩下了几十个图样，伴随许多老的挑花艺人去世，技艺传承岌岌可危。

（四）工艺美术产业原创不足，品牌稀缺

湖南省虽是工艺美术大省，但并非工艺美术强省。一是原创能力不足，低水平同质化竞争严重，相关面向客户的调查表明，当前湖南省工艺美术产业设计研发投入严重不足，加之工艺美术产品知识产权维护相对困难，造成产品特别是面向旅游市场的工艺美术产品同质化竞争现象严重，仿冒山寨现象层出不穷，工艺美术品理应以其独特文化内涵和艺术特征打动消费者，如此千篇一律造成产品失去个性，难以打动消费者，同时侵权现象扰乱了工艺美术产业市场秩序。二是企业规模小，产品单一，品牌意识不强。作为工艺美术大省，湖南省工艺美术企业多，但多而不大、多而不强，虽有地域品牌，如浏阳菊花石、醴陵陶瓷、梅山剪纸，但缺乏叫得响的企业品牌，身处全球化、品牌化营销时代，缺乏品牌意味着缺乏竞争力，意味着企业产品难以获得品牌附加值。三是产品粗制滥造，优质的工艺美术品往往需要消耗大量的原材料、人力及时间，因而通常成本较高，如刺绣，刺绣佳作通常需要成熟技工耗费数月甚至更长时间，售价必然高昂，普通消费者难以承受，为撬开大众市场，企业往往使用廉价原材料替代，减少人工，采用机器批量生产，成本大幅下降，但产品粗糙，美感大打折扣。

三 湖南文博与工艺美术业融合发展的主要推进路径

（一）以技术融合推进数字文物、数字博物馆建设

一是以数字信息技术推进数字文物建设。巴黎圣母院火灾过后，因其灾前已经"备份"了数字化的电子版，获取了建筑从外到内等超过100G的海量数字化信息库，几乎囊括了建筑所有信息，因而重建工作获得了蓝本。数字文物数据库建设的意义由此可见一斑。文物属于珍贵的不可再生资源，一旦损毁便永久失去，现实中，文物时刻面临各类威胁，近的有来自周围环境的侵蚀，远的有难以预料的偷盗和天灾人祸等。应对上述威胁，除了加强文物安防工作，就是推进数字文物建设，即构建以平面影像、三维模型搭建起来的视觉体验，以各种尺寸、材质构成、配方、工艺等多维原始数据组成的，可供脱离本体研究、展示、复原的虚拟文物。在影像、三维数据采集的同时全方位采集文物材质、配方、细致的尺寸（如厚度、硬度、重量等）、工艺类型等信息，最终建立起多维的数字文物数据库，而数字文物可以永久保存。

二是以数字技术推进线上数字文物展陈，实体展览无疑直观真实，具有不可替代的地位，但也有不足，实体展览中任何博物馆不可能一次展出自己的全部藏品，能展出的藏品往往只是馆藏的极小一部分，加之不少博物馆展览长期不更新轮换，博物馆中的大多藏品观众可能毕生都难得一见，丰富的藏品和有限的展出场地之间的矛盾是难以调和的，解决的办法就是依靠数字技术和互联网，当前不少博物馆已经在网上推出了藏品高清图像和相应的介绍文字，但还远远不够，接下来，应通过最新数字技术补充更多、更原真性的信息数据，并借助虚拟现实及多媒体技术，建设集文字、图像、音视频和触摸体验于一体

的多维数字博物馆，给观众提供更加具有历史沉浸感的观赏和学习体验，加深观众对文物文化内涵的理解，更好地"见物见人见事见时代"。

（二）以博物馆旅游推进文化事业与旅游产业的深度融合

博物馆旅游在国外已兴起多年，世界三大博物馆之一的巴黎卢浮宫每年吸引着数百万国外游人前去参观。我国国内近年来随着文化旅游的兴起，特别是随着《国家宝藏》《上新了，故宫》等影视综艺节目的热播，博物馆进入更多大众的日常视野，市场上的博物馆主题游产品也迅速增多，博物馆游成为新晋的旅游热门主题。"跟着博物馆去旅行""为一座馆，赴一座城"已经成为眼下的最新旅行时尚。驴妈妈旅游网发布的 2019 博物馆主题游数据表明，2019 年 1～4 月，该旅游产品预订较上年同期增长了 45％，其中湖南省博物馆属最受欢迎的博物馆之一。以文博促旅游，让文博事业与旅游产业深度融合已经成为眼下文化事业与旅游产业融合的成功典范。因此，各地应大力挖掘地方博物馆地域民族文物文化资源优势和特色，发力引领博物馆旅游浪潮，并注重与文化创意、休闲娱乐、餐饮住宿、旅游商品等产业紧密衔接，延伸文化旅游产业链，形成依托与反哺的互补互促发展模式。例如，依托省博物馆打造湖湘文化旅游高端品牌；依托毛泽东、刘少奇、任弼时、胡耀邦等革命名人纪念馆、陈列馆等打造高端红色文化旅游品牌；依托以屈原、贾谊、周敦颐、王船山、魏源、曾国藩、谭嗣同、陈天华、黄兴、蔡锷等历史名人纪念馆打造历史名人文化旅游品牌，依托湘西土家族苗族自治州博物馆、湘西非物质遗产馆、民族民俗博物馆、里耶秦简博物馆等打造民族民俗文化旅游品牌等。

（三）以跨界融合助推文创产品开发打开新局面

博物馆文创产品开发，文化是基础，创意是核心。从目前文创产品开发十分成功和火爆的故宫博物院来看，敢于跨界是其产品畅销走红的重要途径，如故宫口红、故宫火锅等跨界产品一经推出即获青睐，可谓人气爆棚。借鉴故宫博物院经验，湖南省博物馆可根据地方博物馆自身馆藏特色，挖掘整合文化资源，大胆跨界融合，寻求与各行业优秀的设计团队合作，研发既有湖湘文化底蕴，又符合现代审美眼光的各类文创商品。一是推动博物馆文创和影视、综艺、动漫等文化业态跨界融合。《我在故宫修文物》《国家宝藏》《如果国宝会说话》等博物馆文创进军影视与综艺节目的典范，收视爆棚，湖南省博物馆西汉 T 形帛画、皿方罍和长沙窑青釉褐彩诗文执壶也借机亮相《国家宝藏》，弘扬了湖湘传统文化艺术和工艺。二是推动博物馆文创和互联网技术跨界融合。谷歌自 2011 年实施的"谷歌文化艺术计划"，建成了庞大的精品艺术虚拟博物馆，实现了文化的共享。国内百度也开始涉水数字博物馆项目，建设了全球首个高迪数字博物馆。可见博物馆应重视互联网技术及其巨大影响力，借助互联网技术带来的文化生产、传播、消费方式变革，升级文物展出方式和体验。三是博物馆与教育的跨界融合，博物馆丰富的反映地方历史文化的馆藏实物及信息数据库、众多历史文物专家、文物解说工作人员、志愿者队伍、专业的展示场地及设备手段都构成了其无可比拟的教育资源优势，一旦跨界融合教育项目，将在实物教学、现场体验互动以及历史、艺术和自然科技类课程中发挥其巨大的独特价值和作用，一个典型的例子是好莱坞大片《博物馆奇妙夜》播出后，美国自然历史博物馆随即推出"博物馆过夜"项目，参加者在恐龙骨架下度过夜晚。

（四）以传统与现代融合促进传统工艺传承振兴

随着传统民间工艺生存空间的急剧缩小，其原本的需求已经十分狭窄，以花瑶挑花工艺为例，年轻一代早已不再穿着花瑶民族服饰，但花瑶挑花工艺作为独特地域民族文化现象的文化需求日渐高涨，即花瑶挑花工艺从过去的服饰装饰功能转变为文化消费、艺术观赏功能，换言之，文化旅游为传统工艺开辟了新的市场需求和发展空间。开发传统工艺旅游市场，一是要把传统工艺品资源发掘整理作为当地文化旅游资源开发的一个重要组成部分，传统工艺品本身就是文化旅游的吸引物，本身就承载着地域民族长期积淀下来的深厚文化意蕴和内涵，游客购买地方传统工艺品不是单纯的"购"，同时也是包含文化体验在内的"游"，是"购"与"游"有机结合。因此，要把传统工艺品的开发营销贯穿于各地文化旅游资源开发、景点布局、旅游活动等全过程。二是促进传统工艺品设计水平的提升和制作工艺的完善。传统工艺品想要拓展旅游市场，从当地传统文化需求"转战"旅游市场需求，必须要有市场吸引力，从实际来看，如果完全"原汁原味"，则现实中不少传统工艺品有"粗糙简陋"之嫌，很难打动消费者，因此在不丧失并尊重传统工艺品文化内涵和基本结构、功能等前提下，对传统工艺品的再设计和制造工艺升级变得十分重要和必要。三是大力开发衍生品，延伸传统工艺品产业链。实践表明，传统工艺品开发除了"坚守"，还应拓展空间，要在原始传统工艺品的基础上大力挖掘，以传统技艺、技术、制品为核心，围绕现代人的需求，瞄准与旅游市场紧密相连的收藏品市场、礼品市场和装饰市场，进行外围的多元丰富衍生品开发设计，最大限度利用文化资源，提升产品附加值，延伸传统工艺产业链。

（五）以创新开放引领工艺美术产业转型升级

伴随着高速的经济社会发展以及城镇化步伐，各地群众的生产、生活方式等都发生了深刻的变化，且上述变化仍在持续。与此相应，各地传统文化赖以生存的复杂社会生态、环境和土壤也随之大变，工艺美术需求及其市场随之发生了很大的变化，传统工艺美术自娱自乐的创作路子已无法适应发展潮流。促进工艺美术产业转型升级，一方面要从根深叶茂的传统文化中汲取养分，将具有民族地区传统特色的文化元素与符号融入、嫁接到现代人的艺术需求中，融入当下人们的住宅、景观、服饰、艺术等生活场景中；另一方面要与现代潮流相结合，以更开放长远的发展视野，以传统文化基因为基础进行再创造创新。一是内容创新，即创作主题和题材创新，工艺美术要敢于打破陈旧的创作主题和内容，更多反映当下人们的生产生活实践，契合当前时代人们的审美情趣。倡导题材多元化和时尚化，特别是随着年轻人及其家庭日益成为工艺美术品消费市场的主流人群，为满足他们对时尚性、新奇性的需求，必须重视时尚化工艺美术品的开发和生产。二是技艺创新，生产技术的改进和现代化，是工艺美术创新的重要方面，尤其是现代风格、批量生产的工艺品，更要不断地运用新材料、新工艺、新技术，进行新品种、新花色的开发。要从具体产品出发，因品种制宜、因特点制宜、因市场制宜。三是人才队伍建设创新，工艺美术行业及产业要创新现有的人才培养模式，除了父子传承、师徒传承、地域传承之外，更要注重培养科班出身的专业人才。地方艺术院校应积极承担起培养专业工艺美术人才的重任，构建理论与实践相结合的新一辈工艺美术从业人才队伍。

参考文献

冯乃恩：《数字故宫的应有之义和必由之路》，《故宫学刊》2017 年第 1 期。

陈凌云：《博物馆文化创意产品开发研究》，上海社会科学院出版社，2019。

单霁翔：《试论博物馆陈列展览的丰富性与实效性》，《南方文物》2013 年第 4 期。

包文婷：《试论湖湘传统工艺美术的传承与发展》，《美术教育研究》2018 年第 17 期。

王文明、姚漫：《花瑶挑花文化传承中的问题与保护设想》，《怀化学院学报》2012 年第 1 期。

湖南数字文化产业发展研究

肖琳子*

数字文化产业近年来发展迅速，已成为文化产业发展的新增长点，预计到 2035 年，我国数字文化产业有望开启万亿元级市场空间，是培育经济发展新动能、获取未来竞争新优势的关键领域。数字文化产业是湖南文化产业的重要组成部分，新业态、新模式不断涌现，呈现新技术引领、生态化运营、产业化发展的新动向，但也存在着数字文化产品不多、商业模式尚未完善、高端人才短缺和政府监管缺位等问题，应抢抓政策机遇，加快把数字文化产业培育为新时代文化产业发展新动能，为湖南经济发展注入新的活力。

一 数字文化产业的发展背景

2017 年，《文化部关于推动数字文化产业创新发展的指导意见》（文产发〔2017〕8 号）提出数字文化产业以文化创意内容为核心，依托数字技术进行创作、生产、传播和服务，呈现技术更迭快、生产数字化、传播网络化、消费个性化等特点。正如其定义所言，科技与文化的融合发展推动了数字文化产业的产生与发展，新一代科技革命驱动数字文化产业爆发式增长。

---

* 肖琳子，湖南省社会科学院区域经济研究所助理研究员，主要研究方向为区域经济与产业经济。

1. 数字经济改变发展方式

以互联网、大数据、云计算、人工智能、物联网、区块链等为代表的新一代信息技术推动数字经济快速发展，数字经济正在深刻改变经济的发展动力和发展方式。2019 年 4 月，中国信息通信研究院发布《中国数字经济发展与就业白皮书（2019 年）》，测算数据显示，2018年我国数字经济总量达到 31.6 万亿元，占 GDP 比重超过 1/3，达到34.8%，同比提升 1.9 个百分点。数字经济蓬勃发展，推动传统产业改造提升，为经济发展增添新动能，2018 年数字经济发展对 GDP 增长的贡献率达到 67.9%，贡献率同比提升 12.9 个百分点，超越部分发达国家水平，成为带动我国国民经济发展的核心关键力量。

数字经济与各领域融合渗透加深，推动经济社会发展效率、质量提升。腾讯研究院发布《数字中国指数报告（2019）》（以下简称《报告》）指出，在科技的创新推动下，数字文化产业呈现崭新的发展态势。2018 年，中国已拥有 6.75 亿网络新闻用户、6.12 亿网络视频用户、5.76 亿网络音乐用户及 4.32 亿网络文学用户等，在整体网民中占比均过半。《报告》推出的"数字文化"指数，汇总了头部新闻、视频、影业、网文、短视频、音乐、动漫、网游 8 种数字文化产品的使用总量数据，可以衡量全国 351 个地市在数字时代的文化市场活力。

2. 技术革新带来发展活力

数字技术的不断升级推动数字文化产业规模高速增长，文化资源的数字化表现方式更加多样化，用户将通过各种形式、各种设备终端感受到多样的文化内容。随着数字通信技术由 3G 到 4G 时代的迅速更迭和互联网流量的快速增加，我国移动互联网业务种类大幅增长，移动阅读、在线听书、在线课堂等移动数据内容市场日益活跃，移动数字文化产业逐渐成为主流。移动通信 5G 时代即将到来，未来移动终端的功能将更加强大，媒介生态加快革新，新业态、新平台、新模式将不断迭代。另外，人工智能、云计算、大数据、虚拟现实

（VR）、区块链等数字技术的不断革新升级，给文化资源的转化方式带来全新的体验，未来技术的革新必然带动产业的全新蜕变，新技术将为文化资源的传播方式、传播途径带来新突破，消费市场将重新洗牌。加上"90后""00后"逐渐成为消费主力，用户更倾向于便捷、灵活、高效的消费习惯和使用偏好，数字文化产业必然成为经济发展新的核心增长点。据统计，2017年全国规模以上文化及相关产业企业营业收入中，以"互联网＋"为主要形式的文化信息传输服务业营业收入7990亿元，增长34.6%。2017年全国游戏市场实际销售收入达到2036.1亿元，同比增长23.0%，收入增量达到历史新高，游戏用户规模5.83亿人，同比增长3.0%。预计2017年全国动漫产业总产值达到1520亿元，2018年将达到1767.8亿元，增长率达到16.3%。

3. 政策红利拓展发展空间

回顾理念政策可见，自2009年开始，文化产业政策围绕"数字"主题展开讨论。2009年7月22日，《文化产业振兴规划》由国务院常务会议审议通过，这是我国第一部文化产业专项规划，是继钢铁、汽车等十大产业振兴规划后出台的又一个重要的产业振兴规划，标志着文化产业已经上升为国家的战略性产业，文化创意、影视制作、出版发行、数字内容和动漫等被列为国家重点推进的文化产业。2010年10月10日，《国务院关于加快培育和发展战略性新兴产业的决定》（国发〔2010〕32号）指出"大力发展数字虚拟等技术，促进文化创意产业发展"。2014年3月20日，《国务院关于推进文化创意和设计服务与相关产业融合发展的若干意见》（国发〔2014〕10号）提出"加快文化与科技融合"，将"数字文化产业发展工程"列入重要文化产业促进计划与工程之一。2016年11月29日，国务院印发《"十三五"国家战略性新兴产业发展规划》（国发〔2016〕67号），首次将数字创意产业纳入其中，成为与新一代信息技术、生物、高端制造、绿色低碳产业并列的"十三五"时期我国战略性新兴产业发展的五大支柱之一，提出"到 2020 年，形成文化引领、技术先进、链条完整的数字创意产业发展格局，相关行业产值规模达到 8 万亿元"。2017 年 4 月 11 日，文化部发布《关于推动数字文化产业创新发展的指导意见》（文产发〔2017〕8 号），这是首个在国家层面专门针对数字文化产业出台的宏观性、指导性政策文件，发出了国家鼓励数字文化产业发展的明确信号。

二 湖南数字文化产业的发展现状

数字文化已经成为大众文化消费和信息消费的主流形态，深刻影响着每个人的生活方式、社交方式和表达方式，在互联网信息技术大力推动和人民群众文化消费升级的拉动下，湖南数字文化产业得到飞跃发展。

1. 数字文化产业发展繁荣

我国数字文化产业总量显著提高，即将成为国民经济支柱性产业。2019 年 8 月，国务院发展研究中心·东方文化与城市发展研究所、中国社会科学院中国文化研究中心等联合发布《中国数字文化产业发展趋势研究报告》，报告指出，我国文化产业在 2004～2017 年的增速两倍于 GDP 增速，据估算，2017 年，数字文化产业增加值为 1.03 万亿～1.19 万亿元，总产值为 2.85 万亿～3.26 万亿元。与此同时，湖南数字文化产业地位也稳步提升，逐渐成为湖南省经济社会发展转型升级的重要力量。《2018～2019 年度全省文化系统数字文化企业名录》显示，数字文化企业共有 81 家，其中长沙 51 家，2017 年，位于长沙的湖南网圣腾飞信息技术有限公司的主营业务收入最高，为 20929268.35 万元；湘乡龙晟电子科技有限公司的主营业务收入为 160902 万元，排名第二；排名第三的是湖南华凯文化创意股份有限公司，主营业务收入为 56181.3 万元；湖南金鹰卡通有限公司主营业务收入为

42809.89 万元，排名第四。2018 年 6 月 25 日，国家广播电视总局正式批复同意在湖南省设立中国（长沙）马栏山视频文创产业园，这是湖南省首家国家级广电产业园，园区入选国家第三批文化与科技融合示范基地，2018 年全国排名前 10 的网络综艺节目中，有 8 部出自该园区制作团队，到 2019 年 8 月，园区累计新注册企业 515 家，2019 年上半年园区企业预计实现营收 210 亿元，同比增长 20%。

2. 基础设施建设日趋完善

湖南布局以计算技术及应用为核心的数字经济，以 5G 为突出重点，针对最核心的两大应用场景——智能网联汽车和超高清视频，加快基础设施建设。不断优化营商环境和产业基础，吸引了一批领军企业在湖南设立全国总部或者区域性总部，仅在长沙一地，平均每天有 4~5 家移动互联网企业注册落户。2018 年，全省电子信息制造业规模工业增加值增速达到 21.6%，产业规模突破 2000 亿元。如表 1 所示，2012~2017 年，湖南省互联网上网服务营业场所（网吧）机构总数由 9488 个增加到 11707 个，从业人员总数由 28194 人增加到 31280 人，主营业务总收入由 227.16 万元增加到 279.37 万元。全省"千兆光网城市，百兆光网乡村"建设大力推进，光纤网络全面覆盖城乡，如图 1 所示，2006~2017 年，湖南省长途光缆线路长度由 29496 公里增长到 45955 公里；最新统计数据表明，2018 年光缆线路长度为 203.25 万公里，其中，长途光缆线路达到 4.63 万公里。随着基础设施的完善，互联网用户持续攀升，为数字经济注入强大动力，如图 2 所示，2006~2017 年，湖南省互联网上网用户数由 193 万户增加到 1315 万户；最新统计结果显示，截至 2018 年末，全省拥有固定互联网用户 1635.32 万户，是 2006 年的 8.47 倍。湖南将以保障数字经济安全为重点，加快信息技术应用创新，为数字文化产业发展奠定良好的基础。

表1　2012～2017 年湖南省互联网上网服务营业场所（网吧）基本情况

类别	2012 年	2013 年	2014 年	2015 年	2016 年	2017 年
机构总数（个）	9488	9663	11104	9531	12548	11707
城市机构数（个）	3272	2709	3832	3443	4280	4114
县城机构数（个）	2804	3003	3199	2642	3656	3281
县以下机构数（个）	3412	3951	4073	3446	4612	4312
从业人员总数（人）	28194	30461	34676	32476	39771	31280
城市从业人员（人）	10901	10801	15451	15894	19194	14867
县城从业人员（人）	9602	10261	10201	8918	11542	9707
县以下从业人员（人）	7691	9399	9024	7664	9035	6706
主营业务总收入（元）	2271585	2164287	3585707	3069621	4445275	2793744
城市主营业务收入（元）	812959	778269	2167541	1620054	2636788	1601047
县城主营业务收入（元）	987103	848937	860236	879172	1117865	772915
县以下主营业务收入（元）	471523	537081	557930	570395	690622	419782

资料来源：湖南省统计局。

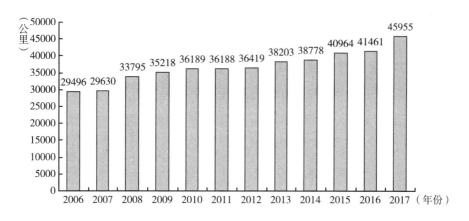

图1　2006～2017 年湖南省长途光缆线路长度

3. 数字文化产品与服务不断增加

数字文化产业已成为文化产业发展的重点领域和数字经济及数字创意产业的重要组成部分，数字文化产品涵盖数字游戏、互动娱乐、

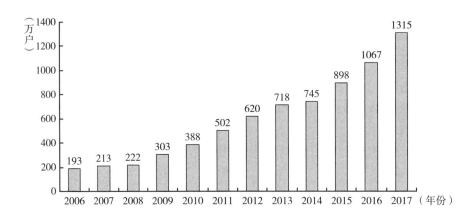

图2　2006～2017年湖南省互联网上网用户数

影视动漫、立体影像、数字教育、数字出版、数字典藏、数字表演、网络服务、内容软件等内容。近年来，湖南数字文化产品和服务供给质量不断提升，但是目前公开的官方统计资料只能查到部分数据。"动漫湘军"在国内动漫产业界具有不可撼动的重要地位，据不完全统计，2018年湖南动漫游戏及相关业务年度总产值突破305亿元，2019年上半年全省动漫游戏及相关业务年度总产值达160亿元；活跃在国内主要文学网站的湖南籍网络作家写手过万人。统计年鉴数据显示（见表2），2017～2018年，湖南省音像制品及电子出版物种类、数量以及占全国比重均有所提升，其中，电子出版物出版数量由172.0万张提高到266.6万张，而全国电子出版物出版数量由28132.9万张下降为25884.2万张，湖南占全国比重由0.61%上升为1.03%，虽然比重较小，但呈上升趋势。如表3所示，2014～2017年，湖南省文化信息服务总产出增长较快，文化信息传输服务总产出由995240万元增长为1765003万元，年均增长率为21.0%；互联网信息服务总产出由482583万元增长为945463万元，年均增长率为25.1%；增值电信服务（文化部分）由7092万元增长为50905万元，

年均增长率为 92.9% ; 广播电视传输服务由 505565 万元增长为
768636 万元, 年均增长率为 15.0% 。 数字文化服务平台不断完善,
如马栏山视频文创产业园定位为中国 V 谷, 2019 年推出的湖南图书
馆 "数字阅读平台" 开通仅一个多月, 阅读量就突破 100 万人次。

表2　2017～2018 年湖南省音像制品及电子出版物情况

类别	2017 年			2018 年		
	湖南	全国	占全国比例(%)	湖南	全国	占全国比例(%)
录像制品出版品种(种)	141	5293	2.66	145	4672	3.10
录像制品出版数量(万盒、万张)	121.5	6915.2	1.76	113.2	6367.5	1.78
录音制品出版品种(种)	133	8259	1.61	117	6391	1.83
录音制品出版数量(万盒、万张)	264.3	18676.7	1.42	335.9	17756.6	1.89
电子出版物出版品种(种)	97	9240	1.05	94	8403	1.12
电子出版物出版数量(万张)	172.0	28132.9	0.61	266.6	25884.2	1.03

资料来源:《中国统计年鉴 2018》《中国统计年鉴 2019》。

表3　2014～2017 年湖南省文化信息服务总产出

单位: 万元

类别	2014 年	2015 年	2016 年	2017 年
文化信息传输服务	995240	1095194	1251212	1765003
互联网信息服务	482583	535515	561464	945463
增值电信服务(文化部分)	7092	9937	37613	50905
广播电视传输服务	505565	549742	652135	768636

资料来源:湖南省统计局。

4. 政策保障更加完善

政策是培育数字文化产业竞争力的重要因素, 近年来, 湖南各类
政策相继出台, 推动数字文化产业快速发展。2016 年 10 月 14 日,
《湖南省文化厅 "十三五" 时期文化发展规划》 提出 "完善数字文化

服务体系"，推进文化资源数字化建设，加强对演艺业、动漫游戏业、创意设计业、数字文化业等产业进行分类指导，推动文化产业全面转型升级。2018 年以来，湖南省委、省政府加快文化强省建设顶层战略设计，在全国率先出台《关于加快文化创新体系建设的意见》，从五个方面对湖南省文化创新体系建设进行布局，涉及 26 个方面的重点工作，提出推进公共文化服务数字化建设，建设国际新型影视创意中心、建设数字出版高地、建设动漫游戏创新基地、建设全国新型演艺娱乐中心、建设现代创意设计集聚区等八项重点任务。2019 年 1 月，湖南省委宣传部、财政厅发布了《关于做好 2019 年度省文化产业发展专项资金申报工作的通知》，提出 2019 年度省文化产业发展专项资金将重点支持文化创新体系建设、文化体制改革、实施"文化＋"行动计划、数字视频产业、新闻出版产业、演艺产业、重大产业活动及平台建设、文化创意及成果转化、小微文化企业九大方向。

三 当前数字文化产业发展存在的问题

近几年，湖南数字文化产业得到迅速发展，但仍存在着一些问题和困难。

1. 尚未形成完整的产业链

只有打造配套循环运作的产业链条，才能形成完善的数字文化产业市场体系。完整的数字文化产业链应当包括前期数字产品与服务的制作、中期数字内容的运营与维护、后期数字产品与服务的消费（市场与受众）。目前，湖南尚未形成从创意、制作、运营、传播、衍生品研发到营销的成熟的数字文化产业链，大部分数字文化企业仅处于产品研发阶段，前期制作和终端市场联系有待加强，投资和盈利模式亟待改善。数字文化产业链的不完整性导致其缺乏核心竞争力和定价权，资源整合程度较低，上下游产业配套不够，产业附加值低，从而制约了数字文化产业创新发展。

2. 缺乏中高端数字文化产品

纵观湖南数字文化产业的整体发展趋势，中高端数字文化产业产品供给不足的问题比较突出。虽然一些新型的 VR/AR 技术、动漫游戏已经有了一定的市场，但是产品发展还处于上升期，尚未形成具有核心竞争力的产业规模，无论是产品数量还是质量均需进一步提高。传统文化与数字技术的结合还处于不断探索中，有创意的数字文化产品较少。目前，湖南数字文化产业还处于价值链的中低端，缺乏具有竞争力及自主知识产权的中高端产品，缺乏原创性及文化软实力，不能很好地引导、带动相关产业的发展。

3. 商业模式亟待创新与多元化

在互联网时代初期，数字产品较容易获得，网民通常习惯于免费使用网络产品。随着代际性消费群体的成长和移动支付技术的突破，网民已经习惯为自己所喜欢的网络产品和服务付费，付费消费成为数字文化产业的主导型盈利模式。数字文化企业是否能在提供产品与获得持续盈利之间求得平衡，将直接影响市场主体参与数字文化市场的热情。目前，文化产品数字化创造、网络渠道传输和消费者使用之间三方平衡的商业模式尚处于探索期。需要发展多元化且成熟的商业模式，才能支撑日渐庞大的市场空间，从而使数字文化产业的发展具有可持续性。

4. 缺乏复合型数字文化专业人才

数字文化产业涉及数字经济、信息、文化、互联网、管理等方面，要发展数字文化产业就必须培养大量的复合型人才。一个地区的人力资源水平会对当地的数字文化产业发展水平起到决定性作用，然而我国仅仅在北上广深等一线城市拥有大量的数字文化人才，在湖南，具有国际化视野、多元化知识、专业化背景的优秀复合型人才十分匮乏，并且优秀人才外流现象十分严重，这些均会严重影响数字文化产业的发展。另外，虽然湖南有一些专门的培训机构，但是在实际人才培训过程中却存在培训内容滞后、与企业实际需求不符等问题，无法保证人才培养质量。

5. 行业监管与版权保护亟待加强

随着技术创新及其应用的日新月异，互联网传播渠道日益畅通，优质文化内容的缺失问题越发显现，与之相应的版权保护及其形象商品化授权问题凸显，这将制约产业链的延伸与拓展。数字文化产业领域新业态更迭升级快、创新创业活跃，容易出现监管真空的情况，如音频、视频等细分领域涉及证照较多，申请比较困难，而新兴的网络直播领域又面临监管缺失，亟须创新监管机制。网络文学、数字音频等领域盗版现象比较普遍，制约了数字文化产业生态良性发展。同时，以数字出版为例，纸质出版物的数字版权到底是归属作者还是出版社，这个问题仍然不够明确，立法建设的滞后会影响数字文化产业发展。

四 加快新时代数字文化产业创新发展的对策建议

重视数字文化产业的创新引领作用，进一步促进优秀文化资源数字化，推进数字文化产业与相关产业融合发展，扩大和引导数字文化消费需求，加快形成导向正确、技术先进、消费活跃、效益良好的数字文化产业发展格局。

1. 推进文化资源的数字化进程

文化资源是提升数字文化产业国际竞争力的关键因素，湖南拥有丰富的文化资源，但是这些文化资源尚未转化成数字文化产业竞争力优势，因此必须推动文化资源与数字技术相互融合，推进文化资源的数字化进程。重视挖掘湖湘文化、民族文化、红色文化等湖南特色文化资源，推动先进的数字技术与特色文化资源融合，激发文化资源的活力，创造具有湖南特色的数字文化产品，推进特色数字文化产品的生产、传播以及消费。深度挖掘景区景点文化内涵，实现文化旅游与数字技术融合，促进数字文旅产业等新业态发展。逐步完善全省范围内的数字图书馆、数字农家书屋、城乡电子阅报屏建设等项目，提高文化场馆数字化智能水平。逐步建立既满足居民个性化消费需求、又适应数字时代发展需要，并且具有强大传播能力和国际竞争力的数字文化服务体系。

2. 推动数字文化企业发展壮大

从发达地区数字文化产业发展经验来看，拥有一批具备强大数字技术研发能力以及全产业链整合能力的大型数字文化企业，将会对提升数字文化产业竞争力有着至关重要的影响。进一步加强政策引导与产业布局，在产业基础好的地区建设视频文化产业园，打造一批数字文化产业集聚区。借助国内外数字经济快速发展趋势，通过招商引资，吸引谷歌、脸书、腾讯等全球领先的数字文化科技企业来湖南设立分支机构，培养一批在全国具有较大影响力的高端数字文化企业，为省内数字文化产业带来活力及创新力。大力推动研发型数字基础技术企业发展壮大，在创新商业模式的同时，努力实现关键技术的自主研发，加强数字基础技术研发。积极推进演艺娱乐、文化旅游、文化会展等传统文化领域龙头企业的数字化转型升级，并大力扶持中小微型数字文化企业发展壮大。强调特色化、专业化发展，通过财政资金税收返还、创新创业政策扶持、鼓励社会资本投资等多种渠道，为数字文化企业发展壮大提供便利。

3. 重视数字文化关联性产业发展

数字文化产业竞争力的提升离不开关联性产业的带动。湖南应大力促进互联网、5G、大数据、人工智能、区块链等先进信息技术的发展，依托先进信息技术推动文化产业的结构性战略调整，不断提升数字文化产业占 GDP 的比重。积极推动电视新媒体、移动新媒体等新媒体产业的发展，丰富数字文化产业的表现形式以及传播渠道。引导数字文化产业与其他产业融合发展，创新"数字技术＋"的发展方式，进一步发展数字创意、网络视听、数字出版、数字娱乐等新兴文化产业，培育形式多样的新型业态，推进数字文化产业发展壮大。

4. 加大数字文化人才培养与引进力度

文化产业与数字技术融合的核心是技术，关键在人才，尤其是既能熟练掌握数字技术，又具有文化内涵的优秀复合型人才。要建立健全数字文化产业人才培养顶层设计，通过国家自然科学和社会科学基金、国家文化科技创新工程等支持一批数字文化领域重大课题和创新项目，依托科研机构、高等院校和龙头企业，开展数字文化产业理论研究和创新实践，培养优秀的数字文化产业复合型人才，形成一批专家智库。创新人才培养模式，促进高校教育和职业教育的有机结合和互相补充，在有条件的高校试点性开设数字文化产业等相关专业，鼓励高职院校组织开展职业培训。加大数字文化产业高端人才的引进力度，全面推进高端人才的交流合作，招揽国内外数字文化产业高端领军人物。鼓励行业协会组织跨行业及不同背景企业之间的交流学习等，鼓励产学研结合互动，创造条件吸引跨学科人才参与文化事业，不断促进数字文化产业人才队伍的发展壮大。

5. 构建规范有序的市场秩序

良好的企业经营环境是影响数字文化产业发展的重要因素，但目前湖南数字文化产业经营环境与发达地区相比仍然存在较大差距，因此，要加强数字文化领域相关规制的顶层设计，构建符合数字文化产业发展的规制政策及市场准入制度，并建立有别于传统文化产业的市场监管制度，以促进数字文化市场健康有序发展。逐渐完善数字文化产业领域立法工作，加强对数字内容版权的立法及保护，并根据数字文化产业内涵的不断延伸和扩展，及时调整和完善现有数字文化产业方面的法律法规，逐步建立健全数字文化产业领域的法律体系。遵循市场规律，打破行业垄断和壁垒，给民营企业、数字新媒体提供自由发展和公平参与市场竞争的机会。

6. 扩大数字文化产业领域对外开放

目前，湖南在数字文化产业领域的开放已经颇有成效，未来应继续提高数字文化产业对外开放水平。在确保经济安全的同时，进一步加大对外开放力度，放宽对"跨境数据流动"的限制，针对数字文化产业制定专门的市场准入负面清单，吸引国际资本和企业进入湖南数字文化市场，发挥其对湖南数字文化产业的"催化和牵引效应"。积极引导湖南数字文化产品及企业走向世界市场，用世界语言讲好湖南故事，用全球创意打造湖南IP，通过具有创意性、时代性和传播性的数字文化产品，获得更多的国际认同，在国际数字文化市场保持竞争优势。加强数字文化产业领域的国际交流合作，帮助数字文化企业搭建国际化信息交流合作平台，开拓更广泛的国际市场。

参考文献

尹丽波主编《数字经济发展报告（2018～2019）》，社会科学文献出版社，2019。

陈端主编《中国数字创意产业发展报告（2019）》，社会科学文献出版社，2019。

中国信息通信研究院：《中国数字经济发展与就业白皮书（2019年）》，2019年4月。

腾讯研究院：《数字中国指数报告（2019）》，2019年5月。

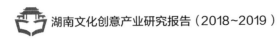
徐勇：《加快新时代数字文化产业创新发展研究》，《中共济南市委党校学报》2018 年第 3 期。

肖宇、夏杰长：《我国数字文化产业发展现状、问题与国际比较研究》，《全球化》2018 年第 8 期。

蓝庆新、窦凯：《中国数字文化产业国际竞争力影响因素研究》，《广东社会科学》2019 年第 4 期。

典型案例篇

《快乐老人报》：国内"文化养老"的先行尝试

何 纯*

一 行业分析

1. 目前老年产业仍处在发展初期

早在 2000 年底，中国第五次人口普查显示，60 岁及以上人口达 1.3 亿，占总人口的 10.2%，就此宣告中国进入老龄化社会。进入老龄化社会近 20 年来，老年产业开始起步发展，但目前仍处在相对落后阶段。主要表现在：老年行业没有大企业出现，没有大资本进入；国家不断出台扶持政策，各方纷纷点赞叫好，但真正试水者寥寥；老年产业是朝阳产业已成普遍共识，但真正投入者寥寥。究其原因，客观直接的是当前养老产业盈利能力还不够，现阶段老年产业的微薄利润对资本没有吸引力。因此，十多年来，中国老年产业仍然处于发展初期。用中国古代历史的概念来衡量，仍处于春秋战国早期，但没有出现"春秋五霸""战国七雄"。

2. 预计未来5～10年将迎来爆发增长期

艾媒咨询调查显示，2018 年中国养老产业市场规模已达 6.57 万亿元，2021 年预计达 8.81 万亿元。根据预测，2050 年我国老年人口将达到 4.8 亿，2014～2050 年，老年人口消费潜力将从 4 万亿元左

---

* 何纯，湖南省社会科学院副研究员，主要研究方向为文化产业理论与实践。

右增长到 106 万亿元左右，占 GDP 比重将从 8% 左右增长到 33% 左右。我国将成为全球养老产业市场潜力最大的国家。

20 世纪 60 年代是我国人口出生率最高的时期，随着 "60 后" 大量退休，"新老人" 群体的消费能力和消费意愿不断增强，这部分人群对养老服务和养老产品的需求日益强劲，养老产业随之迎来爆发增长期。预计未来 5 ~ 10 年，我国老年产业会出现 "霸主"，特别是在养老机构连锁领域，因为到了人口最密集的 "新老人" 需要养老的时候，随着养老需求和养老观念的改变，老年产业的高峰将如约而至。

3. 享老产业将是老年产业中最大的蓝海

老年产业按老年人群需求分三个部分：享老产业、养老产业、终老产业。先享老，再养老，后终老，是每个人的必然归宿。

享老产业指老年人享受生活所产生的服务和产品，由此而形成的产业，比如旅游、教育、文化、娱乐、体育、游戏、社交、婚恋、购物（包括电商）、金融理财等，这个产业随着 "新老人" 群体的崛起和人类健康时间的延长，需求越来越大，产值也越来越高，成为有别于传统老年产业的新老年产业。享老产业将是老年产业中最大的蓝海。

养老产业指针对老年人的养护产品和养老服务所形成的产业，主要包括四个大类：老年医养类，含老年医疗、老年康复、养生保健、健康管理等；老年服务类，包括养老机构、生活料理、家政服务、助餐、助医和心理辅导等；老年用品类，比如老年代步车、老年手机、助听器、老年纸尿裤等；养老地产类，包括养老公寓和养老社区等。养老产业的核心是养老服务，而面向失能、失智人群的长期照护服务最为刚需，目前供给的短缺较大。

终老产业是老年产业的重要组成部分，是老年产业的最末端。终老活动包含 "殡、葬、祭" 三个环节。国家统计局数据显示，2018

年我国死亡人数为 993 万，按照人均丧葬费用 2 万元计算，我国殡葬服务行业市场规模达近 2000 亿元。但总体而言，我国终老产业发展相对滞后，具有很大的发展潜力。

加利福尼亚大学等研究机构的数据显示，从 1840 年开始，人类寿命以平均每年增加大约 3 个月的速度递增，每过 10 年，人类就可以多活 2~3 岁。新中国成立初期，中国人平均寿命不到 40 岁，而到 2016 年，中国人均预期寿命已突破 76 岁，整整多了 36 年。随着人均寿命的不断延长，巨大的享老市场正日益形成。

二 基本情况

《快乐老人报》创办于 2009 年，是国内首份精准定位"快乐老人生活"的现代都市纸媒。2012 年，改制后的湖南快乐老人产业经营有限公司深耕文化养老领域，不断延伸产业链条，打造了《康颐·活过 100 岁》杂志、枫网及中老年移动互联网矩阵、红网老年频道、快乐人生出版事务所、美时美刻国际旅行社、快乐老人大学、江苏快乐老人电子商务公司和 96360 电商中心七大业务板块，成为国内"文化养老"的先行者。快乐老人报社曾连续两届入选国家新闻出版广电总局发布的"中国百强报刊"，连续六年入选"中国邮政发行报刊百强"，曾获湖南省首届文化创新奖，获中国报业协会颁发的"改革开放四十年·报业经营管理先进单位"。

三 运营特点

1. 抢占发展先机，涉足文化养老产业

《快乐老人报》创刊之时，我国约八成省份已经办有老年报纸，创刊时间大多比《快乐老人报》早，目前期发行量均在 10 万份左右。2009 年，我国正处于老年产业发展的早期，《快乐老人报》开始着手制定老年文化产业中长期发展规划，立志"为中国老龄化社会提供解决方案"，践行"老吾老以及人之老"的价值观，奉行"从心灵圈地到产业整合"的发展路线。经过近十年来的发展，《快乐老人报》期发行量已于 2013 年突破 100 万份，2017 年突破 200 万份，最高时达 230 万份，发行量仅次于《人民日报》和《参考消息》，成为中国老年第一纸媒，发行范围覆盖除港澳台之外的所有省份。《快乐老人报》快速发展的首要原因是抢抓机遇，做到了以下三个方面。

一是抢抓机遇。创办之前，《快乐老人报》筹备组对老年人群进行了为期一年的调研，了解了我国老龄化发展趋势，预测老年人群将大量增加，将有 2 亿以上人群成为老年报纸目标读者，预判老年传媒产业将是一片蓝海。事实证明，我国老年人口 10 年来增加近 1 亿，2009 年为 1.6 亿，2018 年达 2.5 亿。提前精准预判，让《快乐老人报》及时占领了行业"风口"，为《快乐老人报》迅速成长为百万大报创造了先机。

二是内容创新。《快乐老人报》倡导"享老主义""人生永不落幕"的理念，致力于改变中国人的传统养老生活方式，让亿万老年人开辟精彩天空，享受晚年快乐。在稿件、版面和服务上全程体现孝心、爱心、贴心、责任心，每个版面和栏目都深受读者喜爱。

三是发行创新。《快乐老人报》一开始就抛弃偏安一隅的思想，大踏步走向全国，并在国内首创"邮报媒体营销平台"商业模式。紧跟全国邮政系统对报刊发行转型的趋势，邮政发行使《快乐老人报》实现了多元盈利。2013 年以来，中国传统报业进入衰退期，但《快乐老人报》实现逆势飞扬，连续 3 年发行增量排名全国第一，目前在所有报纸中自费订阅量全国第一、省级办报发行量全国第一。

2. 紧跟转型大势，布局新媒体矩阵

2012 年以来，一些传统媒体发行、广告等经营数据普遍遭遇"断崖式下滑"，市场化的传统纸媒大多陷入困境而难以正常运转。

《快乐老人报》同样面临媒体转型的机遇和挑战。

一方面，《快乐老人报》着力做大做强互联网平台——枫网。2013 年，《快乐老人报》官网——枫网改版上线，由专业化团队运营的枫网迅速发展壮大为国内最大的中老年网站。2015 年，国内有一些资本开始进入老年行业，而老年产业借此再次迎来移动互联网新机遇。这一年，很多年轻人将智能手机换代后，将旧的智能手机转给父母，引发老年移动互联网热潮。移动互联网便是老年产业面临的新机遇，能撬动老年人的消费升级。《快乐老人报》看准这一发展趋势，通过枫网大力发展老年微信，以较快速度打造了国内最大的中老年微信集群。2017 年，枫网开始实现盈利。截至目前，枫网实现每日独立访客达 70 万，每日浏览量达 250 万，牢牢占据行业头名位置。

另一方面，《快乐老人报》从 2015 年起陆续推出 10 多个针对中老年人群的公众号，如面向城市退休者推出的"新老人"微信公众号，粉丝已超过 200 万，在全国健康微信公号榜排名第一；面向亚健康老人推出的"国医大师健康"微信公众号，粉丝已超过 140 万。《快乐老人报》目前已建成国内最大的中老年微信矩阵，微信群总粉丝数超过 800 万，成功实现线上线下两翼齐飞。

通过线上线下的双重发力，《快乐老人报》实现传统媒体与新媒体的融合发展，成功转型。值得强调的是，枫网微信粉丝与《快乐老人报》读者基本不重复，新媒体和传统纸媒实现了线上线下全覆盖，为发展其他老年文化产业提供了用户资源支撑，也大大抬高了其他竞争者进入的行业壁垒。

3. 剖析养老痛点，重塑商业模式

《快乐老人报》专注于养老领域，从未停止对时代发展给老年产业带来的系列问题的思考，如中国当今最大的人口趋势是什么？老龄化大趋势中的小趋势是什么？针对这些问题进行剖析，《快乐老人报》厘清了商业模式。

首先，明确提出"新老人"概念。《快乐老人报》通过对老年群体多年的研究，在国内最早提出"新老人"概念，对70岁及以上年龄段的老年人，称为传统老人，对20世纪50年代和60年代出生的老人，称为新老人。传统老人的"画像"是：20世纪40年代及以前出生；历经苦难，节俭深入骨髓；未富先老，积蓄不多；子女较多，老年人自我意识差。结论是：有钱没钱，都是"穷人"。新老人的"画像"是美国"婴儿潮"一代，"50后"和"60后"；享受了改革开放成果，收入较高，积蓄较多；大多为独生子女父母，自我意识强；比较富裕，消费观念好；文化程度更高，很多人接受了高等教育。结论是：新老人物质生活相对充裕，对精神文化生活的需求远远大于传统老人。

其次，明确文化养老的美好前景。通过对老年人群的深入研究，《快乐老人报》提出：中国养老最大的痛点是文化养老，目前中国养老存在"两大误区"。第一个误区是重物质供养，轻精神抚慰。养老包括物质供养与精神抚慰，在物质匮乏年代，传统意义上讲的养老是物质供养，给父母钱物，让父母吃饱穿暖、过上好日子，这个问题目前已经解决，但精神抚慰的问题不仅没有解决，反而更严重了。身为独生子女父母的新老人，半数以上成为空巢，精神抚慰问题更加突出。第二个误区是重衰弱老人，轻活力老人。当今中国，一说起养老，就是指机构、照护，目标都是衰弱老人。事实上，需要照顾的衰弱老人占老年群体的比重不到20%，80%的健康老人不需要照护，他们更需要精神抚慰。因此，大多数老人更需要文化养老，但他们的文化需求没有得到应有的重视和满足。

最后，明确文化养老的发展路径。《快乐老人报》意识到已有的发展仍以传统路径为主，而要寻找大的突破、实现大的升级，必须立足新的产业和平台，用新的产品重聚用户群体、重塑商业模式。基于对"新老人"的认识和"养老痛点"的剖析，《快乐老人报》坚定走文化养老的发展路径，旨在打造国内最大的老年文化产业集团。

经过深入而广泛调研，《快乐老人报》选择进入老年大学领域。老年大学是老年文化产业的重要内容，从全国来看，老年大学供不应求，属"稀缺资源"。据中国老年大学协会下属《老年教育》杂志最近发布的数据，全国目前参与老年大学学习（包括远程教育）的学员不到2000万人，还不及全国老年总人口的十分之一。湖南省老干部大学、长沙市老干部大学的学位均"一座难求"。快乐老人报社于2018年在湖南各市州进行的问卷调查显示，湖南省老年人上老年大学的意愿十分强烈，在接受调查的1200名老年人中，选择"愿意上老年大学"的比例高达97%。从政策层面看，无论是《老年教育发展规划（2016—2020年)》，还是《"十三五"国家老龄事业发展和养老体系建设规划》，均大力倡导社会力量办老年教育。从企业属性看，快乐老人报社作为大型文化国企中南传媒的下属单位，有着国企和国内最大老年媒体的公信力，这对发展老年教育非常有利。快乐老人报社作为服务老年人多年的文化企业，进军老年大学并非跨入陌生领域，而是有着文化的相近性。从消费角度而言，老年学员比老年读者的黏度更高、互动性更强，庞大的学员群体将带来更多商机。

4. 瞄准社区养老，创新老年大学发展模式

2016年，《快乐老人报》创办了快乐老人大学。短短几年时间，快乐老人大学以湖南为重点，已发展成为95个校区（其中长沙校区80个)、学员近3万人、湖南学员规模最大的老年大学，同时也成为中国发展最快的老年大学。迅猛的发展势头背后，是快乐老人大学的全方位创新。

一是模式创新，打造"家门口的老年大学"，校区选址均在社区。

与其他老年大学集中办学的模式不同，快乐老人大学打造"家门口的老年大学"，校区选址全在社区，让老年学员就近入学，免去奔波之苦。"社区嵌入式"的模式也让快乐老人大学深受老年人欢迎。快乐老人大学设置了包括声乐戏曲、器乐表演、舞蹈艺术、文体

健身、养生保健、书法绘画、文史语言、生活技能共八大系，开设了近100门课程，建立了包括国家一级演员、一级运动员、著名书法家、知名教授等在内的强大师资队伍，教师团队有400多人。快乐老人大学在课程方面积极创新，开设了党建讲座、健康讲座等公共课。在国学、书法、围棋、乐器等方面还设置了"祖孙课堂"，爷爷奶奶和孙辈一起上课。快乐老人大学因课程丰富、教学质量高，很多校区报名火爆。

二是理念创新，坚持"快乐第一"，让上大学成为老年人的快乐源泉。

快乐老人大学坚持快乐第一、量身晋级、圈层社交和认证服务的发展理念，着力在养老产业中办出水平、办出特色。"快乐第一"是将"快乐"作为快乐老人大学最大的特色。快乐老人大学坚持"教育为媒、圈层为核、快乐为本"，课程设置、教学方法、活动安排均按"快乐"原则设计，让学员不断激发乐趣、增强愉悦、享受成果，让上快乐老人大学成为老年人的快乐源泉。量身晋级是指快乐老人大学给每位学员提供10~20年"快乐人生学习计划"，为每位学员量身定制相关课程和晋级，让快乐老人大学成为伴随老年人10~20年的精神家园。圈层社交是指快乐老人大学通过多种圈层活动帮助老年学员丰富个人生活、扩大社会关系、重燃青春梦想。圈层包括艺术团、兴趣组、交流群、朋友圈、志愿队等。认证服务则是指快乐老人大学每个校区均设有专职工作人员，为学员提供周到的服务。长沙所有校区和长沙市企业社会保险工作局合作，开通退休人员社保认证服务。学员只要在快乐老人大学上课，就完成了社保认证，开创社保"长沙模式"。

三是技术创新，开发大型网上校区，服务全球华语老人。

快乐老人大学线上线下同时发力，通过技术团队研发，开通了快乐老人大学网上校区。网上校区目前已拥有600多门数字课程，包括中医养生、太极、老年瑜伽、国学讲座、书法、唱歌、舞蹈、球类等多个门类，时长 2000 多小时，老年学员既可以去实体校区上课，也可以选择在线课堂随时随地点播学习，充分享受"互联网＋"的技术红利。快乐老人大学网上校区将建设成为全球最大的网上老年大学，服务全球华语老人。

四是服务创新，助力学员展示风采，实现价值需求。

快乐老人大学通过课堂学习和课外圈层活动，让老年学员充分展现个人风采，实现"满足兴趣、获取新知、扩大社交、快乐人生"的目标。快乐老人大学圈层活动包括课外采风、课外教学、文艺演出、才艺比赛、公益活动、志愿服务、春游秋游等。除了以上活动，快乐老人大学还通过报、刊、网、微等媒体集群，报道展示学员才艺和风采，塑造"时尚老人、快乐老人、价值老人、有为老人"，其中《康颐·活过 100 岁》已成为快乐老人大学的会员刊。近年来，快乐老人大学学员"旗袍秀"上了央视；才艺表演晋级 CCTV 才艺大赛决赛；"时尚奶奶"上了湖南卫视；"达人学员"被湖南都市频道连续报道；"时尚学员"纷纷上了《康颐·活过 100 岁》杂志封面；校园文化艺术节打造"老年奥斯卡"；快乐老人大学重阳节大型才艺表演成为长沙城的"狂欢节"……

5. 延伸链条，积极开展文化交流和游学活动

针对老年学员的文化需求，快乐老人大学延伸产业链条，积极开展文化交流活动，开辟相关游学线路。2018 年为中国与柬埔寨建交 60 周年，《快乐老人报》联合快乐老人大学，组织老年学员举办了庆祝中柬建交 60 周年文化交流活动。2018 年 12 月，快乐老人大学学员从长沙包机直航柬埔寨暹粒，与柬埔寨当地艺术家同台演出，2019 年 3～6 月，快乐老人大学连续启动四批次中国台湾研学团，每期 8 天的研学活动，加强了两岸人民的交流，也延伸了快乐老人大学的产业链条。

四 实效影响

《快乐老人报》在十年发展过程中，创造了良好的社会效益和经济效益，主要体现在以下五个方面。

1. 打造了中国最大的老年媒体方阵

公司旗下有中国最大的老年纸媒《快乐老人报》，多年来在老年纸媒行业中遥遥领先，创造了全球报业下滑背景下的逆势增长传奇；旗下有中国最大的老年网站枫网，目前枫网牢牢占据行业头名位置；旗下有中国最大的老年微信群，目前总粉丝量超过 800 万，形成了两个粉丝过 100 万的大号——"新老人"和"国医大师健康"，加上十多个几十万级的中号，约占全国微信老年总用户的四分之一。2018年，腾讯年度新榜 500 强发布，湖南上榜的两个微信号都是《快乐老人报》旗下的，其中"新老人"入选全国百强，排名第 87 位，"国医大师健康"排名第 323 位。2019 年，在腾讯年度新榜 100 强中，快乐老人公司旗下"新老人"作为湖南唯一上榜的微信公众号，排名第 74 位。

2. 打造了中国最大的社区嵌入式老年大学集群

快乐老人公司 2017 年在长沙正式创办快乐老人大学。短短两年多来，快乐老人大学发展为 95 个校区，学员近 3 万人次，已成为湖南学员规模最大的老年大学、国内发展最快的老年大学，同时也是国内最大的社区嵌入式老年大学集群。校区分布于湖南长沙、怀化、永州、常德、株洲、邵阳、岳阳等地，发展势头迅猛。

快乐老人大学不搞集中办学，校区选址均在社区，利用社区闲置场地，通过"社区嵌入"方式打造"家门口的老年大学"，让老年人就近上学，免去奔波之苦。每个校区辐射 3 ~ 5 个社区，大部分老年学员步行 5 ~ 10 分钟就可到校上课。正如快乐老人大学中海校区学员姜玉玮所说："从出家门到进教室，只需要 10 分钟，上课就像买菜一样方便。"

3. 荣获湖南首届文化创新奖

2017 年 5 月 17 日，湖南省科技奖励暨创新奖励大会在长沙召开，省委书记杜家毫、省长许达哲出席并颁奖。会议公布了湖南省首届创新奖名单，39 个优秀项目获此殊荣。《快乐老人报》获湖南首届文化创新奖。

不仅如此，《快乐老人报》还获得广泛的赞誉和荣誉，如 2009 年 11 月 28 日，时任中共中央政治局常委李长春阅读了《快乐老人报》后给予高度评价，说："这份报纸办得好!"《快乐老人报》于 2013 年荣获中国报业协会颁发的"中国报业融合发展奖"；2015 年、2017 年入选国家新闻出版广电总局评选的全国"百强报刊"；连续 6 年入选中国邮政"发行报刊百强排行榜"；2016 年荣获第二届湖南出版政府奖"报纸奖"；2018 年获中国报业协会颁发的"中国报业融合发展创新单位"奖、"改革开放四十年·报业经营管理先进单位"称号、"2018 中国报业融合发展十佳案例"荣誉称号。

4. 为我国应对老龄化社会提供了"文化养老"的范本

目前中国老龄化社会最大的痛点是文化养老。在调查研究和实际运营中，《快乐老人报》聚焦"文化养老"，通过发展老年媒体资讯、老年文化教育、老年旅游、老年电商、老年产业研究等，逐步形成了"文化＋养老"创新业态，形成了功能多样的、强大的老年"文化＋"养老服务平台，为我国应对老龄化社会提供了"文化养老"的范本。目前，湖南快乐老人产业公司已中标"湖南省民政厅文化养老暨社区精神慰藉载体孵化基地"建设项目，将在文化养老方面孵化更多的载体和机构。

5. 培育了知名文化品牌"快乐老人"

十年来，湖南快乐老人产业公司不仅发展了老年文化产业，成为国内最大的老年文化企业，还培育了知名文化品牌"快乐老人"。公司旗下的多个产业和产品，均冠以"快乐老人"名称，同时"快乐老人"已在国家相关部门注册商标。目前，"快乐老人"在国内报业和老年产业领域名头很响，快乐老人公司几乎每天都接到同行希望前来参观学习的函。"快乐老人"品牌不仅倡导老年人要活得快乐、活得精彩，还将通过产业走出湖南，在国内其他省份落地生根，进而在全国形成知名文化品牌，进一步壮大文化湘军的实力。

五　经验总结

1. 精准预判，抢占先机，引领发展潮流

在创办《快乐老人报》之前，快乐老人公司的母公司中南传媒董事长龚曙光提出："我国有近 2 亿老人，其中可接受媒体的老人至少有 1 亿。在不太长的时间内，我国老年人口将达到 3 亿，至少有 2 亿是我们媒体的目标人群。老年传媒可以说是一片蓝海。"这个精准判断，为《快乐老人报》迅速成长为百万大报赢得了先机。2015 年，快乐老人公司看准了老年移动互联网市场的发展趋势，投入力量发展老年微信。因为判断准确、决策及时、工作得力、业绩显著，快乐老人公司迅速占领了老年微信这一块领域的高地，形成了传统媒体和数字媒体相加相融、两翼齐飞的良好局面。2017 年，快乐老人公司看准了老年大学的发展趋势，投入力量发展老年大学，社区型老年大学迅速做大，快乐老人大学引领行业发展潮流。

2. 先做媒体，再做实业，聚焦产业整合

《快乐老人报》没有按大多数纸媒所做的那样全面"向新媒体转型"，而是沿着事先制定好的"先做媒体再做实体"的路线图，一步一步进行着"由心灵圈地到产业整合"的文化养老实践。公司不仅办有报纸、网站，还办有杂志、图书出版事务所，形成了报、刊、网、微、书的媒体集群。在此基础上，围绕老年人的文化需求，创办了旅行社、电商、快乐老人大学等老年产业板块，通过媒体的公信力支持和导流，形成"媒体＋产业"的融合发展模式。目前公司不仅成为中国最大的老年全媒体集群，还构建了以老年全媒体为龙头的新型老年文化产业生态圈，成为国内老年文化产业的一面旗帜。

3. 将"老吾老以及人之老"的价值观贯穿到每一个工作细节

当今社会不缺少媒体，但缺少真正理解老年人、能与老年人进行心灵对话的媒体。《快乐老人报》一直践行"老吾老以及人之老"的企业价值观，将这一理念贯穿到每一个工作细节。比如《快乐老人报》要求编者就是读者——每一位编辑、每一位记者都被要求时刻想着"如果我是老人，我想看什么""如果我是老人，我还想知道什么"。每一篇稿件都最大限度贴近老年人的需求，所有内容因此得以精准定位。老年人在情绪、情感上有很多敏感点，《快乐老人报》在题材选择上尽量不用惨痛、绝望、死亡等负面信息。老人希望受尊重，《快乐老人报》就刻意回避标题中出现"应、应该、必须、教"等教导型、命令式词语。老人视力下降，《快乐老人报》就坚持走"大字报"的路线，尽可能让大多数老人读报时收起放大镜。

华凯创意：创无垠　意无界

何　纯[*]

一　行业分析

　　会展行业是中国的新兴行业，在第三产业中的价值和地位正日益提高。但我国会展业仍处发展期，展览数量不断增多，行业产值稳定增长。根据中国会展经济研究会统计专业委员会调查统计，2018年全国共有181个城市举办了展览活动，展览数量达10889场，比2017年的10358场增长5.13%。据《2018中国会展产业年度报告》[①]估算，2017年中国会展直接产值5951亿人民币，比2016年增加17.6%。展览展示行业在经过多年发展后，已初步形成了涵盖设计、实施、营销、组织和服务等在内的产业链，部分类型展馆的专业化水平已有长足进步。目前，中国会展业继续保持良好的发展势头，产业规模不断扩大，经济效益明显好转，会展设施建设速度加快。

　　近年来会展业的发展主要有以下几方面特点。

　　一是会展行业向高质量发展转变。根据《中国展览经济发展报告（2019）》，2019年，我国展览经济已由高速增长阶段向高质量发展阶段转变。据不完全统计，在已采集到面积信息的展览中，中国境内共举办经贸类展览3547场，同比下降6.5%；展览总面积为13048万平方米，同比增长0.8%。

---

　　[*]　何纯，湖南省社会科学院副研究员，主要研究方向为文化产业理论与实践。
　　[①]　郭牧主编《2018中国会展产业年度报告》，华中科技大学出版社，2018。

二是厅馆规模逐年增长，市场需求量巨大。厅馆类业务涵盖展厅展馆业务。虽然形式多样，但表现方式运用的技术、达到的目的非常类似。无论临时性展厅、长期展厅、博物馆还是展览馆的推进都孕育着巨大的商机，市场容量非常大。

三是城市规划馆建设方兴未艾。随着行政区数量的变化及经济开发区的逐年增加，根据全国省（区、市）建馆情况，预测"未建馆"的市场规模约为541亿元。近年来，我国路网密度不断增加，轨道交通高速发展，县级行政区与中心城区的联系越加紧密，县级行政区规划展示需求高涨，县级行政区有望成为城市馆建设主力军。

四是经济发达省份和城市产业优势明显。中国会展业在区域分布上，基本形成了以北京、上海、广州、大连、成都、西安、昆明等为会展中心城市的环渤海会展经济带、长三角会展经济带、珠三角会展经济带、东北会展经济带及中西部会展城市经济带五大会展经济产业带框架，东部地区展会举办相对集中，七成以上展会聚集在十个会展强省（市），全国四分之三的展会集中在24个主要城市，北京、上海、广州三大会展中心城市优势明显。

二　基本情况

湖南华凯文化创意股份有限公司（以下简称"华凯创意"）是文化创意产业布展装饰行业新兴业态的领跑者。受益于湖南省良好的产业发展环境，华凯创意自成立以来发展迅速。2017年1月，华凯创意在深圳证券交易所挂牌上市，成为文化主题馆数字化布展领域首家A股上市企业（股票代码：300592），是业内少数拥有从创意设计、影视动画制作、多媒体技术集成、模型制作、布展装饰到展馆运营全产业链整体解决方案的专业机构，在城市展览馆、博物馆、主题馆、企业馆、文化小镇等大型文化主题展馆空间环境设计施工一体化领域处于领先地位，并不断拓宽产业链，涉足影视特效创意制作、文化旅游产品开发等领域，延伸扩大品牌影响力的辐射范围。

三 发展历程

2000 年初，房地产行业大发展大繁荣，华凯创意董事长从地产售楼部的沙盘需求受到启发，从 2003 年开始创办建筑模型公司，逐渐成长为长沙市规模最大、效益最好的建筑沙盘模型制作商。通过对市场的观察和敏锐的商业嗅觉，公司决定转型主营文化主题馆的布展装饰业务。2009 年，针对创意设计在长沙并不具备先发地缘优势的现状，公司创建"华凯创意"品牌，并在上海设立全资子公司——上海华凯展览展示工程有限公司，借助"东方设计之都"的地缘优势辐射全国；2010 年，上海世博会的召开，推动了公共文化设施空间环境艺术设计的热潮，华凯创意率先提出"多元总包"的概念；2011 年起，华凯创意先后引进深创投和达晨创投作为战略投资者入股，为企业发展注入更强劲的资本力量；2017 年，勇立潮头终至佳境渐成，华凯创意在深圳证券交易所创业板成功上市，也预示着华凯创意成为"文化主题馆空间环境艺术设计"领域首家插上资本翅膀腾飞的文化创意企业。2019 年，华凯创意国家文化示范产业基地开工建设，不断更新技术展示手段，进一步打造中部地区文创产业人才、科技高地。2020 年，华凯创意在发展主业的同时，着力推进并购重组工作，布局多元化发展。

四 运营特点

1. "展览＋文化"开创宏大格局

华凯创意高度重视文化产业的发展趋势、文化设施的更新拓展以及文化空间的塑造，聚焦"展览＋文化"，努力打造"城市文化名片"，通过新兴多媒体展示技术取代传统的"文字＋图片"展览形式。

党的十九大强调要"坚定文化自信"，并就加强文化科技创新、推进文化与科技融合发展提出了一系列重大战略思想和指示精神，坚持文化与科技相结合，实现文化与科技的两轮驱动，不断增强文化产业自主创新能力，是文化产业发展的必然选择。华凯创意坚持"以客户为中心，为客户创造持续价值"的经营理念，定位"管理能力领先、盈利能力领先、专业能力领先、品牌领先"的发展战略，力争成为国际一流的高科技文化创意企业。

2. "创意＋展览"聚焦三大主业

随着华凯创意品牌效应的逐步树立和客户成熟度的提高，公共文化基础设施领域正由粗放型向品质型转变，整体市场由单纯的价格竞争向品质竞争、服务竞争转变。华凯创意积极拓展博物馆、企业文化馆、城市规划馆、主题馆及其他文化中心等大型文化主题展馆业务，市场份额及行业排名均靠前（见表1）。

表1　华凯创意主营业务收入结构

单位：万元，%

类别	2017 年		2018 年		2019 年	
营业收入	金额	占比	金额	占比	金额	占比
博物馆	14968.75	26.64	13983.11	31.18	14056.10	34.13
企业文化馆	3970.29	7.07	5380.94	12.00	6272.94	15.23
城市规划馆	19197.55	34.17	16598.57	37.01	9737.76	23.65
主题馆	17307.46	30.81	7879.25	17.57	10953.90	26.60
其他	737.31	1.31	1007.44	2.25	157.29	0.39
合计	56181.36	100.00	44849.31	100.00	41177.99	100.00

首先是不断拓展文博类展馆市场。城市博物馆通过收藏有价值的信息载体，以整理、保存、展示、传播等方式积极参与地方发展。近

年来，华凯创意通过长沙市博物馆、黄河水电博物馆、中国阆中风水文化馆等项目，积累了丰富的经验。其中，长沙博物馆（项目面积7377平方米，总投资8568万元）作为文博类展馆产业链的行业标杆，成为长沙市社会发展的象征和文化建设的重要标志，兼具湖南乡土教育的重要文化基地、湖南人民夯实知识形态的文化休闲设施、老百姓的第二课堂、终身教育学校和革命传统教育基地，以及对外宣传交流的窗口和文化旅游设施等重大功能。博物馆展陈系统设计、场景复原、现场实施、多媒体技术调配等专业技术能力更新升级，通过构建涵盖策划、设计、实施和维护服务的完整数字文化展示体验业务链体系，提供专业、优质的服务，展现文化底蕴的厚度、高度、深度、广度、力度与热度，华凯创意的品牌影响力在博物馆行业内不断提升。

其次是持续深耕城市规划展览馆业务。城市规划展览馆作为城市文化的钥匙，在展览、陈列、规划的有限空间里呈现包罗万象的文化元素，为创意提供无限的创作灵感。新媒体技术的广泛应用，更为其发展带来了前所未有的机遇与挑战，成为激发创意灵感的源泉、培育创意人才的孵化器。在华凯创意的众多作品中，贵阳城乡规划展览馆（项目面积11500平方米，总投资1.8亿元）创下了中国单体展馆面积与投资规模之最的纪录，以王阳明哲学思想与科学发展观合璧为主题，呈现知行合一、协力争先、建设生态文明城市的主题。整体设计过程跳出了"设计八股"的刻板思维，将贵阳的人文地理与多媒体技术连接起来，设计出与展览内容归为一体的语义化、情景化的展示空间。贵阳城乡规划展览馆融合了文化、科技、理念及其自身的建筑逻辑，从多角度展现城市建设的发展成果及总体趋向，体现城市性格和精神特质。

近年来，尽管规划馆细分市场受到了政策影响稍显动力不足，但市场潜力巨大，尚有72%的城市未开发规划馆业务。2019年，华凯创意将继续发挥城市规划馆的全国营销网络和信息系统作用，布局重点区域市场，实施精准营销。

最后是辐射发展其他大型文化主题馆及多馆合一文化中心项目。华凯创意业务拓展范围从规划馆、博物馆辐射到企业馆、纪念馆、党建中心、文化馆、图书馆等各类型文化主题馆。企业文化馆以其灵活定制和故事性的特点近年来得到极大关注，以天津天士力大健康展览馆（项目面积5040平方米，总投资6000万元）为例，依据企业发展线索以故事为推进展示空间，除企业荣誉、市场行情和技术的各项成果展示外，更进一步增加互动装置，增加参观者的体验和参与感的同时，充实企业员工归属感和自豪感。新疆铁门关市"四馆合一"布展运营及配套建设项目等文化中心业务，引申出了城市文化集中布局的趋势，并与商业模式进行融合，成为有趣、有料、值得探寻文化发展的脉络渊源。

3. 精细管理提升核心竞争力

一是系统规范流程管理。业务方面：坚持"以业务工作为核心"的思想不动摇，各项工作的开展均以结果为导向，在实现营收、净利润稳步增长的同时，进一步扩大业务储备。

设计方面：对创意设计本身、设计合同给予充分重视。同时，高度重视培训学习，形成常态，注意方式多样化。

工程管理方面：注重工程质量，牢固树立质量意识，树立全面质量管理思想，将追求高质量作为部门的经营理念，不断完善项目实施过程中的工程管理制度。

结算对审方面：保持规范的结算方式，在清标认价、结算对审方面，财务部、各事业部主动了解税务政策、法规内容，多方咨询、借鉴、学习同行业公司的成功案例，为项目后续结算审计打好基础。

回款方面：制定《月份应收账款回款计划》并实时跟进，应收账款项目落实到责任部门、责任人，明确时间节点，针对不能如期完成的回款任务要说明原因，反映问题。

二是灵活制定战略战术。华凯创意的增长方式已经从优先追求规模成长，转向效率、效益驱动增长。制定灵活机动的战略战术，抓好绩效管理与运营管理：绩效管理是企业干部管理优化、业务变革的实现形式与支撑保障，而运营管理对准的是能力价值的维护与创造。华凯创意坚持做好客户及分包商管理，同时不断完善内部考核。在项目管理进步的基础上，培养及选拔项目管理人员，建立起成熟的程序、庞大的优质管理队伍。

三是多措并举打造人才队伍。华凯创意共有员工400余人，其中大部分是专业设计师，包含室内设计师、建筑师、多媒体设计师、平面设计师以及软件工程师。经过多年发展，华凯创意建立了立体人才架构体系，主要体现在以下几个方面：其一，在创意设计方面，华凯创意从策划创意到空间设计、多媒体研发、艺术品设计、工程项目管理、项目整合实施等环节均有核心支撑人才，形成了由资深策划师、设计师、工艺美术师、软件研发人员组成的设计创作团队；其二，在特效动画方面，华凯创意影视动画事业部拥有一支由国内一流的导演、策划师、摄影师、剪辑师、三维动画师、三维模型师、CG特效师等组成的影视动画核心人才团队，且大多数来自知名影视动画、创意设计企业；其三，华凯创意聘请由高校专业学科专家组成的顾问团队作为强大创意智囊库。华凯创意策划设计人员不少来自知名文化企业，多人具有海外教育背景。强大的策划设计人才队伍为华凯创意的持续发展奠定了坚实基础。

四是务实建设企业文化。华凯创意从企业实际出发逐步建立实质性的企业文化体系。着力打造立体化、多途径、全员覆盖的宣传体系。着力打造企业文化建设的基础保障体系，加强企业党工团文化建设，充分体现上市公司的正确导向性，将员工关怀纳入企业文化建设范畴，形成常态。

五　实效影响

1. 用责任与荣誉，树立行业经典

近年来，华凯创意的发展得到了行业内外的高度认可，先后获得"中国国际设计艺术博览会——中国最具影响力设计企业""金堂奖""全国人居经典规划金奖""全国装饰工程金奖""全国室内装饰优秀企业""科技小巨人企业"等一系列荣誉。2014 年，华凯创意获批为国家文化产业示范基地，是行业唯一一家获此殊荣的企业。华凯创意先后荣获"湖南省著名商标""湖南省企业技术中心""交互式数字娱乐系统湖南省工程研究中心""长沙文化和科技融合示范企业""长沙高校大学生就业见习基地""全国室内装饰优秀企业""高新技术企业""建筑装修装饰工程专业承包壹级""建筑装饰工程设计专项甲级"等多个奖项和荣誉。

2. 推动多媒体技术革新，发掘视觉传达新途径

多媒体展示技术的一次次革新，正不断拓展人类视觉的广度和深度。现代展示手段的多样性促使各方客户对华凯创意提出了更高要求，多媒体展项的设计、画面和声音与展示空间合理搭配、软硬件的协作，都需要做到高度的统一，才能将最完美的一面展示给观众。

华凯创意深耕空间环境艺术设计领域，在公共艺术互动装置的设计与创意互动展示中积累了大量经验，以多元化的表现形式促进人与空间的互动交流，实现全方位、多感官的信息传播，从而更有效地体现文化与商业价值。在华凯创意的众多作品中，从上饶规划展示馆的 U-box 到中国隆平水稻博物馆的三折幕，从湖南健康产业展示馆的 L 幕到先导控股集团展厅的 3D Mapping 技术，华凯创意立足"破常规"的创新型思路，打造有形数字空间，把创意加入一个个作品中，也把地区深远的文化内涵，用科技的元素艺术地表达出

来，将历史人文融入佳境，创造非凡的视觉体验，用视觉科技丰富形象与文化的内涵传达。

3. 夯实公共文化基础设施建设

华凯创意致力于推进公共文化基础设施建设，在全国 70 余座城市打造了 300 多个文化名片。华凯创意始终坚持努力打造贴近实际、贴近生活、贴近群众的优秀精神文化产品。策展作品在符合社会主义意识形态要求的前提下，尽可能体现社会主义核心价值，为经济社会发展提供思想保证和精神动力。华凯创意通过不同的展览陈列形式，从特殊到系统，全面地展示历史及未来，唤醒人们对文化的感知和向往，例如，在城市规划馆建设中努力保存城市规划记忆，在博物馆建设中努力探寻城市发展脉络。此外，华凯创意还用心打造其他众多文化中心，如企事业展馆、党建中心、非遗展示馆等，形成了一座座文化堡垒，力图用文化创意让每一个作品承载历史，保存文化记忆，探寻发展脉络。

六　经验总结

1. 人才优势

创意设计人才是文化创意产业的"灵魂"，是保证作品效果的关键环节之一，创意设计人才能力水平和持续成长直接决定了文化创意企业的生存与发展。华凯创意的发展离不开人才的支撑，主要经验有以下两个方面。

一是设立学习考察专项经费。定期选派策划设计骨干赴国外进行考察学习，与国外同行交流，了解国际最新行业走向和信息，保持与国际文化创意发展的同步伐，让团队时刻保持对海外创意动向的高敏感度，不断提高策划设计师的素质，打造业内强大的创意设计团队。

二是建设产学研创新体系平台。与中央美术学院等高等院校形成了人才培养交流合作机制，为策划设计人员的在职教育、职业技能提升提供了优质渠道和平台，也为华凯创意发展提供了充足的后备人才资源。在上海设立全资子公司创意设计中心，充分发挥上海作为"东方设计之都"对高端创意设计人才团队的影响力和聚合力，为企业人才结构优化、高端人才引入等提供了良好基础。

2. 坚持以创意设计为核心

创意设计能力建设始终是华凯创意最重要的发展战略之一，也是华凯创意参与竞争并最终获得中标的核心优势所在。正是因为以创意设计为核心，具有创新的设计理念、较强的研发能力，华凯创意才逐步发展成为在品牌知名度、专业能力等方面领先的环境艺术设计服务企业。主要经验有以下两个方面。

一是主题馆展示系统深度挖掘文化元素进行创意设计。结合文化艺术、空间感受、光影艺术、互动体验、多媒体技术等元素，与展示教育、文化旅游、艺术传承有机结合，华凯创意实现了策划设计的业务积累和沉淀，成功成长为具有较强文化创意策划能力的企业。

二是大力建设策划设计资源库。华凯创意的策划团队通过对大量项目的策划设计以及主题文化提炼，积累了丰富的创意策划经验，尤其在文献收集、资料整理、元素提炼、现场勘测、客户访谈、创意深化、设计提升等工作上摸索建立了一整套成熟流程。同时，策划设计中心能够根据各专业人员对项目细分领域所具备的不同策划理念进行合理分工、综合运用，并建立内部特有的模块化项目策划模式。科学的数据库管理方法让华凯创意保持了创意设计的独特性。

3. 坚持以技术力量为支撑

华凯创意高度重视数字技术的自主研发、自主实施，无论是技术创新投入还是科技成果产出，始终保持着行业领先态势。主要经验有以下三个方面。

一是鼓励技术创新。华凯创意高度重视技术创新，设立董事长创新基金，专门用于奖励员工在创意和技术方面的创新，通过"以人兴企"实现员工与企业的共同发展。

二是重视技术研发。华凯创意每年约投入销售收入的5%作为研发经费，成熟运用立体投影、大型体感互动、VR虚拟现实、AR增强现实、动感影院特效、多媒体互动、全息成像、裸眼3D、大数据应用等诸多高科技数字化展示技术。华凯创意组建行业首家智能展馆控制系统市级工程技术研究中心，先后被认定或获批为国家高新技术企业、湖南省文化与科技融合发展重点单位、湖南创新型试点企业、行业首家省级工程研究中心。

三是重视知识产权。华凯创意持续创新思维、潜心研究，数字技术研发再创新高，先后获得CAVE沉浸式虚拟显示系统与显示方法、游戏机控制装置的控制方法和系统等发明专利授权。截至2019年底，华凯创意共获得44项专利，其中发明专利16项，实用新型专利28项，685件作品版权，软件著作权52件，是业内知识产权数量最多的企业。

未来，华凯创意将依托资本市场，把握历史机遇，优化核心竞争力，加快产业链布局，构建大文化业务格局，把企业建设成"具有一定国际影响力的高科技文化创意企业"。

魅力文旅：湖湘旅游演艺产业的领军人

郑谢彬 *

一 行业分析

2018 年中国旅游人数 55.39 亿人次，比上年同期增长 10.8%，全年实现旅游总收入 5.97 万亿元，同比增长 10.5%。伴随旅游业的增长，旅游演艺市场持续走高，2018 年，中国旅游演艺达到 7.92 万场次，收入 67.34 亿元，同比增长 9% 以上。旅游演艺的总票房已经占到整个演出市场票房的 20% 以上。旅游演艺的观演人数全年达到 4000 万人次以上，同比增长 20%。

中国旅游演艺按照演出场所的类型细分为主题公园演出、实景演出和独立剧场演出。其中，主题公园旅游演艺票房占比持续提升。2014 年以来，主题公园旅游演艺的票房占旅游演艺总票房的比例持续提升，占比从 2014 年的 31% 提升至 2018 年的 46.9%，剧场旅游演艺的票房占比基本持平，实景旅游演艺的票房占比持续下降。2018 年主题公园旅游演艺票房 27.7 亿元，增速 20.4%，高于旅游演艺行业整体 13.5% 的增速。独立剧场旅游演艺票房达 15.8 亿元，增长率仅为 10.2%，增速明显放缓，低于旅游演艺整体增速；实景旅游演艺票房仅增长 5.7%，达 15.6 亿元。

2018 年旅游演出剧目台数较 2017 年增长 12.1%，剧目台数达

---

* 郑谢彬，湖南省社会科学院财经研究所助理研究员，博士，主要研究方向为财政学、产业经济与科技发展等。

306台。张家界旅游演艺目前有6台，还有部分小型演艺，项目扎堆，竞争激烈。

就张家界旅游演出而言，与《魅力湘西》一样作为室内独立剧场类的演出还有《烟雨张家界》《梦幻张家界》《湘西老腔》等。魅力湘西以原汁原味的湘西五大少数民族民俗风情为主，分为室内室外两场演出。《烟雨张家界》以土家族、苗族的地域风情为主，单一的室内演出，是黄龙洞景区的配套产品项目。《梦幻张家界》则以张家界民间绝技、绝活展示为主，也是单一的室内演出，客户定位偏中低端。《湘西老腔》以张家界非遗传承为主，同样分为室内室外两场演出，但体量较小，座位少。张家界室内旅游演出存在同质化现象，但又互相区别，有各自不同的产品侧重点。

二 基本情况

张家界以旅游建市，经过多年的发展已逐渐成为一个世界旅游精品城市，每年慕名前来的游客络绎不绝，庞大的游客数量为旅游产业的发展提供了强有力的保障。但因张家界夜游经济相对落后，民间流传"白天看山头，晚上抱枕头"的说法证明了张家界旅游演艺市场存在很大的挖掘潜力，为了丰富游客旅行体验，推动文化旅游的融合，如《魅力湘西》这样的旅游演艺就应运而生。

魅力文旅成立于2000年，坐落于"奇峰三千、秀水八百"的人间仙境张家界核心景区——武陵源，公司主营大型民俗歌舞史诗剧目——《魅力湘西》。《魅力湘西》由著名书画艺术家黄永玉题名，主题歌由宋祖英、张也、陈思思三位湘籍歌唱家演唱。张家界魅力湘西国际文化广场作为《魅力湘西》的主基地，总投资4.5亿元，占地30多亩，剧院观演座位席3000多个。创办19年来，《魅力湘西》接待中外游客1500多万人次，在2018年接待游客130万人次。

2017 年，《魅力湘西》全新提质升级，聘请了著名导演冯小刚担纲总导演，著名音乐人刘欢担纲音乐总监，著名音乐人捞仔担纲音乐监制，著名音乐家王原平担纲音乐制作，全新升级的《魅力湘西》从舞蹈编排、舞美呈现、服装道具、音响升级、微电影运用、魔术植入、威亚引进等方面进行了全方位的改版升级，带给观众更好听、更好看、更好玩的全新体验。

三　运营特点

1. 构建五元文化机制

启动大湘西文化研究中心工程，围绕"建成湘西文化研究体系，确立湘西文化传承体制，形成湘西文化创新格局"的思路，重点突出"五个方面"的建设，使张家界《魅力湘西》在创造旅游演艺神话的同时，形成以文化研究、文化传承、文化创造为依托的自然发展机制。"五个方面"分别是：购置湘西文化介绍、湘西文化感受、湘西文化阐释、湘西文化研究论文等系统的湘西文化研究书籍，建成系统、立体的湘西文化研究资料库，收集丰富的湘西文化音像资料。深入各个行业一线，采集各个民族的语言、非遗项目指定传承人的演唱、民俗中的习惯等，聚集权威的湘西文化研究学者。通过项目化管理的办法，聘请学者撰写魅力神歌集团节目的评论文章，并发表在权威核心期刊上，参加集团举行的高峰论坛、头脑风暴会议等。对大湘西文化进行再研究、再发现，提供可用于演绎的最优资源，制造前沿的湘西文化表达产品。依据现有影响力，拓展产品开发项目，设计出既体现湘西文化又体现魅力神歌集团的产品，在丰富观众产品选择的同时，获得经济认同和文化认同，形成立体的心理冲击效应，创造活力的湘西文化创意思维。在完成前期基础设施建设的前提下，逐步丰富大湘西文化研究中心内容，致力建设成为湘西文化的输出基地，从而创造巨大的文化和经济价值。

2. 改进丰富营销方法

牵手"抖音"试水网络营销。2018 年 3 月，张家界"魅力湘西"开通了官方抖音平台，成为全市首家开通该平台并投入品牌推广的旅游企业。截至目前，"魅力湘西"共发布抖音作品 32 件，播放量已超过 4000 万，获赞 153.1 万。不少年轻游客因为看了这些抖音作品开启了张家界文化之旅。"魅力湘西"借力热点社交软件——"抖"成功，在张家界乃至湖南旅游圈内引起了较大的反响，开启了张家界旅游新媒体营销的新局面。开辟"魅力朗读"栏目，讲述湘西故事。2018 年 5 月 18 日，第八个"中国旅游日"前夕，《魅力湘西》又在企业微信公众平台启动了"魅力朗读·湘西有声"栏目，邀请参与冯小刚版《魅力湘西》提质升级的主创人员和舞台演员朗诵自己喜爱的诗文和湘西故事。这个栏目通过美妙的"魅力"声音，拉近了公众与冯小刚导演的《魅力湘西》大戏的距离，更好地提升了观众对大湘西文化的理解与认知。

3. 积极主动对外传播

继续走出国门推介品牌。2018 年 1 月 25 日至 2 月 10 日，受文化和旅游部委派，省文化厅安排，以张家界魅力湘西艺术团为班底的湖南文化交流代表团出访俄罗斯、白俄罗斯、乌克兰等东欧三国，参加第四次海外"欢乐春节"系列文化交流活动，3 个国家 4 座城市的 7 场访问演出，全景展现了湖南湘西的浪漫、神秘、激情和快乐，成功地让"魅力湘西"文化品牌在东欧地区绽放出夺目的光彩。

四　实效影响

1. 张家界世界旅游城市的典型名片

历经 19 年的探索与发展，《魅力湘西》已经成为张家界文化旅游的主打名片之一，推动了张家界乃至湖南文化旅游的融合与发展。《魅力湘西》先后获得了"国家文化产业示范基地""中国文化品牌30强""国家文化旅游重点推荐项目""中国十大民俗文化企业""中国旅游演艺票房十强""中国旅游演艺机构十强""中国驰名商标""中国少数民族传承基地""民族团结进步模范集体"等多项国字号荣誉。历经19年发展，《魅力湘西》票房位列中国独立剧院文化旅游演艺行业前三位，累计演出6600余场次，累计接待游客1500多万人次，带动当地就业300多人，极大幅度地促进了地区旅游经济的发展，是张家界文化旅游的一张亮丽名片。

2. 大湘西人文精神的生动展现

"浪漫、神秘、激情、快乐"，湘西人的淳朴性格、湘西丰富的文化、观众所猎奇的神秘都囊括在这8个字里面。《魅力湘西》在湘西文化的长河里汲取养分，在湘西文化的肩膀上登高望远。在整个《魅力湘西》的演出中，浪漫湘西、神秘湘西、激情湘西、快乐湘西四个篇章的内容，包括室内舞台剧《火鼓》《千古边城翠》《追爱相思楼》，室外"上刀山下火海"绝技等，投射出湘西少数民族文化的魅影。《魅力湘西》代表湖南参加了"2010上海世博会""2012、2013文博会"。原创节目《追爱》，作为唯一一个国家少数民族歌舞节目，荣登央视龙年春晚，通过精湛的艺术表现，展示了大湘西璀璨的民族文化。

3. 中国文化"走出去"的典型品牌

《魅力湘西》连续五年受文化和旅游部邀请，代表中国出访国外参加"欢乐春节"展演，让世界看见张家界和《魅力湘西》，领略中国优秀民族文化。2014年走进马耳他、誉满意大利；2015年亮相捷克、惊艳保加利亚；2016年感动伊拉克、闪耀约旦；2017年温暖俄罗斯、震撼乌克兰；2018年放彩尼泊尔。越来越多的中国外交经由中国文艺扮演着重要角色，外交中的"文艺大餐""文化名片"担当

271

了时代大任，文艺发展与时代同频共振，彰显了国家的文化软实力与综合国力，也坚定了当代中国人的文化自信。

五　经验总结

1. 文化定位明确

优质的内容是起点，从长远来看，任何文化消费行为都有其具体的社会语境和特定的消费情景，只要做好各自的价值与功能定位，并不断完善强化，两者之间才可以形成合力，营造出符合现代消费语境的演出情景。

《魅力湘西》剧组人员每年都会组建采风团队深入湘西偏远地区的山里、寨里进行文化考察与挖掘，将很多濒临失传的民间绝技记录下来，将许多民间艺人请上大舞台，通过深入研究地方民风民俗、历史背景、文化资源等，提炼地方特有的文化元素，设计旅游演艺文化主题，丰富旅游演艺文化内涵，使《魅力湘西》的根和魂都围绕着大湘西的文化，节目的表演环境、表现形式、剧场设备设施都是为其量身定做的，原汁原味的湘西文化都在这里。在整个《魅力湘西》的演出中，浪漫湘西、神秘湘西、激情湘西、快乐湘西四个篇章的内容，包括室内舞台剧《火鼓》《千古边城翠》《追爱相思楼》，室外"上刀山下火海"绝技等，土家族、苗族、白族、瑶族、侗族五大湘西少数民族的民俗风情得到了全景呈现。其中，《追爱相思楼》将瑶族历来有女娶男嫁、恋爱自由的传统展现得欢脱浪漫，将贴切生活的元素加上杂技、舞蹈等丰富的表演形式，强烈的代入感也让节目十分接地气。立足原汁原味的地域风情，《魅力湘西》产品非常注重游客的参与互动，不仅内场节目中有游客互动环节，场外也相继开展了魅力湘西民俗狂欢月、非遗狂欢月等互动体验活动，让游客能够真正地参与进来，从而更好地了解产品内涵与文化底蕴。

2. 创新与人才并举

演艺产业项目由于受场地时间限制，受众体量有限，往往难以满足价值最大化的诉求。此时，互联网、数字技术，或是打破传统剧场演出观念的演艺活动，都会成为传统现场演出市场的有力补充。而了解演出行业、有资源、会管理、懂产业、对政策环境有意识的专业人才则是演艺产业良性发展的保障。在行业越界扩容的今天，面对新时代的发展形势和新的合作伙伴，演艺行业从业者需要不断学习掌握新的变现方式，培养与之相适应的创新开放包容的心态，在此基础上探索演艺本体的价值。

2016 年 10 月，《魅力湘西》由冯小刚担纲总导演，携手音乐总监刘欢、音乐制作人捞仔加盟，在《魅力湘西》音乐、舞蹈等技术上做创新，在内容上做提质，综合运用了音乐、视频、微电影的呈现形式，以及先进的威亚技术，在参演阵容、节目品质、舞蹈编排等方面有了很大改进和提升。借助 VR、AR 等现代科技手段，优化作品表现形式，为游客提供具有文化深度和视觉震撼感的演艺作品。同时，改变传统依赖旅行社的单一销售模式，建立多元化、系统化、科学化的营销策略，综合运用旅行社线路、强势媒体广告投放、节庆活动、热门影视综艺、新媒体营销等多种手段，提高旅游演艺知名度与认可度。新改版的《魅力湘西》惊艳亮相，经过 1 个多月的运营，上座率得到了明显提升。据不完全统计，和上年同期相比，增长了10% 左右，7 月、8 月共接待中外游客近 30 万人次，日均接待量达5000 人次，最大接待量超过 8000 人次。

3. 政府有效管理

对于地方政府来说，需要理性认识"演艺 + 项目"的价值，依靠演艺来实现文化产业中的乘数效应并不是简单的事。演出项目的回本周期较长、投资大、风险大，在全国范围内，真正形成品牌价值的旅游演出少之又少。而单纯以票房为主要盈利模式也并不能支持整个地区的经济发展。同时，即便一个演出形成了良好的口碑与品牌，也未必就能形成良性聚集的产业链。因此，地方政府与演艺集团之间的关系就显得尤其脆弱，一方面，针对旅游演艺扎堆聚集的现状，政府应出面建立严格有效的市场准入机制，剔除大量复制性、干扰性、粗糙式的项目，选取市场认可度高、知名度较高的旅游演艺项目作为本地主推对象；另一方面，有序引导其他旅游演艺项目合理并购、转型发展，走差异化、特色化、小型化之路。

近几年来，武陵源区始终坚持"政府引导、市场运作"的原则，以旅游为依托，积极鼓励、支持、引导和服务旅游文化产业的发展，特别是引导民营资本重点发展特色演艺业。一是积极鼓励民间资本投向文化产业；二是禁止各有关职能部门向文化企业"索拿卡要"；三是对演艺市场经营的项目进行审批把关，对演职人员进行资质审定和备案；四是对文化市场的从业人员进行相关法律法规知识培训。武陵源区组织有关职能部门加强对演艺市场的调研，根据实际需要对演艺厅进行合理布局，确定其发展规模。武陵源区成立了"旅游协会""旅游消费者协会""旅游价格协会"等行业协会，充分发挥行业组织的自律作用。科学管理和诚信经营，使演艺市场避免了恶性竞争，确保其健康有序发展。为了打造"魅力湘西"等演艺厅的品牌，市委、市政府及市、区宣传部门不失时机地向外界推介节目。市、区有关部门接待的各级领导和媒体记者，经常被推荐到"魅力湘西"等演艺厅观看民族节目表演。

4. 文化与旅游融合

我国大多数国内旅游还是以观光游为主。而观光游的特性又决定了游客走马观花、爬完山就走。天色一暗，景区也没有任何可看的东西。所以在当时，如何留客过夜，争取更多的二次消费，成了各个景区发展的一大难题。旅游演艺恰好部分解决了这一难题。大多在晚上演出（特别是山水实景演艺），改善了过去"白天观光，晚上睡觉"

的旅游消费旧模式，为旅游发展注入新的活力，让观光客在夜晚也有一道独特的风景可看。延长了旅游时间，拓展了旅游业态，直接拉动住宿及各种相关需求。目前各家旅游演艺有 80% ~ 90% 的客群为团客，这个比例是业内公认的，所以从旅游演艺的主要客群也可以看出，这类产品实质上是传统观光旅游的延伸。它的源头是旅游景区本来的游客量，是对游客的一种转化，而不是增量。极少有人会专门为了看一台旅游演艺而专程去某景区游玩。可以说，景区是演艺产业发展最好的土壤。

2018 年，张家界全市各景区共接待游客 8521.7 万人次，同比增长 16.17%，其中接待过夜游客 4181.69 万人次，同比增长 20.53%，入境游客 562.15 万人次，同比增长 57.96%；实现旅游收入 756.8 亿元，同比增长 21.33%，其中外汇收入 8.86 亿美元，同比增长 33.56%。依托张家界国际旅游城市巨大的流量，2018 年《魅力湘西》接待游客 125.83 万人次，同比增长 11%。

芒果 TV：新时代融合发展的广电新媒体

郑谢彬*

一　行业背景

以 2011 年为分水岭，新兴媒体的市场份额超过传统媒体，传媒市场结构调整的速度越来越快。2011 年，平面、广电、互联网、移动互联网"四分天下"，到 2013 年演变成传统媒体、互联网和移动互联网"三足鼎立"；2017 年则已转向"一超多强"的局面——移动互联网的市场份额接近一半，传统媒体总体规模仅占 1/5，其中报刊、图书等平面媒体的市场份额不到 6%。互联网广告和网络游戏已成为传媒产业中的支柱行业，网络视频、手机游戏、数字音乐与数字阅读是增长潜力最大的细分市场。时至今日，传统媒体与互联网的界限已逐渐消融。

在全球互联网企业市值 20 强中，中国企业占据 8 席。以 BAT 为代表的大型互联网企业在资本积累的基础上，不断将触角伸向其他行业，开展生态化经营。从投资行业来看，包含金融、文娱、硬件、汽车、医疗健康、企服等行业领域，从布局来看，一是布局与业务高度关联的行业来完善当前业务，二是布局包括人工智能、VR 在内的新技术领域。传媒也是 BAT 激烈竞争的重要场域。大多数新闻、娱乐领域的头部媒体、公司均有 BAT 的身影，如今日头条、博纳影业、

* 郑谢彬，湖南省社会科学院财经研究所助理研究员，博士，主要研究方向为财政学、产业经济与科技发展等。

光线传媒、21 世纪传媒、优酷土豆、虎嗅、知乎等。互联网从技术、产品、业务、架构、资本各个层面实现了真正的"媒体融合"。除此以外，自媒体也争相与资本联姻，融资百万级别与千万级别的都不在少数。

二　基本情况

芒果 TV，由湖南快乐阳光互动娱乐传媒有限公司（简称"快乐阳光"）负责具体运营，它是以视听互动为核心，集网络特色与电视特色于一体，实现独播、跨屏、自制的新媒体视听综合传播服务平台，同时也是湖南广电旗下唯一互联网视频平台。2014 年 4 月 20 日，在全国没有先例可借鉴的情况下，"芒果独播"战略启动，芒果 TV 进入全新发展阶段，湖南广电率先踏上传统媒体的转型之路。

彼时，视频行业正是热火朝天的版权大战，资本热钱涌入，平台不计成本争夺资源，靠内容资源完成用户积累。在此形势下，芒果 TV 并没有优势，国有体制背景开始发挥作用。一方面是内容支撑；另一方面是人才支撑。

从战略上来看，湖南广电坚持"必须把芒果 TV 摆在与湖南卫视同等重要的位置"，"一体"发展、双轮驱动。在内容上，从新闻采编、节目策划、文艺创作、影视剧采购到定制与生产，芒果 TV 与湖南卫视完全打通。在渠道上，在媒资、技术、数据等方面双平台互联互通，通过大数据分析用户需求，共享"一云多屏"。在平台上，芒果 TV 与湖南卫视基本形成"双平台驱动"的发展格局，芒果 TV 在 2018 年营业收入达到 56.07 亿元，同比增长 66%，展示出新媒体作为"新引擎"的强劲上升能力。在经营上，通过构建新的组织架构、产品推广渠道、用人机制和商业模式，芒果 TV 与湖南卫视及部分地面频道已经实现广告业务、产业孵化、经营融合的全面打通，共享资源一体化经营。在管理上，芒果 TV 与湖南广电旗下传统媒体在导向管理、顶层设计、组织结构、人才培养等方面逐步实现融合。与此同时，芒果 TV 也在不断寻求市场化。2018 年 7 月，芒果 TV、芒果互娱、天娱传媒、芒果影视、芒果娱乐等五家公司被纳入快乐购重组上市，更名为"芒果超媒"，以此为基础建构"芒果全媒体生态"。芒果 TV 成为国内第一家国有属性的上市视频网站，并且成为行业唯一一家持续盈利的公司。

"爱芒果"布局硬件市场。2017 年 2 月 22 日，芒果 TV 携手创维、国美、光大瑞华推出"爱芒果"系列智能电视产品，正式进入互联网硬件市场。爱芒果电视提出了"五维生态"（硬件＋内容平台＋系统平台＋服务＋伙伴/渠道）概念。芒果 TV 作为视频网站有着内容优势；创维作为专业的电视硬件制造商，能够助力爱芒果电视的产品研发和制造能力提升，确保其硬件品质；拥有近 1700 家线下门店的国美则是能够近距离接触消费者的电视零售商；光大优选基金为爱芒果电视提供了资本保障。爱芒果电视推出了三大系列产品，青芒系列——主打性价比，定位为"90 后"的第一台电视，吸引的主力人群为刚刚步入社会的年轻人群；金芒系列——配置更高，主打智能语音，覆盖社会主力消费群体，将用户年龄层拓展至 30 岁以上，对生活有品质要求的个体或家庭用户；星芒系列——在硬件方面做到了行业顶配，内容、外观、系统等方面则进行了明星专属定制，用户福利方面更是充分发挥了明星和芒果系的资源优势，给予用户专属特权，比如喜爱的明星签名照、见面会、参与综艺节目录制特权等，该系列产品面向追求高品质的时尚精英人群。

历时五年多，从独播到独特，再到独创，芒果 TV 的发展没有对标，每一步发展都是青春新奇的探索。2018 年，芒果 TV 手机 App 下载安装激活量超 7.35 亿，全平台日活量突破 6800 万，有效会员突破 1400 万，互联网电视终端激活用户数达 1.37 亿，运营商业务全国覆盖用户数达 1.47 亿；整体稳居视频行业前四，成为中国第一家实现盈利的视频网络媒体，融合发展释放正面效益，不断增强主流媒体的传播力、引导力、影响力、公信力，被国家广电总局评价为"广电行业融合样板"和"标杆级案例"。

三 运营特点

1. 台网融合，打造新型主流媒体

芒果 TV 在中国视频界快速崛起的首要利器在于芒果 TV 本身在互联网业界的体制机制。既有传统媒体的主流导向、平台优势、人才优势，又有新媒体的进阶利剑。作为湖南广播电视台的核心网络视听平台，湖南广电各频道的精品节目也成为芒果 TV 全平台可利用的重要资源，拥有时政、财经、综艺、体育、军事、公益等栏目的海量资源储备，芒果 TV 结合网络视听平台、用户特点及技术手段深化整合和全网传播的节目内容形成了显著的比较优势。2017 年 12 月 16 日，芒果 TV 原创自制综艺《萌仔萌萌宅》登陆湖南卫视，成为视频网站自制综艺反哺电视台的首例。2018 年湖南卫视热播的烧脑综艺《我是大侦探》，同样是芒果 TV 制作；同年，芒果 TV 自制剧《火王》在湖南卫视播出。2019 年 3 月开始，湖南卫视推出"青春风向飙"周末全新时段，特供优秀的芒果 TV 节目试播，《哈哈农夫》率先亮相，促进台网实现信息内容、平台终端的共融互通，催化融合质变。

2. 以人为本，深度挖掘人才优势

芒果 TV 在发展中把自己当作一个"市场主体"来打造，逐步实现与当前媒体竞争环境、市场资源的无缝对接。芒果 TV 自 2017 年便开始大力推行工作室制度。该制度把优秀的人放在"C 位"，工作室的资源配置、节目创意、流程把控、人事财务完全独立，但创新风

险由平台兜底。这一举措形成良性的竞争与淘汰机制，释放了创新源泉与团队活力，为芒果 TV 孵化新 IP 提供了持续的动力。在芒果 TV 内部现已成立 16 个内容工作室团队，影视剧内容制作上已拥有 3 个内部工作室、6 个战略工作室，2019 年芒果 TV 影视剧工作室达 15 个，不断为平台开发头部品牌产品。同时芒果 TV 成立了青年 CEO 俱乐部，面向全公司青年员工征集多元新模式和新创意，比如 2019 年自制综艺《婚前 21 天》创意策划就来源于此；同时，成立了"创新研究院"，为内容创作提供新技术的支持，向自制团队不断提供新模式和创意支撑，芒果 TV 多维发力深挖内容"护城河"，让其成为打造主力军平台的核心竞争资源。

3. 加强创新，积极发展新业态

芒果 TV 刚刚起步时，最大的障碍就是技术，现在行业技术壁垒正在消除，App 出错率越来越低，体验越来越好，带宽成本不断下降，有了更多精力研发，让技术赋予内容更多新形态。发展期间三个重要举措起到了决定性作用。一是调整内部架构。芒果 TV 打破了媒体人和互联网人思维不兼容的隔离，划拨整个产品技术团队直接由平台中心管理，结合艺术与技术思维全面改版移动 App，改版后流量提升相当于 6 个 S 级项目带来的效果。二是成立创新研究院。这是一个重基础研究的部门，主要是为了迎接 5G、AI、AR、VR 等新技术革命的爆发。芒果 TV 认为未来的新内容 = 新拍摄 + 新制作 + 新观看。2019 年，芒果 TV 尝试赋予内容更多新形态，比如通过光场、3D 引擎的新拍摄技术、虚拟人驱动的新制作和 VR/AR 引领的新观看体验打造全新内容。而且芒果 TV 正与上海科技大学合作建设中国最大的 VR 应用实验室，来推进 5G 时代的内容创作和商业变现。三是成立产业发展中心。目前，芒果 TV 已经在短视频、文学阅读、知识付费及游戏业态、衍生品开发上完成了前期孵化。芒果 TV 旨在构建一个为年轻人提供一站式综合视听服务的矩阵平台。

4. 开放合作，构建全媒体生态链

"芒果全媒体生态"以芒果 TV 视听内容为核心平台，整合芒果娱乐和芒果影视的影视制作、芒果互娱的游戏电竞、天娱传媒的艺人经纪、快乐购的电子商务，打通上下游产业链。布局的产品包括《火王》游戏产品、《明星大侦探》游戏产品开发和动漫制作、《明星大逃脱》线下衍生馆、"青春芒果节"芒果小镇等。通过自制 IP 向上追溯至网文、动漫的挖掘，向下延伸到游戏开发、电商变现、衍生品生产等多方渠道的打通，促进内容生态良性循环。除此之外，通过投资，芒果 TV 还完成了一个内部机制合理、外部风险可控的芒果生态布局。比如专注网络大电影的"超芒计划"，专注影视剧的"新芒计划"陆续发布，这个生态圈不仅有观达、柠萌、上象、派乐、颖立、华传、五元文化等强大的内容提供方，也有花椒、映客等平台合作方。同时，触角跨界延伸到体育、音乐、电商、金融、网络艺人等多个行业领域。

5. 精细运营，完善会员服务供给

芒果 TV 通过强化"内容驱动平台，用户拉动会员"的运营策略，建立一网联结、多点联动的生态矩阵，以此为基础，为芒果会员提供多元化、差异化和精细化的服务。第一，通过自制、版权合作等措施，保持内容的高品质，持续维持对用户的核心吸引力，将普通平台用户向付费会员用户迁移。第二，通过线上、线下活动运营，强化会员用户参加活动的权益，吸引普通用户转化为会员用户。如 2019 年上半年推出的"会员开放日""直通马栏山""芒果盒子校园跑"三大活动品牌，实现拉新会员快速增长。第三，通过对用户特征进行画像，划分层级并采取对应的产品策略推动用户付费转化。第四，通过行业内合作，借助其他行业的渠道资源，发展用户并做会员转化。目前除 OTT、运营商、代理商、银行等常规渠道外，芒果 TV 已扩充其他快消品、生活服务类等异业渠道合作，与不同行业的品牌开展了联合会员的合作，涉及餐饮、教育、影音娱乐等领域。截至目前，芒果 TV 有效会员数突破 1400 万。

6. 文化出海，推进全球化布局

芒果 TV 以自制剧和爆款综艺为海外发行突破口，通过影视内容版权输出与付费点播服务，打通海外落地渠道，强化芒果版权内容在海外的有效覆盖，打造海外移动客户端品牌，加大全球布局及境外、海外业务拓展力度，拓展航空、游轮等新型业务，构建芒果海外生态圈，不断开拓中华文化传播新渠道新模式，取得了系列突破性进展。包括《歌手》《快乐大本营》《中餐厅》《真心大冒险》《亲爱的客栈》等在内的优质 IP 现已落地全球各地，芒果 TV 自制剧集也成功打包发行至欧洲、美洲、澳洲、印度等多个国家和地区，进一步拓展出海区域。同时，2018 年 3 月，芒果 TV 在中国香港宣布推出湖南广电新媒体海外官方平台——芒果 TV 国际 App。2019 年 4 月，国际 App 新版产品的上线，实现了播放器多语言字幕功能，芒果 TV 成为国内首家实现多语言字幕功能的视频流媒体，亦成为中华文化交流的重要出口。国际版 App 正是打造内外一体、协调联动、差异互补海外融合传播体系的一大创新尝试，芒果 TV 也以此为平台对海外年轻受众形成强力拉动的一大抓手。在区域深度合作上，2019 年 11 月，芒果 TV 与中阿卫视战略合作签约仪式暨《一带一路·中东看中国·魅力湖南》纪录片开播仪式在阿联酋迪拜举行。芒果 TV 与中阿卫视达成深度战略合作，通过两个平台的相互融通，最大限度整合双方在内容和传播渠道上的优势资源，助力中阿文化深入、长期交流。

四　实效影响

1. 彰显主流文化价值的新阵地

广电基因、湖湘基因、红色基因，促使芒果 TV 不断提高政治站位，主动接过传统媒体守土有责的交接棒，主力军抢占主阵地。2018年，在湖南省委宣传部、省委网信办的指导下，芒果 TV 推出了《我的青春在丝路》《我爱你，中国》《赶考路上》《四十年四十村》《不负青春不负村》《故园长歌》《此间的奋斗》等近 10 部新闻大片，获得中宣部、中央网信办、广电总局及《人民日报》等主流媒体的高度肯定；芒果 TV 还首先意识到新闻对新媒体的重要性，在两会期间推出"芒果新闻"。它是以芒果 TV 为作业平台，联合湖南都市频道新闻团队，聚合芒果超媒旗下优势资源打造的融媒体平台，是湖南广电抢占新阵地、做好青年人群主流宣传的重要平台。2019 年，为庆祝新中国成立 70 周年，芒果 TV 策划制作了《我们站立的地方》《可爱的中国》《开国将军忆烽火》《最美中国人》《功夫学徒》等一大批纪录片，彰显芒果 TV 的主流价值。

2. 中国文化对外传播的排头兵

面对"坚定文化自信，推动社会主义文化繁荣兴盛"的新时代命题，芒果 TV 深知文化产业的发展和外宣平台的建设是最为重要和关键的一环。作为网络湘军、电视湘军的探索者和先行者，芒果 TV 以湖湘文化和中华文化为核心，以优质内容为载体，目前，芒果 TV 全球覆盖超 195 个国家和地区，海外覆盖用户超过 1620 万。由芒果 TV 实际运营的湖南卫视芒果 TV 频道作为 YouTube 平台订阅人数最多的第一华语视频官方频道，总订阅用户数已超过 470 万，全平台总点击量近 85 亿次。此外，在全球知名社交网站 Facebook 和 Twitter，Facebook 各频道账号累计订阅粉丝约 80 万，主频道单天覆盖人数峰值超过百万；Twitter 月推文展示率峰值约 350 万，粉丝活跃度不断增加，芒果海外品牌效应日益凸显。带头讲好湖南故事、中国故事，在国际上掀起了一阵阵强劲的"湖湘风"和"中国风"，快乐阳光（芒果 TV）被国家五部门认定为中华文化"走出去"排头兵，实现了经济效益、文化价值、政治导向的三重叠加效应。

3. 湖南文化类上市公司运营的好榜样

公司通过重大资产重组的方式获得湖南快乐阳光互动娱乐传媒有限公司、上海芒果互娱科技有限公司、上海天娱传媒有限公司、芒果影视文化有限公司及湖南芒果娱乐有限公司100%的股权，已经于2018年6月30日前完成了标的资产股权过户，新组建的"芒果超媒"2018年实现营业收入96.5亿元，同比增长16.76%；实现归属于上市公司股东的净利润8.9亿元，同比增长24.95%。快乐阳光实现营业收入56.11亿元，同比增长66%；其中，广告业务、会员业务、版权业务和运营商业务四大核心板块的收入增幅分别达到82%、114%、35%和56%，收入结构显著优化。相比之下，电广传媒2018年实现营业收入105.11亿元，同比增长20.24%；实现归属于上市公司股东的净利润8757.93万元，实现扭亏。中广天择2018年实现营业总收入3.1亿元，同比下降20.2%，降幅较上年扩大；实现归属于母公司所有者的净利润2738.4万元，同比下降57%。中南传媒2018年实现营业收入95.76亿元，同比下降7.57%；净利润13.71亿元，同比下降15.01%。

五 经验总结

1. 精确定位市场，充分发挥平台内容优势

视频网站对电视台是一种颠覆性的创新，发展至今，传统的大而全的综合视频门户，以及传统的广告模式思维下的内容生产模式，已经没有胜算了。而会员付费模式，才是让视频网站最终赢得绝对胜利的关键。要吸引会员，视频网站必然以精品付费内容为依托，内容最终要对用户负责。由于消费升级，中国也涌现出一大批中产阶级，他们有了"区别心"，愿意付费把海量内容中的精品内容挑选出来。未来，视频网站进入"爆款为王"的时代，平台发展越来越依赖头部

内容。

芒果 TV 始终坚持"以人民为中心的创作导向"，从自身受众定位出发，结合平台的用户画像，努力贴合年轻人喜好和习惯，全力发展自制内容，并形成了一套做网络综艺的"三重法则"，即"重价值导向""重创作环境""重品质革新"。芒果 TV 自制剧同样坚持"要流量，更要价值导向"的创作原则，立足平台属性，打破青春常规的套路，突破青春题材的边界，给予青春丰富现实的内涵，内容研发和创新紧密捆绑"青春感"，既不跟风做已经被别人做火的内容，也不讨巧寻找市场上题材的空白点，而是跟用户在一起，寻找用户情感的共鸣点和缺失点，形成了一套独一无二的"马栏山爆款逻辑"。在综艺板块，芒果 TV 采取有针对性的内容与编排规划，精耕细作，寻找年轻用户情感的共鸣点和缺失点，同时，芒果 TV 对产品技术生产体系进行了重新调整，打破组织壁垒，实现平台个性化、多元化的升级，大力加强剧类内容的研发，以"独播为主，拼播为辅"，优化内容评估体系，锁定市场高精尖爆款。

同时，芒果 TV 积极转化湖南卫视观众资源，"芒果独播"战略正是将湖南卫视的 IP 优势作为战略支点，以"电视 + 网络"双独播形式，转移到芒果 TV 互联网平台，并扩大到网络视听手机、PC、iPad、互联网电视及 OTT 产品全终端体系，形成特有的核心竞争力。从早期芒果 TV 独播内容上看，涵盖了湖南卫视全部 IP 内容，如《快乐大本营》《天天向上》《我是歌手》等，这批独播内容的忠实粉丝迅速转化为芒果 TV 忠实用户。

2. 立足科技创新，构建全面的新业态矩阵

内容与技术是决定媒体生存和发展的关键所在，推动媒体融合发展，必须始终坚持"内容为王"，不断以新技术、新应用引领融合发展之路，走出一条内容和技术双轮驱动的融合之路。

为了让技术成为芒果 TV 的生产力，2018 年末，芒果 TV 让产品

技术与平台运营深度融合，对手机 App 进行重大改版，较大幅度改善用户体验，首页点击转化率与人均播放用户时长提升显著。2019年，芒果 TV 平台运营将全面回归用户，聚焦"年轻""女性"特色标签，以"运营＋产品"双驱动，深入分析受众，努力成为用户的"灵魂伴侣"。芒果 TV 还将把会员留存与提高黏性合二为一，从线上到线下无缝连接。线上，基于自制优势、芒果系大 IP 和优质会员专享内容的聚合，根据会员喜好探索多元衍生体系，强化品牌输出；线下，布局多元互动场景，夯实"1＋9"会员权益体系，强化"青春芒果节""芒果会员开放日"等品牌活动，深耕用户沉浸式体验，实现用户到会员、会员到粉丝的跨越。

自 2018 年起，芒果 TV 在 5G、AI、VR 等技术领域进行前瞻性布局，对芒果金融、游戏、文学和 App 产品矩阵进行分步骤拓展。值得一提的是，2018 年 12 月 29 日，芒果 TV 还与华为签署合作协议，在视频内容、会员及联合营销、大数据推荐等六大板块展开深度紧密合作。

3. 完善生态环境，追求开放合作共生共赢

视频文化是一种大众文化，即使视频行业任何一个单一收入增长得很快，也难以保证视频网站不被淘汰。在激烈的竞争中，必须全方位提升盈利能力，将广告、收费、衍生品都打造成为能够持久发展的盈利来源。在这种情况下，需要建造自己的生态系统，即使单一资源再强，也会被拥有健康生态系统的竞争对手打败。可以说，生态就是视频网站最大的竞争力。

芒果 TV 向外界传递的是一个越来越开放的姿态，这不仅体现在芒果 TV 市场的"地缘"开拓上，也体现在芒果 TV 事业发展的"人缘"升级上。在市场"地缘"方面，数据显示，芒果 TV 用户线上消费能力、线上消费意愿，远高于市场平均水平，有显著的群体偏好。芒果 TV 以稀缺内容、个性用户、差异化运营支撑的溢价广告营

销体系较其他平台更具优势、更具特色。芒果 TV 服务广告主是一种"合伙人"的心态，从内容共建到宣发共通，芒果 TV 将 IP 全方位融入品牌广告主销售体系，力争做到超越边界品效合一。在"人缘"升级方面，芒果 TV 是行业内为数不多的与竞争对手有深度合作的平台。这不仅是因为芒果 TV 精品优质内容深受市场青睐，更是因为芒果 TV 本身的开放合作战略，《妻子的浪漫旅行第二季》《我最爱的女人们》与竞品的深度合作，都让双方实现了共赢。

2018 年 8 月，芒果超媒的集结成军，实现了从"新媒体"到"全媒体"的升级，芒果 TV 整合协调内部六方资源，采取广告、会员付费、内容制作与版权分销、电信运营商及有线电视运营商增值服务收入分成、视频电商等多种盈利模式，打通子公司各项核心业务。同时，还集流媒体内容、新媒体平台、互联网信息及电商服务等产业于一体，组建成一支极具互联网特色、芒果基因的青年之师。

图书在版编目（CIP）数据

湖南文化创意产业研究报告．2018～2019／刘尤碧，
贺培育主编．-- 北京：社会科学文献出版社，2020.12
ISBN 978 - 7 - 5201 - 7001 - 7

Ⅰ.①湖… Ⅱ.①刘…②贺… Ⅲ.①文化产业-产
业发展-研究报告-湖南-2018-2019 Ⅳ.①G127.64

中国版本图书馆 CIP 数据核字（2020）第 140807 号

湖南文化创意产业研究报告（2018~2019）

主　　编／刘尤碧　贺培育
副 主 编／王　毅

出 版 人／王利民
责任编辑／张　媛

出　　版／社会科学文献出版社·皮书出版分社（010）59367127
　　　　　地址：北京市北三环中路甲 29 号院华龙大厦　邮编：100029
　　　　　网址：www. ssap. com. cn
发　　行／市场营销中心（010）59367081　59367083
印　　装／三河市尚艺印装有限公司

规　　格／开 本：787mm×1092mm　1/16
　　　　　印 张：18.25　字 数：246 千字
版　　次／2020 年 12 月第 1 版　2020 年 12 月第 1 次印刷
书　　号／ISBN 978 - 7 - 5201 - 7001 - 7
定　　价／98.00 元